経済地理学
キーコンセプト

Key Concepts in Economic Geography

■青山裕子／ジェームズ・T・マーフィー／スーザン・ハンソン［著］
■小田宏信／加藤秋人／遠藤貴美子／小室　譲［訳］

古今書院

KEY CONCEPTS IN ECONOMIC GEOGRAPHY

English language edition published by SAGE Publications of London, Thousand Oaks, New Delhi and Singapore, © Yuko Aoyama, James T. Murphy and Susan Hanson 2011.

Japanese language edition published by arrangement with

SAGE Publications Ltd, London through Tuttle-Mori Agency, Inc., Tokyo

日本語版への序文

　この本は 2004 年にセージ出版より依頼された後，数年の間をおきまして完成したものであります。フォーマットは教科書ですが，現代経済地理学の中心となるキーコンセプトを選び，コンセプトから経済地理学を語るというフォーマットは，試みとして新しいだけでなく，コンセプトを通じて歴史的なルーツを探り，それを現代的な論点とつなげていくという作業を行う上で最適の機会になりました。本書は現代の経済地理学がなぜ多岐にわたるアプローチと方法論をとっているのか，経済学や社会学の諸論との類似点と相違点はどこなのか，あるいはどのように理論と実証のバランスをとってきたのか，またそれらがどのように歴史的な変遷を遂げてきたのかを 23 のキーコンセプトを通して語ることを目的としています。

　本書に含まれるキーコンセプトは，すべて過去の研究成果と未来への課題とを結び付けている概念であり，また過去においても現在においても経済地理学における大切なアンカー的存在であること，多様なアプローチを含み歴史的変遷を重ねていること，そして，多々なる地理的スケールにインパクトをもっていることなどを基準として厳選したものです。それには，数多くあるキーコンセプトのなかから厳選を重ねて絞っていくプロセスの中で，経済地理学という大きな枠の幅を最大限に使い，同時にその問題意識とその焦点を失わずに活用するという 2 つのベクトルを意識的に操りながら，膨大な資料の中からも，いかに短く的確に表現するかという課題に取り組みました。

　私どもが専門とする経済地理学は，過去・現代において大きな役割を果たしてきたにも関わらず，学問としては認知度がその可能性にいまひとつ連動できていないのではないか，という危惧を常に含んでいる学問とも思われます。学問の影響力には Johnston（2002, 2006）や Thrift（2002）などが指摘したように学会政治的な側面もありますが，主に 2 つの大きな起因があり，ひとつは現実に起こる社会経済への政策提言などを通した実践と関与であり，もうひとつはいかに未来の経済地理学者の育成に成功するかの 2 点と思われます。前者においては象牙の塔の中だけでの議論にとらわれず，理論と実践の両方を鑑みた研究テーマの構築を続けて行くことが最重要目的となり，後者に至っては，21 世紀における，とくに先進国諸国の学生の現実経験が，工場やものづくりを見たこともない，またそこで働く人々が近縁廻りに存在しない，あるいは地域や都市の発展よりも衰退するのを目撃してきた世代に代表されつつあることを把握した上で，そのような世代にとって，産業立地論や地域開発論など経済地理

学の主幹となる理論をどのようにアピールしていくのかが一方で大きな課題となります（Participants in the Economic Geography 2010 Workshop 2011）。他方では，世代間の問題意識の変遷から，過去の理論を踏まえることが一部疎かになり，その結果，先行事例の知識が足りずに「車輪の再発明」に陥る危険も大きく含んでいます。言い換えれば，今までの研究成果と現代の問題意識を世代経験と関連させ，脱工業化社会以降の経済地理学をどのように新構築していくのか，という二重の課題を念頭に置きつつ，21世紀世代の経済地理学の存在意義の再確認が急務を要する重要な課題と思われます。

　この教本は，私ども著者がこれらの課題を念頭に置きつつ，21世紀の経済地理学を如何に過去を踏まえ，どのように未来に展開していけるかを模索した結果でもあります。これらの問題意識を，経済地理学の普遍的な課題とも考えられる，万国に共通する普遍的法則を模索する一方，地域特殊的で記述的アプローチをも兼ね備えた，複数の地理的スケールを鑑みた分析を行っていく主旨と重ね合わせるという考え方を根底に備えた教本をデザインしました。

　また，これらの課題は日本の経済地理学においても共通の課題であるのではと考えております。とくに日本における経済産業形態がモデルとしての役割を担う説得力を失った今，現代の日本の中小企業研究でみられるように中小企業の国際化を追い新興経済国の状況を研究するか，あるいは国内の経済社会政策至近のテーマに絞るのか，それとも第三の道を模索開拓することが時間を追って必須となると思われます。

　この本を作成するにあたり，執筆チームと数々の議論しつつ完成できたのは大変幸いでした。クラーク大学地理学大学院の教授陣で執筆チームを組んだのも，高度で緻密な議論を重ねることができたという地理的利点に大きく影響しました。バーモントのハンソン宅での夏合宿を含め，数々のミーティングを重ねて共同作業を行い，各自の視点と専門分野のコンプリメンタリティーを尊重しながら議論を重ねる機会に恵まれたことは，大変貴重な学習経験になりました。

　最後になりますが，小田先生のご尽力により日本語翻訳チームをつくって頂きましたこと，そして立派な日本語の教科書につくりあげてくださったことを，共著者を代表して厚くお礼申し上げます。特にこれから経済地理学を志そうと考えている日本の学生の方々に読んで頂けるのは，個人的にも大変嬉しいことであり，それを可能にして下さった方々に感謝いたします。日本における経済地理学において，どのように問題意識の類似点，あるいは相違点があるのか，さまざまなコメントをいただけると大変幸いです。

2013年3月8日　ウースターにて　青山 裕子

文　献

Johnston, R. (2002) 'Reflections on Nigel Thrift's optimism: political strategies to implement his vision', *Geoforum* 33: 421-425.

Johnston, R. (2006) 'The politics of changing human geography's agenda: textbooks and the representation of increasing diversity', *Transactions of the Institute of British Geographers* 31: 286-303.

Participants in the Economic Geography 2010 Workshop (2011) 'Editorial: Emerging Themes in Economic Geography', *Economic Geography* 87: 111-126.

Thrift, N. (2002) 'The future of geography', *Geoforum* 33: 291-298.

目　次

日本語版への序文　　　　　　　　　　　　　　　　　　　　　i

序　論　……………………………………………………………………… 1
 経済地理学とは何か？　1
 起源と進化　2
 多様化する軌道：1970 年代～ 1990 年代　4
 1990 年代以降の経済地理学　6
 本書のねらいと成り立ち　7

第 1 章　経済地理学における主要な作用主体 ………………………… 11
 1.1　労　働　　　　　　　　　　　　　　　　　　　　　　　12
  資本主義下における労働の古典的見方　12
  労働の政治経済学と経済地理学　13
  グローバル化の下での労働　14
  社会的変化の作用主体としての組織労働者　17
 1.2　企　業　　　　　　　　　　　　　　　　　　　　　　　19
  企業とは何か？　19
  なぜ企業は存在するのか？　20
  企業と意思決定　21
  多国籍企業の勃興　23
 1.3　国　家　　　　　　　　　　　　　　　　　　　　　　　26
  「資本主義における国家」なのか「資本主義的国家」なのか　26
  資本主義の多様性　27
  国家間関係と貿易・投資協定　29
  領域性：国家の実際　31

第 2 章　経済的変化の主要な原動力 ……………………………………… 33
 2.1　イノベーション　　　　　　　　　　　　　　　　　　　34
  新古典派経済学における「テクノロジー」　34

オーストリア学派　35
進化経済学　36
進化経済地理学　38
イノベーション研究の新しい潮流　39

2.2　起業家精神　41
起業家精神とは？　41
起業家精神と場所　42
ネットワークと起業家精神　45
起業家の場所・ネットワーク・社会的アイデンティティ　47

2.3　アクセシビリティ　49
アクセシビリティとモビリティ　50
アクセシビリティを計測する　51
輸送ネットワークとアクセス　53
アクセスと不平等：日々の通勤移動　54
仮想と現実のアクセシビリティの相互作用　56

第3章　経済的変化における産業と地域　59

3.1　産業立地　61
地代と土地利用分布　61
古典的工業立地論　62
地域科学と計量革命　65
立地論を越えて　66

3.2　産業クラスター　69
集積：経済性と外部性　69
マーシャルの集積論と産業地域　70
イタリア型産業地域　71
イノベーションの地理学　72
ポーターの産業クラスター論　73
ローカルバズ，グローバルパイプライン　74

3.3　地域格差　76
地域とは何か？　76
地域間における均衡論と不均衡論　77
〔コラム〕ジニ係数　78

地域発展の移出基盤理論　81
　　　地域発展と政策　82
　3.4　ポストフォーディズム　84
　　　ハンドクラフト生産からフォーディズム生産へ　84
　　　フォーディズムと1970年代の経済危機　85
　　　レギュラシオン学派　86
　　　柔軟な専門化仮説とそれへの批判　87
　　　リーン生産方式　89
　　　ポストフォーディズム論を越えて　90

第4章　グローバル経済地理　91
　4.1　中心・周辺　93
　　　従属理論，世界システム論と中心・周辺概念　93
　　　近年における中心・周辺概念の適用　96
　4.2　グローバル化　99
　　　多国籍企業と新国際分業　99
　　　経済のグローバル化の制約要因　101
　　　経済地理学におけるグローバル化，政府，そして，スケールの再考　103
　4.3　資本の循環　105
　　　マルクスと資本の循環　105
　　　資本の循環，不均衡発展，空間的回避　107
　　　応用と拡張　110
　4.4　グローバル価値連鎖　112
　　　グローバル商品連鎖からグローバル価値連鎖へ　112
　　　グルーバル価値連鎖におけるアップグレード　116
　　　近年の議論と展開　117

第5章　経済的変化の社会・文化的文脈　119
　5.1　文　化　121
　　　「文化論的転回」：認識論的議論　121
　　　「文化論的転回」：主題論的議論　123
　　　グローバル化の下での文化　124

        制度としての文化　126
        文化産業と文化の生産　127
　5.2　ジェンダー　129
        経済地理学におけるジェンダー概念の変化　129
        ジェンダーと労働　132
　5.3　制　　度　137
        制度と資本主義の史的発展　137
        制度と地域発展　138
        制度と空間的不平等　139
        制度的多様性とグローバル経済統合への挑戦　140
        制度の考え方の新しい発展と幅広い関連性　141
　5.4　埋め込み　143
        埋め込み概念の形成　143
        埋め込みと経済地理学　144
        埋め込み概念に対する批判　147
　5.5　ネットワーク　149
        経済的組織としてのネットワーク　149
        社会的組織としてのネットワーク　151
        アクターネットワーク理論　152
        ネットワーク概念に対する批判　153

第6章　経済地理学の新しい研究課題　155

　6.1　知識経済　156
        知識労働者の出現　156
        サービスから知識集約型サービスへ　157
        ニューエコノミー　158
        知識経済における支配階級　159
        知識経済の地理　161
　6.2　経済の金融化　163
        起源と原理　163
        金融における規制　164
        投機的擬制資本　165
        経済発展の中での金融　166

世帯と個人　166
　　　金融危機　167
　　　金融の地理　168
6.3　消　　費　　　　　　　　　　　　　　　　　　　170
　　　消費の立地論　170
　　　小売業から買い手牽引の商品連鎖へ　171
　　　大衆消費社会と消費者行動　172
　　　消費空間　174
　　　消費者の力　175
6.4　持続可能な発展　　　　　　　　　　　　　　　　178
　　　起源および原理　178
　　　持続可能な発展に対する批判　180
　　　経済地理学と持続可能な発展　181

文献一覧　　　　　　　　　　　　　　　185
索　　引　　　　　　　　　　　　　　　215
訳者あとがき　　　　　　　　　　　　　223

序　論

経済地理学とは何か？

　中国経済の近年の成長と合衆国経済の相対的衰退を説明する主要な要因は何だろうか。ニューヨーク，ロンドン，東京のようなグローバルシティの片隅に存在し続ける貧困を何によって説明するのだろうか。コルカタ（カルカッタ）における巨大なスラムの出現を促しているものは何だろうか。世界のさまざまな地域における人々の働き口と暮らしに対して，グローバル化はいかなるインパクトをもたらしているのだろうか。地域内・地域間における不均衡な発展の原因と結果を説明することは，経済地理学者にとっての中心的な関心事である。経済地理学の目標は，ローカル，リージョナル，ナショナル，グローバルといった多様なスケールでの諸地域にわたって具現化する経済的プロセス――成長と繁栄，危機と衰退――の多面的な説明を提起することであり続けてきた。現代の経済地理学者たちは，経済的プロセスを形づくる地理的に固有の諸要因を研究し，不均衡な地域発展と変化（産業クラスター，地域的不均衡，中心・周辺といったキーワードで示される）を促す主要な主体（企業，労働，政府など）と原動力（イノベーション，諸制度，起業家精神，アクセシビリティなど）を確認するのである。

　その歴史を越えて，経済地理学者たちは地域的発展の原動力としての各地域でさまざまに特化した資源賦存を考察してきた。斯学の初期の時代において，経済では農業が卓越しており，それゆえ，労働供給もそうであったのであるが，気候や自然資源の賦存が重大な問題であった。19世紀に産業化が進行した時期には，研究上の焦点は，企業・産業の地理，工場賃金，生産過程，テクノロジーとイノベーション，労働の質と技能，産業化の誘発・促進における政府の役割といった方へとシフトした。ごく最近に至っては，従来の有形で定量的にとらえられる形態での地理的に特化した資源賦存から，地域的発展に対しての定量化しにくく目に見えない原因の影響，そして，制度，ネットワーク，知識，文化のような社会的賦存に焦点を当てた研究へと強調点が変化してきた。人種・階級・ジェンダーといった他の事象を考慮に入れて主体間の相違を理解する分析が台頭した。新しい研究テーマも台頭してきて，例えば，経済の金融化，消費，知識経済，持続可能な発展といったことに焦点が当てられている。

　経済地理学は地理学の一分科にあってなお誤解されることが少なくない状況にある。こうした混乱は，経済地理学の多元的な起源，異端の方法論，さまざまな点での

社会科学の他分野との興味のオーバーラップ，といったところにいくぶんか帰せられる。我々が示そうとしているように，現代の経済地理学は一つの長い歴史を有するとともに，地理学内部からの影響に加えて，地理経済学，地域科学，都市・地域研究，地域経済発展計画，経済社会学といった諸分野からの学際的な幅広い影響を受けている。複雑で多様に交錯する影響にも関わらず，経済地理学者たちは，コミュニティ，都市，地域の経済的運命に現れてくる本来的には領域的プロセスとしての経済的プロセスに対して共通した興味を抱いているという点で結び付けられている。経済地理学の目標は，環境変化（文化生態学）や社会・文化的な変化（文化地理学・社会地理学）を説明するための独立変数・媒介変数として経済的因子を用いるというよりは，ある場所の経済的プロセスを理解することである。

起源と進化

経済地理学の起源と歴史的系譜に関して多様な説明が存在している。一部の論者は，経済地理学の最も早期の起源を英国の植民地主義と密接に結び付けて議論する。植民地主義は，交易ルートや輸送様式をより良く理解し，改良するために，商業地理学の研究を必要としたのである（Barnes 2000a）。また別の論者は，経済地理学の起源として，ヨハン・ハインリヒ・フォン・チューネンやアルフレート・ヴェーバーといったドイツ立地論（その後をヴォルター・クリスタラーやオウギュスト・レッシュが続いた）を指摘する。これらの立地論の目標は，与えられた地理的賦存やアクセシビリティ（すなわち輸送費）の上で，農場群，工場群，都市群が最も効率的に機能するような最適立地パターンを発展させることであった。それ以降，立地のモデリングは大西洋を渡り，北米の経済地理学の中に組み込まれるともに，ヴォルター・アイサードの手によって地域科学の一つの重要な基礎をなすようになった。

しかし，経済地理学の別の系譜はアルフレッド・マーシャルに由来するものである。マーシャルは英国の著名な経済学者で，20世紀初頭の経済学を改良した限界革命の中心人物であった。マーシャルは産業集積現象をはっきりと示した最初の人物であり，産業化における規模の経済の重要性（すなわち，労働力のプールやインフラストラクチャーの共有）に焦点をあてた。集積ないしはクラスターに関する研究は，その関心が経済的なものからクラスターの社会的・文化的・制度的局面へと徐々にシフトしているのではあるが，現代経済地理学の中心的な場所にあり続けている。もう一つには，北米の人間＝環境の地理学に端を発する系譜がある。そこにおいては，ある国土における豊富な抽出資源の適切な利用をめぐって研究者は夢中になった。政策立案者も同様であった。例えば，*Economic Geography*誌が1925年にクラーク大学で創刊された時，

最初の編集長 Wallace W. Atwood は，産業化の過程における自然諸資源の人間の適応に関係する研究領域をカバーすることを意図していた。彼は次のように書き記している。

> 近代国家の市民として，我々が地球上の可住地域の可能性と限界とを認識する時にこそ，我々は，国民経済，国際経済，そして社会的諸関係というより大きな諸問題に対して知的に立ち向かっていかなければならない（Atwood 1925）。

カバーするトピックスは，材木，石炭，小麦，そして穀物商といった主に天然資源に関わる産業であり，耕地に関係した人口の研究も含んでいた[1]。

かくして経済地理学はその始まり以来，多面的で時として相互に矛盾した認識論・方法論を内包して多元的な軌道を併せもってきた。例えば，ドイツの立地論やマーシャルの伝統に続く研究者たちは，抽象的かつ普遍的な適用を求めて演繹的・科学的方法を用いたのに対し，北米の人間環境学的な伝統に依拠する研究者（例えば，Keasbey 1901a; 1901b; Smith 1907; 1913）は，土地（すなわち天然資源）とその人類への有用性についての「具体的情報」を収集することによって知に貢献する「記述的な科学」と経済地理学をみなした。これら初期の論文の影響は，ハーツホーン（Hartshorne 1939）の地域主義的なアプローチにも看取することができ，それは概して経験的で個性記述的なものである上，自然地理学との強い結び付きを有していた（例えば，Huntington 1940）。

その後，大恐慌と第二次世界大戦の破局は経済地理学に変化をもたらした。帝国主義的な拡張が終焉し，決定論的な概念の政策への実行・実践がもたらした極端な帰結は明瞭であった（例えば，大虐殺）。Fisher（1948: p.73）が観察したように，経済地理学は「現状の擁護になっていた」のである。このことは，1950年代から1960年代にかけてのいくつかの発展を導いた。一つには，経済地理学者は，記述的な研究や決定論的な理論を斯学から排除しようとするようになった。もう一つには，戦後期において，場所や地域の特性を強調する個性記述的な伝統が新古典派経済学およびマルクス主義的な構造主義の双方から引き出された理論的な観点と正面からぶつかるようになった。人間環境学的な経済地理学（地理学という学問分野自体とよく似ている）における初期の研究のいくつかが環境決定論に悩まされたという事実は，厳然たる記述的なアプローチを支持する助けにはならなかった。

結局この時期には，経済地理学の空間の科学へのシフトが顕著にみられた。すなわち，ヴェーバー，クリスタラーのようなドイツ立地論研究者の業績からかなりの程度

---

[1] 創刊号の執筆者は，合衆国農務省林野部の当局者，第一次世界大戦の退役軍人，合衆国農務省にも所属していたクラーク大学の農業経済学者，カナダ内務省の当局者，ある独立研究者，スウェーデンのストックホルム大学からの大学教員らであった．

まで着想を得た変化であった．別名，「スペース・キャデッツ」として知られる，計量・理論経済地理学者や地域科学者は，産業立地や地域経済進化に関する普遍的・抽象的・説明的な空間理論を求めた．Hoover (1948)，Isard (1949; 1953)，Berry and Garrison (1958) による研究を通じて，計量革命は始まり，ひいては人文地理学のすべての領域を，特殊性に焦点を当てた記述的分析から，地理的現象を説明する一般理論を発展させることをねらった科学的分析へと改良することへとつながった．さらには交通地理学，イノベーションの拡散研究，行動地理学といった新しい研究領域が，古い方法論的な方向性に挑んだ．交通，アクセシビリティ，大都市圏構造などに関する抽象的モデルを伴った都市経済学研究（例えば，Alonso 1964）が本分野を席巻し，この傾向が1970年代を通じて強固に続いたのは，*Economic Geography* 誌に掲載された論文での卓越が示す通りである．その全盛期において（例えば，Scott 1969; Chojnicki 1970），用いられた分析方法（モンテカルロ・シミュレーション，均衡論的分析，統計的予測など）は複雑さを極め，しばしば高度に抽象的であり，広範な数学的トレーニングを必要とした．

多様化する軌道：1970年代〜1990年代

　1960年代の終わりから，経済地理学者の一部は新しい研究領域へと踏み出し始めた．これは，地政学的摩擦，環境危機，政治危機，1960年代後半の社会的混乱，そして，1970年代に世界規模で生じた経済的減速に対応したものであった．アメリカの科学的経営とそれと結び付いた大量生産の限界，ケインズ主義的な福祉国家，英国および合衆国の脱工業化は，経済地理学者にとっての新しい研究テーマを生じさせただけではなく，経済の構造と組織化に関するマクロ理論への結び付きを強めさせることになった．デヴィッド・ハーヴェイの実証主義（Harvey 1968; 1969 など）からマルクス主義や政治行動主義（Harvey 1974 など）への転換は，政治に対する，そしてとくに工業諸国のインナーシティに生じた貧困・人種・階級といった問題に対する関心が1970年代の初頭において高まった象徴でもある．これらの変化は，他の社会科学で優位にあった従属理論（Frank 1966）や世界システム論（Wallerstein 1974）といった構造主義への道を経済地理学に拓いた．

　他の研究者は，北米（Bluestone and Harrison 1982; Piore and Sabel 1984）やフランス（Aglietta 1979 [1976]）における主として労働経済学者の研究から学んだり，もしくは，経済学に新しく出現した流れ（ネルソンとウィンター Nelson and Winter 1974 による進化経済学，ウィリアムソン Williamson 1981 による制度の経済学），経営研究（チャンドラー Chandler 1977 の産業組織の研究など）と関わって行くことを求めた．イノベーションや技術変化が脱工業化後の新産業や雇用創出にとってのポテンシャルを有しているという認識に立脚し

て，フランスのレギュラシオン学派や柔軟な専門化をめぐる議論が，種々のイノベーションと経済成長の結び付きの強調を伴って，盛んになされた。これらのテーマをさらに追求すべく，（ハイテク製造業に力点をおいて）生産の組織上の諸相と（とくに地域および国の競争優位に関して）その地理的帰結（例えば，Malecki 1985; Scott and Storper 1986; Castells 1985）に対する関心が1980年代には高まり，加えて，国家的・国際的な脈略における都市・地域成長戦略へと研究上の焦点が移ってきた（Clark 1986; Schoenberger 1985）。

同時に経済地理学の新しい別の系譜も出現してきた。これは，フランスやドイツの哲学者による研究に徐々に傾倒し始め，政治理論や批判的社会理論，文化論的研究，そして建築学を大幅に援用する研究者によって取り組まれるようになった流れである（Dear 1988; Harvey 1989a; Soja 1989）。このグループは，ポストモダニズム，ポスト構造主義，フェミニズム理論，文化地理学からテーマを取り入れ，過去の経済地理学を支配した実証主義という根底にある前提を拒否した。その上，進行する経済のグローバル化は，世界の諸地域での経済成長に影響を与える社会・文化的要因に対する興味が増大するという結果をもたらした。一部の研究者は，経済的変化の社会・文化的局面を組み込むための新しい枠組みを求めて，社会学から着想を得た（Castells 1984; Giddens 1984; Granovetter 1985）。これらの傾向は相互に合わさって経済地理学の「文化論的転回」として知られるようになった。

1970年代以降の経済地理学は，リカード，ケインズ，マルクス，ポランニー，グラムシ，シュンペーター，さらには新古典派経済学，進化経済学，制度の経済学，文化論的・批判的アプローチのように実に多様な思想的方向性が並存するようになり，異端の学問にさえ映るようになった。このような学際性と思想的混在性が方法論的アプローチのさらなる多様化をもたらしている。エコノメトリクスないし統計分析あり，アンケート調査あり，構造化されたもしくは半構造化されたインタビューあり，参与観察ありと，方法論的にも多様なアプローチを含んでいるのである。我々は経済地理学者として，構造的制度分析，文化論的分析，政治的言説，社会ネットワーク分析等々に取り組むのであるし，古文書やテキスト分析に取り組むのでもある（Barnes *et al.* 2007）。また，1980年代における企業の地理学が意味することは，企業への接近が研究者にとって重要性を増してきたこと，そして，データがますます専有的になって，経済地理学者は自らの分析に型にはまらない混合した方法のアプローチを選択するようになったということである。このようにして，経済地理学者の方法論のパレットはこの時期に大きく拡張して，排他的な実証主義的経済分析を着実に超克してきたのである。

1990年代以降の経済地理学

　1990年代以降の経済地理学は，1970年代の危機以来進行した上述したような変化を反映したものであった。「新経済地理学（NEG）」として知られる経済地理学の再生は，異なった研究者グループによって進められたものであった。その一つは，「文化論的転回」の認識論的部分（例えば，ポストモダニズムやポスト構造主義）に応えたグループであり，もう一つは，クルーグマン（Krugman 1991a）の研究に強く影響を受けて計量経済学的な興味を伴うグループである。後者は地理経済学のグループであるが，2000年代になると新経済地理学という語を用いる正当性を手に入れた。同時に，多国籍企業の出現とその空間的な含意をより良く理解するために，また，一つのはっきりとした領域的プロセスとしてのグローバル化の進行を取り扱うために，経済地理学者たちは地理的に特化した賦存をグローバル・ネットワークに結び付けようと試みた。この努力は部分的には，今度はグローバル商品連鎖（Gereffi 1994）というアプローチの形態をとって，経済社会学からの連続的な影響によって補完された。

　もう一つの最近の経済地理学の変化は，主に先進工業国を対象にしていたものが新興経済までを含むようになったという地理的方向性と関連している。その点で，経済地理学者と開発地理学者の間で共通に関心のある多様なテーマについて目下，対話が進められるようになっている。このことは経済地理学にとって重大な変化である。経済地理学者は先進工業経済において経験的事例を集め理論構築を計ることに主たる関心を抱いていたのである。かくして，北米と西欧の一部（とくに英国）での議論をめぐって斯学の歴史が形づくられてきたのであるが，地理学のアングロアメリカ中心の伝統が斯学自体のグローバル化によって徐々に変わってきている。これまでのアングロアメリカの経済地理学者の優位性は，より多様な経験に立脚した新しい発想をもたらす次世代に道を譲りつつある。

　経済地理学という研究分野が広範に存在し続けているのであるが，そのなかで新しい対話との結び付きが姿を現している。それは，地理経済学と経済地理学の間でのそれである。前者は主に経済学者によって占められており，後者は主に地理学者である[2]。地理経済学は完全に経済学の一分野であり，国際貿易理論を基礎に方法論を形式化することに狙いを有している（例えば，Combes et al. 2008）。分析の空間単位の一つという以上に成長と貿易を理論化することを試みるほとんどの経済学者はこのカテゴリーに位置付けることができる。そこにおいては近接性の果たす役割はしばしば付随的に扱われ，それに結び付いて生じる集積の外部性は，多くの場合，労働と資本の可動性の前提の上に分析される。クルーグマン（Krugman 1991a）による「空間における

生産要素の立地 (p.483)」の研究という経済地理学の定義は，地理経済学がとるアプローチを如実に示している．

　地理経済学とは対照的に，経済地理学は引き続き，①場所と場所との間での経済的差異・特異性・格差，②産業・地域発展の政治的・文化的・社会的・歴史的局面，③スケール間（グローバルとローカルの）経済的諸関係とその企業・産業・地域に対する重要性，④世界経済における不平等の原因と結果，に焦点を当てて，地理学を代表する一分科に位置している．多角的な発展軌道であるにも関わらず，経済地理学の経験的な方向性が斯学を経済学と区別する最も重要な特徴であり続けてきた．そしてグローバル化は，①多くの国・経済の相互の結合と独立性，②地域が成長し競争するプロセス，③現代の経済的傾向と課題を説明する際の新古典派理論の有用性，といった点に新しく重要な課題を投げかけている．その上，グローバル化それ自体と同様に，新しい世代の研究者は，これらの関係性，プロセス，課題を理解すべく，そのフィールドを西欧や北米を超えて地理的に拡大させている．

本書のねらいと成り立ち

　本書がカバーするのは，その起源から現在まで，先進諸国から発展途上諸国・諸地域まで，幅広い経済地理学である．しかし，経済地理学の「核心」がいかなるものであり続けてきたのかということへの洞察を見失うことなく，本書を展開させていかなければならない．本書の執筆構想は筆者らが共有する問題意識から生じてきたものである．共通の関心とは，今日の議論が時として過去に取り組まれてきたことがいかなることなのかという眺望を見失っているということ，斯学の歴史と概念的なルーツを無視することが，無駄な労力を費やす結果をもたらしているということだけではなく，そのことがいずれかの研究領域のさらなる理論的進展を妨げているということである．筆者らは，本書で経済地理学の歴史的な連続性と歴史的な進化に焦点を当てることが，学生や研究者が現代的テーマと初期の古典的研究との間の結び付きを認識し，あわせて新しく提起されている諸概念を，本研究分野が性格付けられるに至ったさまざまな知的伝統の文脈のなかに位置付ける一助となることを意図している．

　筆者らの目標は，旧来からのアイディアと新しい現象を再結合することであり，そのために歴史的な諸概念と現代的議論の関連性を体系的に提示するとともに，新しく現われている研究課題とみられているものが実は長い知的伝統を有しているのだということを示したい．各章は，各テーマの起源，初期とそれ以降の概念化，その変化を

2）例えば，2000 年に創刊された新雑誌 *Journal of Economic Geography* は，経済学者と経済地理学者を結び付け，アイディアを交換する手段であることが意図されている．

追っている．加えて，筆者らは現代的課題を検討し，諸種の現代的な諸課題の間の明らかな関連性があることを理論的議論で示すためにそれぞれの概念がいかに活用・応用されているのか考えていきたい．そのために，経済地理学者の主要な関心を概観し，そういった関心が時間とともにいかに変化し，相互にいかに結び付き，そのような場合にそれがいかに共進化を遂げてきたのかを検討することにしたい．

我々は，経済地理学理解の中心に位置する多様な考え方の出発点として，23 のキーコンセプトを選んだ．これらの概念は，斯学の展開した歴史上での重要性に照らして選ばれたものであり，現代的重要性を持ち続けているものである．いくつかのキーコンセプトは行為主体や原動力を示すもので，別のキーコンセプトは文脈的な状況を示すもの，その他は結果や空間的現れを示す概念である．その上，各概念の卓越性には一進一退があるものの，それぞれ，諸種の研究上の課題への入り口をなすものである．そして，これらのキーコンセプトは，全体として方法論的・思想的な諸種の方向性を結び付け，経済地理学という研究分野を織りなしている．

本書を構成する方法はさまざまである．筆者ら示そうとするように，これらのキーコンセプトは多様化しつつある学際的結び付きを有している．そのいくつかは経済学の特定の一派（新古典派経済学，マルクス経済学，進化経済学，制度の経済学）と密接に関係しており，他のいくつかは社会学や文化論的研究，批判的理論と関係している．加えて，経済地理学に導入された大理論はわずかな産業の経験的証拠に基づいたものである場合もある．例えば，自動車産業はフォーディズム／ポストフォーディズムの理論において重要な位置に置かれてきたし，衣服産業は伝統的にグローバル価値連鎖の分析の中心に置かれてきた．

第 1 章は，経済的変化の重要な主体として機能する労働・企業・国家といったキーコンセプトで始めたい．これらの主体の相対的重要性は，時間とともに一進一退の状況にあった．労働は，生産への主要な投入要素であり続けてきており，第 2 章で扱う原動力の土台をなすものである．企業は，行動地理学と経営研究からの影響を受けて，とりわけ 1970 年代から 1980 年代にかけて研究の中心的焦点として浮かび上がってきた．企業はまた第 3 章「経済的変化における産業と地域」で扱うキーコンセプトにとっても分析の重要な単位である．最後に，経済地理学者は国家を経済成長の重要な主体として認識してきた．中心・周辺の議論やそれに続く，東アジアにおける新興工業経済の出現に随伴した中心諸国の産業再編の研究にもそのことは示されている．

第 2 章は，経済的変化の主要な原動力であるイノベーション，起業家精神，アクセシビリティを対象とする．イノベーションの節においては，経済地理学に影響をもたらしてきた経済学の 3 流派（新古典派，シュンペーター学派，進化経済学）を議論する．

イノベーションと起業家精神の研究は，現代経済地理学におけるシュンペーター学派の伝統の重要性を表すとともに，それらが経済発展政策の重要な媒介物であることを示している。イノベーションと起業家精神の役割をめぐっては，産業クラスター（第3章）や知識経済（第6章）のようなキーコンセプトによっても研究が進められている。アクセシビリティは流動性に影響を与える最も基本的な社会地理的な概念であるかもしれず，人々の日々の生活に不朽の影響力を有している。アクセシビリティはまた，インターネット時代の到来によって新しい意味付けをもつようになっている。

　第3章は，4つのキーコンセプトを取り上げる。これらは，経済的変化における産業と地域の役割を理解するための基礎となるものである。産業立地についての節は，経済地理学形成の父と考えられている多くの研究者の業績をカバーする。地域格差は政策的関心のなかでは最も古く，しかも繰り返されてきたものであり経済地理学の一学問分野としてのモティベーションをもたらす中心的な問題関心である。産業クラスター論は今日の研究者や政策立案者のなかでは人気の高いテーマである。しかし，我々はこの概念に深い歴史的起源があることを示したい。ポストフォーディズムの節では，支配的な産業組織（第一義的には自動車は産業の経験的証拠を基礎にしたものである）の歴史的軌跡と，テイラー主義，フォーディズム，ポストフォーディズムといった，それに関係する主要用語を検討する。

　第4章ではグローバルな経済地理を分析する際に不可欠なキーコンセプトへと焦点を移す。経済地理学者がグローバル経済における不均衡を理解する方法にはいかなるものがあるのだろうか。最初に中心・周辺の節では，構造的マルクス主義から発生してきた世界システム論の伝統をカバーし，グローバル化の節ではグローバルスケールでの産業組織の構築においての多国籍企業の働きを強調し，その地理的・戦略的な役割をめぐる理論的・経験的議論の広範な配列，そしてグローバル化に対する批判を扱う。資本循環の節では，資本の流動に伴った都市・地域発展についてのマルクス主義的な説明へと回帰する。最後にグローバル価値連鎖の節は，多国籍企業がその生産と求める活動をいかに空間的に組織化しているのか理解するために商品連鎖分析を取り入れる研究者の業績，そして，しばしば発展途上国を基盤とする低次の階層のサプライヤーのうち，いかなるものが，グローバル経済へと貢献するべく自らの価値をアップグレードし得るのか，こういったことを扱うことにしたい。

　第5章は，社会・文化的文脈理解の分析ツールとなるキーコンセプトより構成されている。これらの文脈は，経済活動の主要な地理的決定要因としての役割を果たすだけでなく，今日，経済地理学者によって積極的に取り入れられている数多くの現代的見解を指し示している。文化の節では，学問横断的な「文化論的転回」によって促進

された文化の新たな重要性，そして，ポストモダニズム，ポスト構造主義の特徴と批判とをレビューする。さらには，グローバルな収斂，慣習，規範，文化経済など，文化的に方向付けられた研究の継起的発展が議論される。ジェンダーの節では，経済的機会へのアクセスや地域的多様性を生じさせる経済的プロセスのバリエーションをより良く理解することに対するフェミニスト地理学の貢献について議論したい。制度は経済成長を説明する手助けになるものであり，同節では，制度の経済的・社会学的双方の解釈を扱うことにする。「埋め込み」の節で我々が強調することは社会関係の分析についてであり，社会的なものがいかに経済的なもの全体に浸透しているのか，場所の有する経済成長のポテンシャルに対する含意とともに描き出すことにしたい。最終節では，経済を構造化する社会・文化的文脈を，水平的かつ柔軟な力関係に満たされたネットワークが編み出したものとしてとらえられ得るということを示したい。

最後の章は，21世紀になって重要性を増している経済的傾向を示す新たな諸概念に焦点を当てる。知識経済の考え方は1960年代には着想されていたのであるが，この概念は，新興の経済部門の基盤が天然資源から知識ベースの資源へとシフトするにつれて着実に意義を認められるようになってきた。同様に，経済の金融化も一夜にして生じたわけではなく，第二次世界大戦以後，進捗がみられてきたものであり，2008年の金融危機を迎えて，一層の重要性を帯びたのであった。消費は，長い間，生産に専心してきた経済地理学者にとっては，相対的に新しい研究上の焦点である。それゆえ，他の学問分野からの学際的刺激・学習が，今日の消費に関する研究には目立っている。最終節の持続可能な発展という概念は1980年代に登場した。我々は，都市，郊外，発展途上国における気候変化と経済的変化の交点でのさらなる研究をみることを期待したい。これらの概念は，なおも進化しており，これらの概念を取り巻く討論の新しい意義について若干の予備的議論を行うことにしたい。

本書は本当に筆者らの共同の努力による産物である。我々は，幾度となく引き返し，筆者ら相互の原稿に対して，広範囲にわたってコメントし，批判し，編集を施した。それぞれの節のアウトラインが全体で合意に達すると，まずは筆者らのうち一人で一次原稿を作成し，それに対し，より突っ込んだコメントを出し合い，筆者ら全員で改変を施すという手順を踏んだ。念のため，一次原稿の筆者を示しておくと，青山は，序論および企業，イノベーション，産業立地，産業クラスター，地域格差，ポストフォーディズム，文化，知識経済，経済の金融化，消費の各節の草稿作成に，マーフィーは，政府，中心・周辺，グローバル化，資本循環，グローバル価値連鎖，制度，埋め込み，ネットワーク，持続可能な発展の各節の草稿作成に，ハンソンは，労働，起業家精神，アクセシビリティ，ジェンダーの各節の草稿作成にそれぞれ責任を追った。

第1章
経済地理学における主要な作用主体

　領域的な経済変革をもたらす主要な作用主体は何だろうか。本章では、経済変化における作用主体として主要な役割を果たす労働、企業、国家という3つのキーコンセプトを検討する。これらの主体の相対的な重要性は時とともに増減するが、これらはいずれも経済地理的な事実、そして経済地理学の学問的な関心を形づくる、極めて重要な主な作用主体をなしている。

　労働は、生産へ投入される一つの主要な要素であるばかりでなく、知識の格納庫としても重要な作用主体であり、第2章で取り上げる経済的変化の原動力の基盤を形づくっている。さらに労働力は一つの階級として、また、世帯の再生産、産業取引、社会運動、政治的利益集団の分析において鍵となる単位としても理解されている。労働力の所在と移動性は産業が興る場所に重大な影響を与え、そして、分業と労働市場内部の分断化は、世帯所得、生産性、社会的プロセスなどの多様性にも重大な影響を与えている。

　企業は、行動地理学、さらには経営学の影響を受け、とくに1970～80年代から経済地理学において焦点が当てられるようになってきた。企業は、雇用創出、イノベーションの商業化、消費者への新製品・新サービスの供給といった点で主要な作用主体である。地域的発展と企業の立地決定は共生的関係にある。なぜなら、企業は原料だけでなく、特定の知識や技能を伴った労働力のプールにもアクセスし、逆に原料・労働力の所在自体、企業の立地決定によっても形づくられるためである。加えて、企業戦略というものは通常は地理的な要素を有しているものである。企業が特定の製品・サービスに専門化することも、その関連産業が多様化することも、特定の質や量の労働力、そして、特定の質や量の市場へのアクセスが前提になっているからである。また、競争は、（イノベーション投資を通じた）製品の差別化、生産移管、アウトソーシング（オフショアリング）といった種々の反応を誘引するのであるが、これらはいずれも地理的結果を伴っている。したがって、企業は「第3章 経済的変化における産業と地域」の各キーコンセプトの分析の重要な分析単位であり、「4.2 グローバル化」の主要主体としても多国籍企業はみなされている。

　また、経済地理学者は国家を経済成長の主要な作用主体として認識してきた。このことは、中心・周辺概念に関する議論、その後の、アジアにおける新興工業経済群 (NIEs) の出現に伴った中心地域の産業再編に関する諸研究にも反映している。政府は、例えば利子率を通じて資本へのアクセスを調整したり、教育や移民法、住宅供給を通じて労働力を制御するのであるが、これらのことが企業の立地決定に影響を与えるのである。政府はまた、自国の領域内での雇用創出やイノベーションの獲得を確実にするため、国際貿易や対外直接投資を管理している。政府がいかに経済に介入するかについては国家間で相当な多様性が存在するものの、ガバナンスの理想的な形態を追い求めることは経済哲学や経済地理学の議論の中心であり続けてきた。

1.1 労　働

　労働は経済変化における作用主体の一つである。労働は，生産の主要要素の一つとして，一つの社会経済階級（例えばプロレタリアートやクリエイティブ・クラスなど）として，また社会運動（つまり労働組合を通じた集団交渉）の重要な主体として，さらにイノベーションや技術的変化（起業家精神）の源泉として概念化されてきた。技術的変化は伝統的に資本生産性の側面から見られてきたが，今日では多様なプロセス・イノベーションが労働生産性を著しく上昇されるものとして広く認識されている[1]。

　労働力のモビリティは資本のモビリティよりもはるかに制約されたものと考えられており，そのことが，労働力の中に具体化された知識をある場所から他の場所へ移転させることを困難にしている。加えて研究では企業内の賃金労働に焦点が当てられているのではあるが，賃金の支払われない他の労働形態がインフォーマル経済や自営業，世帯再生産の中心をなしている。賃金労働の外見も賃金労働者の外見も過去40年間で変貌してきたため，経済地理学者は経済成長における労働とその役割に関して，たくさんの疑問を提起するようになった。概して言えば，労働者を区別せずに生産過程への投入要素とする観点から，経済地理をつくりあげる不均質で能動的な主体としてみる観点へと変移してきた。

資本主義下における労働の古典的見方

　経済学者は経済における労働の役割を理論化し続けてきた。長年支持されて最も広く流布されている見方は，土地や資本と同様に生産過程への主要な投入要素として労働に焦点を当てるものである。アダム・スミスやデヴィッド・リカードのような古典派経済学者は労働の役割を商品の価値の創造にあるとみなし，こうした概念化は労働価値説と呼ばれている。

　スミス（Smith 1776），リカード（Ricardo 1817），マルクス（Marx 1867）はいずれも，商品が交換価値（他の商品との交換ができること）と使用価値（消費を通じて効用は達成されること）の双方を併せもつと考えた。スミスはまた，労働を人的資本として，本質的に生産に備え付けられた要素，そして知識の源泉とみなした。リカードはスミスの想定にさらに明確なものを導入するべく，商品の価値は労働投入の相対量によって計測されると主張した。リカードの主要な貢献は，商品価値（交換価値）と（労働者が生存する上での必要性によって決定付けられる）賃金とを区分した労働価値説にある。

マルクスはリカードと異なり，商品の価値が，所与の社会における所与の技術状態の下での平均的技能水準によって決定付けられる社会的必要労働時間から構成されると論じた。マルクスによれば，労働は物質的豊かさの唯一の源泉であり，マルクスは商品価値を経済的法則の産物としてではなく，文明化の水準によって異なる社会的・歴史的に構成された現象としてみていた。マルクスが考えていたのは，資本主義の出現以前には労働力あるいは労働能力が労働者階級自身に益していたのであるが，本源的蓄積という暴力的な過程を経て生産手段（土地や機械設備など）が農民から奪われた後，労働というものは資本家階級に売るための商品になったということであった[2]。マルクスはさらに，労働者が支払い賃金を越える価値を有する商品を生み出した時，剰余価値が生ずると主張した。労働者階級(プロレタリアート)が生存のために剰余価値を資本家階級(ブルジョワジー)に移転させる以外に選択の余地がないように資本主義は構造化されており，したがって労働者階級(プロレタリアート)が搾取される状況がつくりだされるのである。マルクスはまた資本主義が構造的に失業者を生み出すことを指摘し，そのような余剰労働力を「産業予備軍」と呼んだ（詳しい説明は Peet 1975 参照）。

マルクスは，男性の工業労働者に焦点を当て，女性の経済における役割を無視していることなどで批判されているが（McDowell 1991 など），彼の主要な貢献は生産手段を運用する権限を持たない人々の不安定さを強調したことにある。今日の研究者や活動家たちが「ワーキング・プア」，つまり働いてはいるのに生活賃金として考えられるほどの賃金を稼げていない人々の永続的な存在に対して同様に関心を示していることも，こうした論理の延長上にあるものである。

労働の政治経済学と経済地理学

経済地理学者は労働の理解においてマルクス主義政治経済学の影響を受けてきた。最も重要なことはハーヴェイ（Harvey 1982）が経済地理学の議論にマルクス主義政治経済学を持ち込んだことである。彼は資本主義の矛盾，つまり経済危機や利潤率低下の傾向を解決するために資本が用いる地理的戦略を意味する空間的回避（spatial fix）という用語を作り上げた（☞ 4.3 資本の循環）。空間的回避の事例は，生産の領域的拡張や国際貿易活動など多様である。ウォーカーら（Walker and Storper 1981）は，不均等発展というマルクスの基本前提に立脚して，産業立地を諸資源の静態的な配置として

---
1) 労働産出（labour output）は，一般に時間当たり単位労働当たりの賃金によって計測されるもので，結果として労働生産性になる。労働生産性は資本生産性と組み合わせて全要素生産性を構成しており，経済成長を表す指標としてしばしば使用されている．より高い生産性は労働搾取もしくは技術変化に起因するだろう．
2) アダム・スミスは概して本源的蓄積を個人のインセンティブや勤勉さを基盤とした平和的な過程としてみていた．

ではなく，資本蓄積のダイナミクスの一部として理解した。

マルクス主義のアプローチは，資本がどのようにして立地決定を行うかという観点から労働者を見るという「資本中心」の労働者の捉え方では，伝統的もしくは新古典派立地論のアプローチと共通していた（Herod 1997）。しかし，政治経済学的な観点においては，まず技能の多様性を根拠として労働力が差別化され，それゆえに雇い主に対しては労働費の多様性がもたらされるものと考える。資本家たちは都市内部のスケールからグローバルスケールまでの労働景観において技能水準の空間的特徴を見渡し，望んだタイプの労働者へのアクセスを得られるように企業や事業所を設ける（Dicken 1971; Storper and Walker 1983）。労働者の技能やコストの多様性が特定の場所に投資をひきつける力をもつというこの見方は，企業の立地決定において労働費よりも輸送費の方がはるかに力をもつとするアルフレート・ヴェーバー（Weber 1929[1909]）の工業立地論とは対照的である（☞ 3.1 産業立地）。しかし 20 世紀の間に労働費と比較して輸送費は低下したため，立地決定に与える労働力の影響は増大している。

ドリーン・マッシィ（Massey 1984）は国家スケールでの空間的分業の創造における資本家の役割を強調した点で重要であったが，マッシィは地域格差がただ一つの経済的要因の結果ではなく，社会的プロセスの結果であり，経済地理学は「社会的諸関係の空間における再生産(p.16, 富樫・松橋監訳：p.14)」に関わっていると主張した。マッシィは生産の社会的諸関係の観点から空間的分業を概念化した（p.67，訳書 p.59）。地域的変容を理解するための一つの基礎として，空間的分業論は労働市場と社会的伝統の経済学を取り込んでおり，非技能労働に対する技能労働の力を明らかにしている。労働者の技能，そして地域的不均等も，職場やコミュニティの中で社会的に構築されたものであって，経済的プロセスの所与の結果でも単一の結果でもない。産業と企業の立地決定は労働景観の地理的不均一性に反応し，利潤最大化のために空間的不均等を組み込んでいる。そうした立地決定が今度は労働者の将来の技能水準に影響を与え，将来の地域経済を形づくる。そして，所有の構造，経営組織上の階層，地域産業の業種傾向，地域文化，世帯内のジェンダー関係，労働関係のすべてがこうした地域変化のプロセスにおいて機能する（☞ 3.3 地域格差）。マッシィの分析は，生産の社会関係を強調して，地域の変容における労働の役割を強調しているのである。

グローバル化の下での労働

先進工業国における賃労働者の姿は過去 40 年間に変化してきた。これは，先進国の経済において，大規模な組立ライン生産から小ロットの生産技術へのシフトや，製造からサービスへの大きなシフトを含んだ重大な再編成を経験してきたためであ

る（☞ 3.4 ポストフォーディズム，6.1 知識経済）。フォーディズムの時代の先進工業経済においては，製造業雇用の労働者階級の男性は，しばしば労働組合に組織されており，配偶者や子供を養っていくのに十分な「家族賃金」を得ていた。しかし，製造業雇用が新興経済国へ移転し，労働組合の組合員数も減少してきたため，家族賃金が得られるというのは次第にめずらしいことになってきた。技術的・社会的分業はますます複雑になってきており，これまでになかった人々（例えば韓国（Cho 1985）やメキシコ（Christopherson 1983）の女性若年層）が多国籍企業の労働力として引きつけられてきている（☞ 4.2 グローバル化）。サービス部門における低賃金労働力の需要は増大しており，そうした雇用機会の多くは世帯収入を補完するために労働市場に参入した女性によって大部分が占められ，1970年代以来その数は増加の一途をたどっている。しかしながら，フォーディズム時代でも多くの世帯で「家族賃金」の稼ぎ頭がおらず，女性，とくに白人以外の女性は長らく自宅内外で働いており，1970年代以前はとくにそうであったことは明記しておきたい（Nakano-Glenn 1985; McDowell 1991）。

資本はモビリティと作用を併せもった投入要素で，1960年代・70年代の中心都市のような労働者の組織化の水準が高い場所を避けるかまたは立ち去って，郊外地域のように労働組合が弱いか存在しない場所を選んでいる（Storper and Walker 1983）。場所に特有の労働者の技能は企業の立地決定にのみ影響を与えるのではなく，企業内で仕事がどのように設計されるかという労働過程それ自体にも影響する。例えば，労働者が非熟練かつ従順な人々であるものとして理解されている場所に，企業が組立ライン上での繰り返し作業の多い仕事を伴ったエレクトロニクス関連の組立工場を設立することがある。このことはメキシコ人の若年層の女性労働力をねらった，米墨国境沿いのマキラドーラへの立地を説明している（Christopherson 1983）。しかし，研究開発の事業所における科学者や技術者のように高度技能労働者を必要とする企業の機能では，いまだその大部分が先進工業国に残ったままであり，このことはエレクトロニクス産業や製薬産業の事例においてとりわけ明白である（Kuemmerle 1999）。一方，多くの発展途上国は，高賃金の仕事を提供し得る外国からの直接投資を引きつける上で必要な技能上のアップグレードを達成するために未だもがき続けている（Vind 2008）。

今日，労働力というものがもはや一つの均質な階級ではないことは広く認められている。実際，労働力は非常に多様化してきており，高等教育を受けて専門的・技術的・管理的な職種についている人々は昇進コースを占有して比較的高賃金を得る一方，公教育をあまり受けていない労働者や，必要とされる言語の能力や就業資格認証（例えば健康関連の専門職の資格など）を欠いている国際移民労働者は昇進の見込みも少ない末端のサービス職につき，相対的に低い賃金しか得ていない（McDowell 1991; Peck

2001)。同時にクリエイティブな専門職から情報技術にいたるまでの分野の高度技能「知識労働者」の雇い主たちは，そうした知識労働者が持っているアイディアがイノベーションや地域的繁栄の鍵を握るものと認識して，次第に高く評価するようになってきている（Malecki and Moriset 2008）（☞ 2.1 イノベーション，6.1 知識経済）。それゆえに，そうした高度技能労働者のモビリティは都市や地域の経済的運命に影響力をもっている。例えば，フロリダ（Florida 2002a）は都市の成長とクリエイティブ・クラスの間に強い関連性があることを発見し（☞ 6.1 知識経済），才能ある人材の地理的分布が経済発展の所在を次第に決定付けていくと主張した。また，サクセニアン（Saxenian 2006）はシリコンバレーや台湾，インドの成長に貢献する高度技能労働者のグローバルなモビリティの役割について論じている。

全般的には先進工業国において労働時間が減少し，余暇時間が増加してきているが，Peck and Theodare (2001) は一時的かつ臨時の職がフルタイムの通年の仕事に取って代わるにつれて労働の柔軟化がもたらされてきたことを論じている。実際，労働市場について伝統的に理解されてきた，安全性が高くほとんどがホワイトカラー職である第1次労働市場と，安全性が低くほとんどがブルーカラー職である第2次労働市場からなる二重構造は崩壊してしまった。こうした展開はまた，資本家階級と労働者階級という単純な区分を分析単位としては時代遅れなものに変えてしまった。その代わりに労働力は，エスニシティ，移民としての地位，ジェンダー，イノベーション，グローバルな社会運動といったさまざまなレンズを通して多元的に見られるようになった。

労働者への支援を提供することにおける国家の役割もまた，多くの政府で労働力訓練プログラムや失業保険といった福祉対策が激しく制約されるようになってきたことに伴って再検討されている（☞ 1.3 国家）。国家は生産の社会的関係の形成や空間的分業の創造において，長きにわたって影響力を与え続けてきた。レギュラシオン学派によって指摘されたように，多様な国家の制度が資本家と労働者の関係性に影響している（Peck 1996）（☞ 3.4 ポストフォーディズム）。こうした制度は，法律や規制という形をとって，例えば最低賃金や社会福祉と勤労福祉制度，労働時間と残業手当，団体交渉権，職場での従事者の健康と安全に関しての規定や，雇い主に性別・年齢・人種による雇用差別の禁止を定めている。育児や高齢者介護，保育園，幼稚園に関わる法律や慣習は，育児・介護に責任をもつ人々が誰であったとしても，そういった人々の労働市場への参加のあり方に影響を与えている。国家が資本家と労働者の関係に影響を与えるもう一つのあり方は教育を通じたものである。経済発展の原動力となる高度技能労働力の職能開発や維持に国家が熱心なことは教育への公共投資を刺激する（☞ 5.3 制度）。こうした空間的に多様なすべての取り組みを通じて，国家は（資本中心的な労働の見方

において）資本がその投資決定のために利用する労働の空間的配置（空間的分業）の創造を支援していくものなのである。

社会的変化の作用主体としての組織労働者

労働は労働組合や集団交渉を通じて経済的変化の能動的な作用主体であるばかりでなく，社会的変化の作用主体でもあり続けている。経済地理学者は，労働者の集団的活動が経済プロセスにどのように影響しているかを積極的に研究し，サービス経済やグローバル化によって労働組合の組織化に難題が引き起こされてきたことを検討してきた。Herod（1997; 2002）は合衆国東海岸の港湾労働者の労働組合が港湾ごとの交渉システムを，最北東部のメーン州から南部のテキサス州までの34の港湾をカバーする1つのシステムに置き換える動きに対して首尾よく戦い，それにより港湾労働者の雇用に対するコンテナ化の影響を免れたことを記述した。グローバル化のプロセスはまた，NAFTAの発効と北米における諸労働組合の分断化の進行に直面したカナダ自動車労働組合が採った戦略の焦点でもあった（Holmes 2004）。Rutherford and Gertler（2002）は，自動車産業の組合労働者がジャストインタイム生産に反応する中で自らの交渉の手法を再スケール化したものの，カナダとドイツの労働組合は企業の意思決定への関与の程度が異なる，別個の戦略を採ったことを観察した。同様に，Wills（1998）は，グローバル化が必ずしも労働組織を脅かすものではなく，その代わりに労働の国際性に新たな機会を提供するものだと示唆した。

しかしながら，ほとんどの労働者は港湾労働者や自動車工場労働者に代表されるような伝統的な産業部門ではなく，サービス部門で働いている。Walsh（2000）およびSavage（2006）はサービス部門労働者の組織化への課題を再検討したのであるが，そこで検討された労働者は，教育，職業，人種・エスニシティ，ジェンダーの違いによって多様であるとともに，フォーディズムの時代のように大規模な労働現場に集中しているというよりは，都市域全体に空間的に分散したものである。職場に基づいてGlassman（2004）は，グラムシのヘゲモニー概念を組み込むことで，グローバル化に起因した資本・労働間の関係性の変化が合衆国における労働組合にいかに影響を及ぼしているかをよりよく理解した。これらの論者は，意思決定をオーガナイズする組合がつくられるべき地理的スケールについて問題を提起し，ローカルな状況に対して繊細である必要性と，ローカルよりも大きなステージにおいて資本と効果的に対決し得る域際的な制度的構造を構築する必要性との釣り合いをとることを意図していた。組合に関する研究が示すことは，異なった場所で異なった資本・労働の関係性を構造化する制度として組合がいかに存在し得るかということである（☞5.3 制度）。

Christoperson and Lillie (2005) が描くように，グローバルな労働基準は国家的規制よりも多国籍企業を通じて定められるつつある．しかし，多国籍企業がそうした基準を定めるようになっているので，CSR（企業の社会的責任）の強化を目指した消費者運動の動きに多国籍企業は影響されるようになってきている (Hamilton 2009)．そのため，労働者集団の取り組みは消費者運動によって支援・補強されており，その運動とは職場における健康・安全基準策定を促進し，また児童就労に異を唱えるものである (Hughes *et al.* 2008; Riisgaard 2009)．エシカル消費（倫理的に正しい消費）のキャンペーンは，生産と消費の間の結び付き，生産労働と再生産労働の間の結び付きを強調しつつ，グローバル価値連鎖のネットワークにおける企業に労働の在り方の再考を促している（☞ 6.3 消費, 4.4 グローバル価値連鎖）．

KEY POINTS
- 労働は長らく経済における価値を創造する鍵として概念化されてきた．しかし古典派経済学者とマルクス経済学者では資本主義における労働の概念化の方法において違いがあった．
- 労働の性質や労働力の外観はグローバル化の下で著しく変化し，経済地理学者による労働者の概念は技能水準の差異や新たな労働形態（つまり労働のフレキシブル化）に加えジェンダーにも特別な意味を与え，考慮するようになってきている．また労働の形成における国家の役割も変化してきている．
- 労働の行為者性は労働組合の集団行動においてとくにはっきりとみえてくる．しかしながら団体交渉の性質はグローバル化の結果として変化している．

FURTHER READING

Savage and Wills (2004) は，グローバル化時代における労働組合主義の役割・戦略の変化を特集した Geoforum 誌の巻頭論文である．Boschma *et al.* (2009) はスウェーデンにおける工場のパフォーマンスを観察し労働のモビリティと技能水準の役割について分析している．

1.2 企　業

　経済地理学において，産業立地，イノベーション，集積，産業ネットワーク，地域発展といった研究領域で，企業は分析の中心的単位であり続けてきた（☞ 3.1 産業立地，2.1 イノベーション，3.2 産業クラスター，5.5 ネットワーク）。経済地理学者は個別ないしミクロレベルでは起業を研究し（☞ 2.2 起業家精神），グローバルスケールでは多国籍企業の勃興と，それがイノベーションと知識移転，国民経済と地域経済の発展，グローバル化のプロセス（☞ 4.2 グローバル化，4.1 中心・周辺）に果たす役割を研究してきた。企業は，それ自体が経済システムの原動力として作用する主要主体であって，企業立地，企業戦略（イノベーティブな能力を含む），企業文化についての特段の関心が過去数10年を通じて高まってきた。

企業とは何か？

　企業とは通常，利益のための活動を追求するために，一つの階層秩序に組織された個人の集まりである。企業は，1人もしくは複数の起業家によって創業されるが（スタートアップ），その形態は，単一事業所の自営もしくはパートナーシップ型のものから，所有者に課せられる多様なレベルの責任を伴った複数事業所の経営に至るまでに及んでいる。企業はまた所有形態によって，国有企業，公的に取引される民間企業（株式市場で株式が公開され取引される企業），私的に所有される企業（株式は取引されず，通常は創業家と重役が株式を握っている企業）に分類される。国有企業は，とくに工業化の初期段階において，多くの国家で重要な役割を果たした（フランス，ドイツ，日本，韓国，中国，ベトナムなど）。とはいえ，先進資本主義においては，経済に必要不可欠なダイナミズムの維持に民間企業が大きな責任を果たしている。

　企業を中心に据えた研究は，1970年代に「企業の地理学」が生じて以降，とくに活発になった（Dicken 1971; 1976）。大企業は重要な資本および生産能力を有しており（自動車組立工場など），寡占や独占体制を築くことによって，市場に影響力を及ぼすことができる。完全競争市場においては企業は価格を設定することができないが，独占・寡占体制に至ると，自企業が利潤を享受できるように価格を設定することができる。大企業，なかでも，支配的な企業の利潤サイクルに地域経済が密接に結び付いた「企業城下町[1]」（カンパニータウン）を形成するような大企業は，都市や地域の浮沈に大きく関わっている。

---

1) 企業城下町とは，地域経済が一つもしくは複数の支配的企業に大きく依存する都市や町を意味する。

コングロマリット（複合企業体）は，多角的な活動に従事する巨大企業群である（例えばゼネラル・エレクトリック社はエレクトロニクスと金融を手がけている）。企業はまた，吸収合併（M&A）や株式の持ち合い（日本のケイレツ（系列）や韓国のチェーボル（財閥））を通じてネットワーク化され得る。

　企業の圧倒的大多数は，小経営[2]に分類されるものである。小企業は独占・寡占に抗して市場に競争を注入するので，小企業は経済の健全さに重要なものと考えられている。小企業はまた雇用創出やイノベーションの重要な源泉とみられているために，多くの政府は小企業やそのスタートアップをサポートしてインセンティブを与えている。小企業はしばしば階層的組織のなかで（すなわち大企業の下請企業として）他企業と協同して機能したり，専門化した企業が生産を調整する水平的ネットワークにおいて機能している。大量生産は通常，大企業によるトップダウン的なやり方で調整されているのであるが，例えば，イタリアの産業地域の場合には，小企業間でのアクティブな底上げ型の調整が大量生産方式を代替する役割を果たしている（Piore and Sabel 1984）（☞3.4 ポストフォーディズム）。

　企業間提携の発展につれて，企業間の境界はいくつかの場合において徐々に不鮮明なものになってきている（Dicken and Malmberg 2001）（☞5.5 ネットワーク）。例えば，企業が他企業を吸収・合併し，機能を内部化することで，垂直的ないし水平的統合へと至る場合がある[3]。そうではなく，企業が，コア・コンピタンス（中核的業務）へ注力するために，従来，内部化されていた一つもしくは複数の機能を特定の外部企業に外注することを選択して，水平的・垂直的分割に至る場合もある[4]。企業の境界は，労働組織の新たな形態によって，さらに不鮮明なものになっている。例えば，広告業を事例に取り上げた Graber（2002）の議論によれば，ビジネスの実践はますます何らかのプロジェクトをめぐって組織されるようになっており（「プロジェクトエコロジー」），このことは企業が単一のまとまりのある統一体としての経済的アクターであるという考え方の妨げになっている。

---

[2] 小経営（中小企業 SMEs としても知られる）の定義は，国によってさまざまであるが，一般的には，従業者 500 人未満の企業が小規模とみなされている．合衆国のセンサスに基づくと，2004 年においては 25,409,525 の企業が存在し，そのうち 17,047 社が 500 人以上の従業者を有していた．このことは，他の 99.93% の企業が小経営に分類されることを意味する．

[3] 新たな機能が同一の商品連鎖ないし価値連鎖にある場合，統合は垂直的であるのに対し，他の製品・商品連鎖に沿って新たな機能を獲得した時に水平的な統合が発生する．

[4] 1990 年代初頭には，経営学研究者らが企業のコア・コンピタンス（中核的業務）に焦点を当てることを主張しはじめた．すなわち，競争上の強みの束を特定し，新たなビジネスを創造することである．例えば，Prahalad（1993）は日本の消費者向けエレクトロニクスメーカーであるソニーのコア・コンピタンスが小型化技術であったことを観察した．

なぜ企業は存在するのか？

　ほとんどの新古典派経済学者は，企業を，規模の内部経済に加えて，範囲の内部経済を活用する存在として見ている[5]。これらのうち，規模の経済とは，産出量の増加に伴った単位産出量当たりの投入費用の減少を意味している。また，範囲の経済とは，ある工場にすでに配置された同一資本・同一労働を使用して関連活動を実行することによる費用優位に言及するものである[6]。例えば，ハリソン（Harrison 1992）は，柔軟な専門化とは，規模の経済から生じる利益を犠牲にすることなしに，範囲の経済へと到達する手段であると観察している（☞ 3.4 ポストフォーディズム）。

　ノーベル賞受賞の経済学者であるコース（Coase 1937）は，「取引費用」ないし市場の価格メカニズムを利用する際の費用を減じるべく企業は存在していると説明している（☞ 5.3 制度）。こうした費用の存在は，新古典派経済学において，不完全競争の基準のうちの一つである。要するに，企業は取引費用の存在のために出現するのであって，取引の内部化は，内部取引の費用が外部取引の費用以上となるまでは有利なものなのである。そのため，コースの企業に関する制度的理論に従えば，企業は，市場に基づいた取引へ生産を調整する代替的手段である。

企業と意思決定

　初期における研究の大半は，合理的選択の原理に従って「経済人」として企業が機能するものとみていた。企業はまた，収益極大化と費用最小化の原理によって作用しているとみなされている。そして企業は常に，より優れた収益性に達することを求めている。しかし，現実と経済人の原則に立脚する合理的選択の間には，食い違いが存在していることを知っている。例えば，Törnqvist(1968)，Watts(1980)，Dicken and Lloyd(1980) は，古典的な立地論では説明しがたい立地決定のバイアスについて説明している（☞ 3.1 産業立地）。

　企業の行動理論は，経営学における組織論から出現したもので，理論と現実の間の不一致に対処することを目指している。ハーバード・サイモン（Simon 1947）によって展開された限定合理性の概念は，組織的な習性によって人間の行動を見直し再定義する最初の試みの一つであった。現実世界の圧倒的な複雑さを考えると，意思決定の背後にある合理性は，しばしば意思決定者の知識や経験によって制約される。サイモン

---

[5] 規模の外部経済は，通常は同じ場所において多数の企業の間で共有される規模の便益である（☞ 3.2 産業クラスター）．
[6] 例えば，オーディオ・システムを生産する企業は，新たな設備や労働者訓練に関して大きな追加費用なしに，ポータブル CD プレイヤーをも生産するだろう．

の研究はまた，企業行動の理解においての前提を拡大し，最適化原理だけでなく満足化原理[7]までを含めた。意思決定の現実は，限定合理性や文脈依存性としてよりよく表されるのである。サイモンに続いて，卓越した経営史研究者アルフレッド・チャンドラー（Chandler 1962; 1977）の研究は，意思決定研究に正当性を与え，現代企業の組織的形態にその影響をもたらした。つまり，人的主体は，予測能力に欠けて，経済人モデルが含意するような信頼性にも欠けており，おそらく限定合理性や機会主義といったことが企業による意思決定をより性格付けているのかも知れないのである。

ウィリアムソン（Williamson 1981）は，対等な取引市場における限定合理性や機会主義の存在を明らかにすることを通じて，企業や階層的な組織の存在を説明した。彼は，新古典派経済学における企業階層制度への関心の欠如，組織理論における市場軽視，政策分析における独占的・寡占的な企業への懐疑的な態度，経済史における組織イノベーションの無視といった，多様なパースペクティブ間に数々の概念上の障壁があることを論じた。コースの研究を拡張して，彼は取引費用を節約するガバナンス構造として企業をみる視点を提案した。リオーダンとウィリアムソン（Riordan and Williamson 1985）によると，必要なパーツやサービスを「つくるか購入するか」という企業の決定（すなわち，内製するか外部資源から取得するかの選択）は，その企業の資産特殊性によって説明される。それは，内部ガバナンスの維持と市場取引への依存の間での費用の差異の結果である。スコット（Scott 1988）もまた取引費用アプローチを採用し，企業が投入・産出の市場価格と規模・範囲の効果と限界とのバランスをとることを試みることによって最適な内部組織が発展するだろうと主張した。

ウィリアムソンは，企業に関する研究とは，特定の明示的ないし暗黙的な契約枠組みにおいて生じる比較制度上の取り組みについての研究であると主張している。このパースペクティブは純粋な経済的パースペクティブとは異なり，企業運営の社会的・文化的な次元を組み入れている。明示的と暗黙的双方の契約を通じて企業は取引費用の最小化のために信頼というものを制度化しているのであり，このことは，なぜ寡占や独占がとくに取引費用の削減において効果的であるのかを説明している[8]。

Denzau and North（1994）は，自己の利益の代わりに，「人々はある程度までは神話，教義，イデオロギー的なものや『中途半端な』理論に基づいて行動する（p.3）」と提起した。彼らによれば，不確実性の下での意思決定は事実上，集合的な諸制度と個人のメンタルモデルとの間の共進化プロセスの結果であるという。集合的な諸制度とは

---

[7] 満足化原理のもとで，人々は最適とはいえなくとも十分な解決を追求するのである．
[8] 信頼における多様な研究は1990年代に出現した．例えば，打算的信頼に関するWiiliamson（1993）の議論，関連会社間および契約上の関係性における信頼の役割に関するSako（1992）の議論，交渉によるローヤリティや故意のコンセンサスとしての信頼に関わるSable（1993）の議論を参照．

フォーマル・インフォーマル双方の制度であり，個人のメンタルモデルとは，学習を通じて獲得された「主観性の共有」の程度によって特徴付けられる。結果として，企業は異なる企業文化や企業内部の社会的ダイナミクスを有することが知られている（☞5.2 ジェンダー）。

企業はまた，競争的存在としても理解されている。資源ベースの（コンピタンス・ベースないし知識ベースとしても知られている）企業理論は，企業が新たな市場機会である戦略資源の開発を可能とすることによって，いかに競争優位性を獲得するかの理解を試みている（Penrose 1959; Barney 1991; Barney et al. 2001）。企業の人的資本（技術上，経営上のスキル）や物的な資本，組織資本（無形の資産）は，知識マネジメント，消費者関係，計画，生産を調整する資源として機能している。企業内での調整は，常に暗黙知を取り込んでいるのではあるが，Maskell and Malmberg(2001) が考えるところによると，このような知識は結局のことろ，企業が効果的にそれを活用するためにコード化され，普遍化されるものである。Maskell(1999) は，他企業と異なるということが企業の重要な競争力の基盤である時，企業が学習プロセスをいかに構築し，知識の保管場所としての役割を果たしているかということをとくに強調した。したがって，企業は場所特有の競争性のためにローカライズされた能力の創造に不可欠なものである（Maskell and Malmberg 2001）。

経済地理学において，企業はますますある種の社会的規制を生み出す社会的・文化的存在とみられるようになっている(Schoenberger 1997; Yeung 2000)。このような観点は，企業を全くの利潤極大化の存在としてのみみる伝統的な経済学的視点に逆らうものである。Schoenberger(1997)はロッキードやゼロックスのような企業から事例を引き出して，企業の文化的危機を議論し，企業文化が経営理念や経営上の献身的姿勢からいかに出現し，このことが企業戦略へといかにつながるのかを示している。企業が国境を越えて事業所を展開させて多国籍企業へと発展すると，企業文化はとりわけ複雑なものになってくる。いくつかの場合には，企業の発祥（起業）の地や企業が本部を置く場所の文化的特性が企業文化に重要な影響を及ぼしているのであるが，他の場合においては，企業がひとたび国境を越えて展開すれば，企業の発祥国を問うこと自体，不適切なものとみなされつつある。

多国籍企業の勃興

多国籍企業とは，複数国にまたがって生産ないしサービス機能を所有し操業させている企業を示している。オランダ人によって設立された貿易会社である東インド会社は，最初の多国籍企業の一つである。第二次世界大戦を迎えるまで多国籍企業の大半

は貿易会社であったが，戦後期においては対外直接投資（FDI）が国際貿易よりも速いペースで増加し始めた。先進国で加工される原材料の取引を専門にする貿易会社とは違って，新たなタイプの多国籍企業は，たくさんの国境線を跨いだ商品連鎖を伴った，国境を跨いだ生産活動，すなわち新国際分業（NIDL）を先導した（☞4.2 グローバル化）。主に低賃金国への生産設備の移管は，1950年代や1960年代に始まり，今日も続いている。こうしたプロセスは，依然として多国籍企業の存在に関わる概念上の根本原理の核心部分を成しているが，現在の多国籍企業は低賃金地域を追い求めるだけでなく，一定の技術水準や新市場へのアクセスをも求めている（すなわち，合衆国におけるトヨタ自動車やBMW，中国におけるマイクロソフトやインテルなど）。このような市場を求める多国籍企業は，現地市場や行政上の関連法令に関する知識を得るために，しばしば地元企業との合弁企業を形成している。

多国籍企業はなぜ存在するのだろうか。取引費用面の説明としては，多様な機能の垂直的・水平的統合が費用の削減に結び付くということが，多国籍企業が存続する理由となる。同様のアプローチが，多国籍企業を効率の良いガバナンス構造として見ており，諸機能を内部化することによって取引費用が極小化されていると理解している。そのような諸機能の内部化がなければ，国を跨いだ経済活動を実施する際に大きな費用が発生するのである。あるいは，ダニング（Dunning 1977）は，OLIという枠組みを通じて多国籍企業の立地行動を説明しようとする「取捨選択の理論（折衷理論）」を提起した。OLIとは所有（もしくは企業特殊）の優位性（Ownership），立地の優位性（Location），内部化の優位性（Internalization）の3つよりなる。ダニングはこれらの優位性の組み合わせが，対外直接投資が起こるかどうか，どこの市場へ投資され，いかにその市場に参入するかを決定付けるものだと主張している。

1980年代の終わりから1990年代の初めにかけては，雇用創出のために多国籍企業の参入を支援するか（自由貿易か），他国の多国籍企業よりも自国の企業を優遇して国の競争力を保護するか（管理貿易か）といった政策上の議論（Reich 1990; Tyson 1991）が，多国籍企業の戦略的目標におけるその国籍の役割をめぐっての多様な研究を導いた（Encarnation and Mason 1994）。Phelps（2000）は，多国籍企業を誘致するには，受け入れ国側にイノベイティブな制度上の対応がますます必要とされているのだと主張した。多国籍企業に関する最近の研究は，企業本部（Holloway and Wheeler 1991）や，研究開発（R&D）施設（Florida and Kenney 1994a; Angel and Savage 1996）といった特定機能の立地分析に加えて，アジアの新興多国籍企業に焦点をあてつつ新興国の工業化における多国籍企業の役割といったことも射程に入れている（Yeung 1997; 1999; Aoyama 2000; Lee 2003）。

1.2 企業 25

　海外工場の獲得を通じてより大きな生産能力を得る代わりに，今日の企業はますますアウトソーシングを選択するようになっている．すなわち，低開発地域への投資ないし企業の合併や買収を通じて生産能力を内部化するというよりも，プロジェクトごと，あるいは製品ごとにさまざまな会社と契約関係を形成している．国内における他の会社へのアウトソーシングが可能にもかかわらず，今日のアウトソーシングは，他国の低賃金地域に立地する企業へ発注される場合が多い（☞ 4.4 グローバル価値連鎖）．アウトソーシングは，迅速性と柔軟性を高め，財務上の負担を減ずる手段として，ファッション指向の服飾や靴のブランドにとってとりわけ重要な戦略として出現した．そして，時にはブランドイメージに損害を与えるような慣行を潜在的に有するアウトソーシング先企業から遠距離に位置することによって，ブランドの評価を保護する手段にもなっている．しかしながら，アウトソーシングは，外国の請負業者に企業の社会的責任（CSR）を転嫁する戦略としても見られるようになっており，論争を呼びつつある．児童労働や労働搾取工場を減らすために，搾取工場反対運動者は，ファッションブランドに対してだけでなくそのアウトソーシング先企業に対しても労働基準や環境基準を遵守するよう要求するようになっている（Donaghu and Barff 1990）（☞ 6.3 消費）．CSR 運動に関する研究は，アグリビジネスや小売の多国籍企業にまで拡張されてきた（Hughes *et al*. 2007）．

KEY POINTS
- 企業は経済地理学研究の中心にあり続けてきた．しかし、近年では、企業のネットワークや文化・制度的視点など、企業についての新しい見解がもたらされている．
- 企業行動について優先される前提は変容してきている。企業の意思決定に影響を与える限定合理性，機会主義，文化的要素が考察されるようになっている．
- グローバル化の下での、とりわけ多国籍企業の立地決定における企業の空間的戦略が広範に分析されてきた．ごく最近においては、多国籍企業のアウトソーシングの実践と立地戦略が重要な研究領域になっている．

FURTHER READING

Maskell (1999) は、企業に関する理論の総合的な概説を提示している．企業についての近年の研究として、デル・コンピュータに関する研究である Fields (2006) や、合衆国の自動車メーカーの業績が時代に合わなくなったコストといかに結び付いていたのかを明らかにした Monk (2008) を参照．Beugelsdijk (2007) は、オランダにおける企業の業績と地域経済環境との間の結び付きを検討した．

1.3 国　家

　国家は，経済発展・産業発展を構造化する上で，中心的な役割を演じており，場所場所で特化した政治的イデオロギー，経済的制度，国家・社会関係の多様な配置のなかに存在している。経済地理学には，国家をみる際の大きく2つの視点がある。第1の視点は，市場の失敗を修正し経済プロセスを導くべく介入する経済外の力として国家をみるものである。第2のそれは，資本主義システムとそれが位置付けられている地理的文脈から分離不能のものとして国家をみている。経済地理学者は，多様な種類の資本主義が特定の場所においていかに史的に進化を遂げ，国家間の貿易・投資協定がグローバル経済をいかにつくり上げ，諸国家の領域的戦略がそれらの内部での経済的機会や経済力の分布にいかに影響を及ぼすかといったことを研究してきた。

「資本主義における国家」なのか「資本主義的国家」なのか

　経済地理学者は，国家が資本主義的発展といかに関係し，また，それにいかに影響を及ぼすのかということを理解するための，重要なアイディア，フレームワークを発展させてきた。Glassman and Samatar (1997) は，3つの際立ったパースペクティブを述べた。自由主義的な多元的共存論のパースペクティブは，経済的諸制度から自律し，資源分配の問題の「中立的な調停者」として機能するとともに，インフラストラクチャー供給，他の古典的国家機能（軍事決定，社会サービス）を供するものとして国家をとらえている。マルクス主義のパースペクティブは，国家が中立的であるという考え方を否定しており，その代わりに，それらの行為が継続的な不平等交換と労働力搾取を通じて資本蓄積を持続させる行為主体および制度とみている。ネオ・ヴェーバー主義のパースペクティブは中道をとっており，国家機構が社会経済的制度と強く結び付いたもの，ないしは社会経済的制度に埋め込まれたものとみなしているが，労働者，家族，地域社会の福祉上の要請のような非経済的問題に対して取り組む際には自立しているようにふるまうものとみている（☞5.4 埋め込み）。

　Clark and Dear (1984) は，資本主義における国家の役割を強調する理論と，資本主義的国家の特定の形態がいかに，どこで，なぜ進化するかということに関心を有する理論との間に，重要な相違を見出している。「資本主義における国家」アプローチは，国家の行為が経済活動にいかに影響するかということに焦点を合わせている。このアプローチにおいては，国家の役割は伝統的に公共財（教育や軍事防衛など）の供給や，

市場の失敗（すなわち「自然の」市場牽引型の活動に起因する，ネガティブな社会的，環境上の，ないしは経済的結果あるいは外部性）を修正ないし防止する目的での資本主義プロセスへの戦略的介入に限定されている（Arndt 1988）[1]。「資本主義における国家」アプローチの主要な議論は，どの程度の国家介入が適切であるか（Lall 1994; Manger 2008），国家の経済政策が，しばしば環境問題や社会経済的不平等をいかに生み出し，悪化させるのか（Hindery 2004），いかなる種類の国家介入が，雇用や地域成長，再分配を促進するのか（Haughwout 1999），といったところにある。

しかしながら多くの地理学者にとって，資本主義的な国家群とその成り立ちについての研究がより大きな関心事である。こうした見方においては，資本主義は歴史的に偶発的でかつ政治的に争われた形態の社会経済組織であって，現代の国家を構成しているプライオリティや制度は，歴史的な階級闘争や，文化，地理，宗教的イデオロギーのような文脈に特化した要素を反映している（Jessop 1990a; Dicken 2007）。国家と資本主義システムは共進化しているものとみられ，相互に切り離しては市場や政府を完全に理解することが困難である。資本主義国家についての近年の研究における分析は，新自由主義的な形態での経済的グローバル化の要請に応えて，国家がその制度や経済政策をいかに改良しているのかといったところに向けられている（Jessop 1994; Glassman 1999）（☞ 3.4 ポストフォーディズム，4.2 グローバル化）。

資本主義の多様性

資本主義的国家のアプローチが示していることは，資本主義が一枚岩ないし首尾一貫したシステムではなく，地理的に多様な，イデオロギー，制度，経済的組織化の総体であるということである。資本主義的国家の異なった形態に対する興味は，資本主義の多様性アプローチを動機付けている。そのアプローチは，国家に埋め込まれた特徴に言及するものであり，国家のアクションがいかに社会・文化的に明瞭であって，特定の市場イデオロギーを反映するのかといったことに関心を有している（Albert 1993; Berger and Dore 1996; Hall and Soskice 2001）。地理学者にとって，資本主義の多様性という考え方は，国家間の相違，その歴史的・空間的進化，そして，市民，他の国家との結び付きがいかにそのような進化を形作るのかといったことを説明する重要な概念的レンズとなるものである（Das 1998）。一般に，福祉国家，開発国家，社会主義国家，新自由主義国家という資本主義の4つの区分が，たいていの国家を説明している。

---

1) 3種類の市場の失敗が資本主義に内在している．第1に，競争的な傾向が時間とともに独占的になること，第2に，公共財（軍事や環境など）の運営や規制に関係したフリーライダー問題，第3に，汚染や雇用差別のような負の市場牽引型の外部性である．

ケインズ主義的国家ないしは社会民主主義は，循環的な経済恐慌の影響の緩和，雇用水準の極大化，そして，社会保障，教育，健康保険，国防などの公共財・サービスの供給に必要とされる税収維持によって，市場の諸力を管理している（Brohman 1996）。福祉国家は，通貨・金融政策を通じて経済成長を維持し，富を社会全体に再分配する。場合によっては，国家は，雇用を守り，国の内部に（原材料供給者からの）後方連関，（価値を付加する製造業者への）前方連関を確保するために，銀行，鉄鋼業，自動車製造業のような重要産業を部分的に所有することもある。

開発国家は，通常は日本・韓国のような東アジアの経済力と関係しており，輸出市場を求め，輸入の流れを厳格にコントロールするべく，国は国内産業に積極的に介入する。経済的エリートと政治的エリートの間の緊密な結び付きはほとんどの国で問題視されているものの，成功した開発国家は，主として，株式の持ち合いによって特徴付けられる巨大産業グループ（日本の系列，韓国の財閥）を通じた実業界と政府の緊密な結び付きを実現している。開発国家は「目標産業」を明記しているのであるが，これは国内に広範な後方連関・前方連関を伴う典型的な基幹的産業部門である（Johnson 1982）。例えば，韓国における鉄鋼業への投資は，後に続く造船業や自動車産業の発展をもたらした（Amsden 1989）。Evans（1995）は，埋め込まれた自立性（embedded autonomy）の一つの結果として，韓国やインドなどいくつかの開発国家の成功を説明している。埋め込まれた自立性とは，いかに産業発展を進展すべきであるのかについて官民協調がなされるのであるが，国内企業が効率性・優位性を維持しつつ，政府が国内経済目標を定めるのに十分な自立性を維持している状況である。開発国家は，基本的なサービス（例えば，健康，教育）を国内で供給する一方，急速な近代化や高度成長に与えられた明瞭な優先順位の高さは，しばしば社会的・空間的平等や民主的権利を犠牲にして成り立っている（例えば，中国の三峡ダム，1960年代から1980年代にかけての韓国の独裁政権の歴史，日本のジェンダー差別など）。

共産主義国家や社会主義国家は，政治的権力を集権化し，社会階層上の差別を減じて，資本主義的貿易関係から切り離された自己充足的ないし自給自足的な経済を生み出すために重点的に制御されている。社会主義国家は通常，財産や生産手段を厳重に制御する一党制の国家である。社会主義は，共産主義へと向かう動きのなかで必要不可欠な段階として理解されており，社会主義国家は最終的には共同管理を選択することで権力を放棄する。この意味で，国家スケールにおいて，共産主義へ上手く到達したことはない。結果として，ほとんどの「共産主義的」国家は社会主義経済と形容されるほうがふさわしくなっている。中央集権型の経済計画（価格は市場ではなく，政府によって定められる）がほとんどの社会主義国家に共通していることに加えて，場合に

よっては，産業の空間的クラスタリング〔例えば，ソビエトの領域生産コンプレックスに関する Lonsdale (1965) 参照〕においても共通する．加えて，福祉の分配や空間的平等には，目標達成があいまいにされているとはいえ，強固な目標として相当な注意が払われている．純粋な社会主義経済は今日までほとんど生き残っておらず（キューバなど），ソビエト連邦の崩壊以降，多くの旧社会主義経済は市場経済へと転換し始めた．このような移行経済（例えば，ポーランド，ベトナムなど）は，社会主義の下で保証されていた給付金制度や社会的サービスの一部を維持しながら，懸命に効率的な市場システムを発展させようという独自の挑戦に挑んでいる．

1980 年代以来，新自由主義国家が世界経済において一般的になってきた．この場合には，国家は軍事および一部の福祉プログラムにとって重要性を残すものの，社会経済的課題に対してはレッセフェール（不干渉主義）のスタンスをとっている．Jessop (1994) は，福祉国家の「空洞化」として新自由主義国家の出現に言及している．これは，財政の地方分権化，民営化，社会福祉（社会保障給付）から勤労福祉プログラム（職業安定）へのシフトを伴っている（Peck 2001）．開発国家とほぼ同様に，新自由主義国家は輸出指向工業化（EOI）を促進し，国際市場における国の比較優位の確立を図っている（World Bank 1993）．EOI 戦略へのシフトは，新自由主義国家とケインズ主義的福祉国家の間の重要な違いである．福祉国家はしばしば輸入代替工業化（ISI）を頼りにして，貿易関税や輸入割当を通じて国内産業の保護をねらっている[2]．EOI の促進において，新自由主義国家は国際通貨基金（IMF）のような国際金融制度（IFI）とともに作用して，外国市場へのアクセスを向上させ，国際資本流動を規制緩和し，自国企業が他国に投資する際にその財産権を保護している．EOI 戦略は，開発国家に採用されてきたのであるが，大半の途上国において，その戦略は多国間援助機関（世界銀行など）によって課せられる構造調整プログラムを通じて促進されてきた．構造調整プログラムは，自由貿易を推進するために自国の金融制度，市場，規制システムを改良しようとするものである．新自由主義的モデルが広く一般的なものになって以来，発展途上国や先進国の多くで，そしてグローバル規模で社会的不平等が目立つようになってきた（Arrighi 2002; Gilbert 2007）．

国家間関係と貿易・投資協定

近年，政治に主導された国家間関係（例えば，NATO）から経済的目標，経済的な優先事項に主導された国家間関係への変化が観察できる．とりわけ国家群は，資本や資

---

2) 途上国・新興国の ISI 政策の中心的目標は，雇用を維持し得る幼稚産業の育成であった．一方で，国内企業に対してはグローバル市場における競争性を高め得る能力の発展が求められた．

源の国際的な流動をより効果的に導きやすいような，二国間，多国間，もしくは地域的な貿易・投資協定に参加するようになっている。このような協定は，一般的に3つの形態を呈している。すなわち，第1は二重課税条約（DTTs）であって，配当金や利益に二重に課税されることから個人や企業を守るものである。第2は，二国間投資条約（BITs）であり，2国間での貿易流動と投資の安全性を高めようとするものである。第3は，特恵的貿易投資協定（PTIAs）であり，参加国間の経済調整と市場アクセスを増進させようとするものである。PTIAsは，合衆国政府のアンデス貿易促進・麻薬根絶法（ATPDEA）が示しているように，経済的課題以上のものと結び付いている場合もある。ATPDEAは，ボリビア，コロンビア，ペルーといったアンデス諸国に特恵貿易の機会を提供しつつ，コカ葉の栽培と流通を弱体化させているのである。

　欧州連合（EU）や東南アジア諸国連合（ASEAN）のような地域経済連合ないし地域貿易協定もまた，グローバル経済のガバナンスにおいて徐々に重要な役割を担いつつある。このような協定は，地理的に近接した国と国とを，さまざまなレベルでの経済統合や政治的協調へと結び付けている（Dicken 2007）。自由貿易地域（北米自由貿易協定（NAFTA）など）は，参加国の間での貿易障壁を取り除いてはいるが，貿易・投資の障壁を減じるのに必要以上の政治的・経済的協調を伴っている。関税同盟（アンデス共同市場（CAN）など）は，域内での自由貿易を可能とするとともに，参加国はそれ以外の国に対する共通の外部貿易政策を追求している。共通市場（カリブ共同体（CARICOM）や東アフリカ共同体（EAC）など）は，労働・資本といった生産要素が参加国間で自由に移動できる地域である。最後に，地域経済統合の先進的な形態である経済連合（例えば，欧州連合）が挙げられる。経済連合は，高度の経済的・政治的協調を必要とし，参加国には，共通金融システム，共通通貨，そして，共通の貿易・投資・環境などの規制の確立を支援することが期待されている。

　2007年末現在，有効なBITは2608，DTTは2730，PTIAは254存在する。図1.3.1の楕円や曲線が示しているように，たいていの国・地域は，二国間，地域内・地域間のPTIAの複雑な組み合わせに依存しており，世界経済との関わりないしはそれ以上の何かが，政治経済的同盟のグローバル・「スパゲッティ・ボール」としての状況を描いてきている。重要なことは，このような複雑な関係性・相互依存性は，平等で自由な市場が牽引するグローバルな貿易システムの可能性についてのWTOの言明と矛盾するということである。これらのことは何よりも国家が世界経済において重要な役割を果たし続けていることを示している。

図 1.3.1 特恵的貿易・投資協定の「スパゲティ・ボウル」
UNCTAD (2005) http://unctad.org/en/Docs/iteiit200510_en.pdf
Copyright©UNCTAD (2006), Investment Provisions in Economic Integration Agreements,
Figure I.1. The "spaghetti bowl": Multiple overlapping, Chapter 1, p.10.

領域性：国家の実際

　その形態や多様性とは関わりなく，すべての国家は，都市スケール，地域スケール，ナショナルスケールといった，多様なスケールで機能しており，国家はそうしたスケールで，各種の調整を定めて機能させ，財産やその他の市民権を決定・保証し，教育，軍備，環境などの分野で公共財を供給・運営し，社会を結集し，労働力の再生産とその生産性の増大を確かなものにしようと努めるのである（O'Neill 1997）。そのようにするなかで領域的存在としての国家は，その領域内のみならず，他国に対しての権力と正統性を高めようと努力するのである（Cox 2002）。国家の領域的戦略は，フォーマル（労働法，環境規制，税制など），インフォーマル（腐敗した実践，ネポティズムを通じて）に実行され，それらは産業発展・地域発展のプロセスに影響をもたらす社会経済状況を作り出していく。

　領域的な戦略についてコンセンサスに到達する際にはしばしば対立が生じるために，国家というものは，対立するアクターが代替的な経済ビジョンや空想を打ち出す社会的舞台として理解するのが一番である。そのような闘争は，思想，企業，産業，労働者，コミュニティに「勝ち組」と「負け組」の双方を生み出す（O'Neill 1997; Peck 2001）。強いアクターは国家の領域内および他の社会的スケールで権力を掌握す

る（Jones 2001; Brenner 2004）（☞ 4.2 グローバル化，4.3 資本の循環）。地方活性化連合や国家的な産業促進機関，官民のパートナーシップ，国際開発機関，商工会議所——いずれも民間部門のアクターと政府当局を結び付ける機関であるが——，これらは，政策転換を導いたり，現状維持からの転換が阻止されたりする際に鍵となる役割を果たしている（Cox 2002）。

KEY POINTS

- 経済地理学において、国家をめぐる2つの幅広い視点がある。第1の観点は、市場の失敗を修正し経済的プロセスを導くべく介入する一つの経済外のプロセスとして国家をみなしている。第2の観点は、資本主義システム、そして、それが位置している、地理的な文脈と分かち難い存在として国家をみている．
- 国家のガバナンス戦略は、資本主義および国家・社会関係を反映している．
- 地域的な相互貿易・投資協定は、グローバル経済における競争優位を獲得するための戦略としてしばしば用いられるようになっている．
- 国家は領域的に行動し、社会経済的状況をつくりだすとともに、経済活動を組織して，これらのことが領土の内外での国家の力とその正統性を理想的に増大させるのである．

FURTHER READING

Peck and Theodore (2007) は、資本主義の多様性アプローチに対する詳細なレビューと好意的な批判を提供している．Harvey (2005) は、新自由主義的な形態の資本主義の歴史を展望し、その欠点を指摘するとともに、きたるべき将来に発展させるべき国家・社会関係のオルタナティブな形態を提起している．Hollander (2005) は、フロリダ州のサトウキビ栽培会社の領域的戦略、すなわち、砂糖産業を保護する貿易障壁や補助金を確かにする目的で連邦政府に国家安全保障をアピールするような戦略を詳述している．

第2章
経済的変化の主要な原動力

　経済発展の源は何だろうか。第2章では経済発展の鍵を握る3つの要素、イノベーション、起業活動、アクセシビリティについて扱う。

　まず、イノベーションの節においては、新古典派、シュンペーター派、進化経済学という、経済学における各学派が経済地理学に及ぼしてきた影響について検討する。社会はますます技術への依存度を高めており、イノベーションはさらに必要不可欠なものとなった。その上、イノベーションというものはテクノロジーの領域を越えて、個人（起業家精神）、企業、地域、国家（国家システム）、さらにはグローバル経済といった多様なスケールで経済的帰結を作り出すまでに拡大している。イノベーションは、新たな経済分野の形成を促し、起業家精神のための新たなきっかけを創出し、就業機会の創出に貢献し、経済成長の鍵となる重要な構成要素としてみなされるようになってきた。

　経済に活力を注入する上で起業家精神が重要なことは誰もが認めるところであるが、起業家精神の概念をはっきりと定義するのは困難なことでもある。こうした困難は概念的な知識を起業家精神の発揚という形で実践へと結び付ける際にも言えることである。後述するように、起業家精神とは多様な意味をもち、多様な特性を示す。しかしながら経済地理学は、起業家精神が場所と深く結び付き、したがってその場所の背景、文化、社会的ネットワーク、経済システム（税制や失業給付等）といった全てが起業家の出現に影響を与えているものとみなしている。イノベーションや起業家精神に関する研究は、現在の経済地理学におけるシュンペーター派の伝統がいかに重要かを提示しており、それらは経済開発政策への重要な橋渡し役になっている。イノベーションや起業家精神の役割は産業クラスターや知識経済といったキーコンセプトによって補強される。

　アクセシビリティは経済に影響を与える恐らく最も基礎的な概念であり，人々の日々の暮らしに永続的な影響を与えるものである。また物理的な距離は人々の職場、学校、買い物、そして住宅への日々の到達を決定する。また輸送技術や関連インフラ整備によって人々の地理的な行動範囲は劇的に広がった。経済地理学者がアクセシビリティを概念化する方法は、単純な距離であったものが時とともに変化し、地理的のみならず経済的や社会的な障壁を克服するものとして捉えられるようになってきた。さらに、アクセシビリティはインターネットの登場によって新たな意味を持つようになった。仮想空間（ヴァーチャルスペース）は，本来アクセスしにくい場所へのアクセス可能性を生み出した一方、情報格差（デジタルディバイド）のようなアクセシビリティ上の障壁も明確になった。

2.1 イノベーション

　イノベーションは，発明や新しいアイデアないしテクノロジー（ひとかたまりの知識）の商品化による成功，新しい経済活動の展開や地域経済の成長に貢献するマーケティングの発生を伴うものである。このイノベーションの定義は年々広がっている。かつては例えば電球の発明のような技術的ブレイクスルーのみを指していたが，現在ではプロダクト・イノベーションやプロセス・イノベーション（例えば自動車生産におけるジャストインタイム生産方式の導入），デザイン・イノベーション（既存技術による新規商品開発），漸進的イノベーション（ブレイクスルーと対峙するものである），サービス・イノベーション（ファストフードのように既存製品の新しい販売方法）といった，多様な形でのイノベーションが認識されている。加えて世界レベルでのイノベーションと地域レベルでのイノベーションの間での区別もなされている。地域レベルのイノベーションとは最近の地理学の文脈では既存のアイディアの適用にあたるもので，これはイノベーションではなく技術移転として解されるものである。しかしこれこそがイノベーションの普及・拡散の一つの形であり，地域に重大な影響を発生させるのである（Blake and Hanson 2005）。地理学者は当初，イノベーションの地域的普及・拡散の分析に焦点を当ててきたが（Hägerstrand 1967; Rogers 1962; Brown 1981），最近では地域や国家の経済成長という文脈におけるイノベーションへと研究の中心が変化してきている。こうした系列の研究はテクノロジーを経済成長の原動力とみなす経済学の諸学派の影響を大きく受けている。

　イノベーションを数えたり測定したりすることは困難である。イノベーションを測定する上では，研究開発支出（官民は問わない）や特許認可数・引用数，科学技術労働者の規模が最も頻繁に使われる。これらのうち幾つかの測定方法ではおおよその結果しか表せないが，その他の計測方法はイノベーションに成功したものしか考慮されず，失敗に終わった試みが見落とされてしまう。

新古典派経済学における「テクノロジー」

　新古典派経済学者にとって，テクノロジーは生産機能の一要素としては長らく説明されてこなかった[1]。例えば，ハロード＝ドマールモデル（Domar 1946; Harrod 1948）では，ある経済での生産性向上は貯蓄水準と結び付いた資本蓄積（追加的な機械購入など）に由来するものだとしている。ソロー（Solow 1957）は技術変化を自身の成長モデルに

取り込み，「残余」とみなされてきたものを，長い目で見れば，実際には生産性向上の根源であるとした。彼は 1909 〜 1949 年の米国における持続的な生産性向上が資産蓄積によってのみでは説明できないことに気づいていた。とはいえ，ソローは技術変化を外生的要因としてみなしていた。

新古典派の枠組みの中で提唱された修正の中で最もよく知られているのは，知識を経済の生産機能の内生変数として取り込んだアローの研究である。アローは「学習」，つまり知識の獲得について「問題解決のための試行錯誤を通じてのみ生ずる」経験の産物である，と論じている（Arrow 1962: p.155）。こうしたことから，技術変化が生産における経験によって現れ，それがひいては生産性を全般的に向上させるとアローは結論付けている。したがって，実行による学習とは，生産上において蓄積された経験が一企業の生産性獲得を導く過程のことである。

アローによる学習の概念化は暗黙知と形式知の区分につながった。形式知は明確である一方，暗黙知は言外の知で，文脈に依存しており，社会化を通じてのみ共有されるものである。カール・ポランニーの弟，マイケル・ポランニー（Polanyi 1967）は，暗黙知に最初に立ち入って言及した一人であり，暗黙知というものを経験を通じて習得するノウハウであると考え，はっきり述べることが困難なものであるとした。暗黙知が経験的な性質をもつため，形式知が暗黙知を完全に置き換えることはできない。

Lundvall and Johnson（1994）はイノベーションにおける暗黙知の役割を強調した「相互作用による学習」の概念を明らかにした。彼らは暗黙知というものは現場においてその伝達と同時に創出されるものだと主張した。その結果，地理的状況はイノベーションに決定的に繋がる知識の創出において重要な役割を担っている。なぜならば知識の探索は概してまずはローカルな場で行われるからである。経営学も企業内での暗黙知の創出が果たす役割に光を当てるのだが，経済地理学者は行動のルールを形づくる幅広い社会的・経済的な文脈に関心を示す。地理の重要性を補強するのは，究極的には「実践コミュニティ」にも発展する，相互に共有された信頼や規範，慣習といった要素である（☞5.4 埋め込み）。加えて Lundvall（1988）や Gertler（2003）の指摘によれば，暗黙知の交換や生産は生産者間だけでなく，消費者と生産者の間でも行われている。

オーストリア学派

当時の他の新古典派経済学者から完全に独立して，ヨーゼフ・シュンペーター（Schumpeter 1939）は自身の景気循環に関する研究を通じて独自の長期的な経済成長に関する見解を発表した。シュンペーターは資本主義を不連続的な変化（Schumpeter

---

1) 生産関数とは，投入（資本と労働）のコンビネーションと産出の間の関係性を示す経済学用語である。

1928) に満ちた存在として，すなわち彼の象徴的概念ともいうべき「創造的破壊」として捉え，そして，それこそが資本主義の本質であると考えた (Schumpeter 1942)。シュンペーターは発明のすべてをイノベーションとしてみなしたわけではない。その代わり，真のイノベーションというものは，固定資本投資を通じて生産性の向上に重大なインパクトを与えたり，新興企業設立を促したりするに違いないとした。起業家たちは経済に内在するリスクを甘受する主体で，資本家とはまったく異なり，資本主義に不安定性を注ぎ込む存在である。素早く反応し，素早く動く，このような起業家的な小企業は，産業に新しいリーダーシップを創造する。起業家はイノベーションから短期的な独占を獲得しようと求めている。このことが起業家の間で模倣行為を誘引し，起業家が新興市場にスワーミングする要因となる[2]。そしてこれが新産業を創造し，経済成長を拡大させるのである (☞ 2.2 起業家精神)。シュンペーター (Schumpeter 1942) は独占が進むことによってイノベーションがますます大企業の研究開発施設で生まれることに繋がり，そうしたことによって創り出される「ルーチン化した」イノベーションや特定の「技術的レジーム」が創造的破壊に不可欠なプロセスを妨げているのではないかと懸念している。

1970 年代の世界経済の停滞によってシュンペータリアンの経済学は復活した。同時に過去の景気循環論も復活している。ネオ・シュンペータリアンによって再評価された景気循環研究者として知られているのはコンドラツェフとクズネッツである。彼ら 2 人は歴史軸上での経済成長と停滞の循環的性質を述べようとしたのである。国内投資パターンによって測定された 14～18 年周期のクズネッツ循環 (Kuznets 1940) とは異なり，コンドラツェフ (Kondratieff 1926; 1935) は経済的ブームが技術的イノベーションの大波によって 54～57 年周期で引き起こされるとする仮説を立てた。論者たちは電子革命の基礎を置くコンドラツェフの第 5 波動（「循環」という用語が含意するような厳密性を好まない人々によって「波動」という用語が用いられている）は 2010 年代に終焉するとしている (Hall and Preston 1988)。

進化経済学

ネルソンとウィンター (Nelson and Winter 1974) は，ソローの技術変化と経済成長に関する研究に立脚しつつも，ここにシュンペーターが提起したアイデアを組み込んで，最終的には今日「進化経済学」として知られる体系をつくり上げた。その到達点は企業行動理論 (☞ 1.2 企業) に基づく動的均衡モデルを築いたことであった。このモデ

---

[2] スワーミングとは，同時に市場へと群がり，競争的状況を高める多量のアクターの急激な出現として定義されるだろう．

ルでは限定合理性に基づいてミクロな主体（企業）が意思決定を行うと想定されており，したがって決定は個々に異なるものの，意思決定行動に連続性（すなわちルーティンな行動）を示すとしている。技術変化の内的な作用は次の二重のプロセスとして理解することができる。第1には，企業がよりよいテクノロジー獲得のためにローカルな探索に関わるプロセス，第2は市場が関わる取捨選択のプロセスである。こうした探索と選択のプロセスが組み合わさることで技術変化への経路が発生する条件が満たされるのである。

アーサー（Arthur 1989）とデイビッド（David 1985）は，技術変化の経路依存性という概念を用いることによって，市場が常に最良の，あるいは最も効率的なテクノロジーを選択するとは限らないと主張した。例えばタイプライターのキーボードの［Q, W, E, R, T, Y］という配列は，故障を防ぐためタイピングを遅くするように設計されている。デイビッドは，過去のテクノロジーによって定義され，過去のテクノロジーのために設計された規範や慣習，実践のあり方が，初期の技術的制約が取り払われたり，問題解決方法が極めて非効率的なものとなってしまったずっと後の時代でも存続し得ることを示した。キーボードの配列の事例ではタイピングのトレーニングのような教育制度といった実践によって支えられ促された慣習，実践，制度が「技術的相互関係」を形成し，経路依存性が強化されている。この事例研究を通じデイビッドは，投資の準不可逆性や規模の経済，チャンスと歴史的偶然性ということがテクノロジーの軌道を形づくるのだと説明した。

規格の設定は企業の重要な競争戦略となる。というのも，一度規格を設定してしまうと，テクノロジーのスイッチングコストがユーザーに強いる負担は徐々に大きなものなっていくため，既存の技術的軌跡が強化されるのである。アーサー（Arthur 1989）はこのような過程を「ロックイン（硬直化）」と呼んだ。アーサーは自身の動的なアプローチの中で，次の2点を強調している。その一つは歴史的な偶然の出来事が結果（つまり支配的なテクノロジー）を決定する事を示した非エルゴード性であり，もう一つは時間の経過によって，次第にさらなるロックインが進む過程を示す硬直性である。有名な事例としてはマイクロソフト社のWindowsとアップル社のMacintoshによるコンピュータのオペレーティングシステム（OS）の競争や，1970年代に2種類のビデオテープが争ったビデオレコーダの形式の競争が挙げられる。

進化経済学者にとって，成功に終わるイノベーションかどうか，という問いは機会（技術知識の源泉），インセンティブの存在，企業の能力，実行への手順といった多様な要素に依存するものである（Dosi 1997）。進化経済学は産業のライフサイクル論の後ろ盾となり（Utterback and Abernathy 1975），テクノロジーと産業構造の歴史的な共進

化を説明し，支配的なデザインというものが，いかに経済的な自然淘汰を通じて多様性を排し，いかにして経路依存のメカニズムを強化するかといったことについて明らかにしようとした。進化経済学は経営学の分野での技術・経済パラダイム論の成立にも貢献した (Dosi 1982)。このパラダイムのなかでテクノロジーとは，ノウハウ，理論，作業手順，物的機器，成功と失敗の経験などを含んだ一つの知識体系と定義され，実践的な問題解決と理論的な応用を可能にする。技術的軌跡は多様な技術的選択肢の間での多元的なトレードオフの結果としてみなされ，経済的要素（企業が新たな利益機会を探すことなど），文化的要素，制度的要素（産業組織や規制等）によって形づくられる。例えば，フリーマン (Freeman 1988; 1995) は技術移転の調整や促進におけるフォーマル・インフォーマルな諸制度の役割によって技術的軌跡が試される，とする国家的イノベーションシステムの概念を展開した。フリーマンは1970年代の日本と旧ソ連で国家的イノベーションシステムの特徴を比較し，グローバル化が進むなかにあっても，国家制度がイノベーションにおける基礎的役割を担い続けるのだと主張した。

進化経済地理学

進化経済地理学は進化経済学の中で展開された概念の空間的適用を試みるものである。Boshama and Lambooy (1999) は，ローカライズされた共同学習の過程，地域衰退，特定地域における新産業の勃興などについての理解に進化経済学的な考え方が貢献することを初めて明示した。しかし，こうした分野は未だに比較的新しく，そのアプローチや論理も発展段階にある。実際，Essletzbichler and Rigby (2007) では，進化経済学では経路依存性やルーティン（定型行動），ロックイン，共進化といった進化経済学の多様な概念がいまや広く経済地理学に採用されているにもかかわらず，進化経済地理学の論理的枠組みは未だ独自性を欠いていると主張している。

進化経済学では何よりもまず，技術変化と経済地理の相互作用に関心が払われているが，その主要な焦点は研究者間で解釈に微妙な差異が存在している。Boschma and Martin (2007) によれば，進化経済地理学の主要な関心事は，適応性や斬新性が生産・分配・消費の地理を形成したり妨げたりするプロセス，メカニズムの解明，あるいはそれとは逆方向のプロセス，メカニズムの解明にある。Martin and Sunley (2006) はいかにして経済的行動主体のミクロな行動が自己組織化を遂げるのか，経路創造と経路依存の過程がいかにして経済発展の地理と相互に作用するかに焦点を当てた。その他の研究者 (Freeman 1991; Essletzbiler and Rigby 2007) は生物学と社会科学の相互作用の長い歴史についての主張に基づき，ダーウィンの進化論の次元へと立ち返った。こうした論者は自然や制度的なものを含む多様な環境選択の役割に焦点を当てた。

Essletzbiler and Rigby (2007) はミクロな主体の行動の形成における競争の役割を強調し，経済的主体と場所が共同して特色ある地理景観の形成を進展させると主張した。

進化経済地理学と制度経済地理学の間でのシナジーの増大が看取できる（Essletzbiler and Rigby 2007; MacKinnon *et al.* 2009）。イノベーションと暗黙知移転における重要な要素として学習を強調しつつ，経済地理学上のイノベーション研究はますます制度的な側面を取り上げるようになってきている。Storper (1997) は，イノベーションと諸制度が「共進化過程」に不可欠な側面としてみなされるようになってきたと主張している。Feldman and Massard (2001) は知識のスピルオーバーの発生において大学と望ましい公共政策の果たす役割の重要性を強調した。制度の多様性と局地化された学習はイノベーションと経済成長における多様に分化した経路を説明するものなのである。こうして 2000 年以降，進化経済地理学は制度経済地理学と融合して発展するようになった。その結果，イノベーション研究は制度的局面と強固に結び付くようになり，制度分析は経路依存を組み込むようになった（☞ 5.3 制度）。

イノベーション研究の新しい潮流

概して言えばイノベーションの原動力には 2 つの理論がある。「需要牽引型」と「技術推進型」の 2 つである。前者は市場の諸力が主な原動力となることを示唆するものである一方，後者はテクノロジーが知識主導で，半ば自律して現れるものと想定されている。今日，産業や企業の間で非常に大きな関心事となっているのはユーザー主導型のイノベーションを通じたユーザーのイノベーション能力の活用である。生産者とユーザーの相互作用に関する研究には長い歴史があるが（von Hippel 1976; Lundvall 1988 など），インターネットの普及はイノベーションをもたらし得るユーザーと生産者の相互作用のあり方を根本的に変えてしまった。こうしたことがいえるのは，とくに先駆的消費者として製品のライフサイクルの初期にその製品を選び，一般的にその製品についての専門知識をもって，流行の仕掛人の役割を担うというような重要ユーザーの場合においてである（Porter 1990）。インターネットはオープンソース型ソフトウェア開発によって例証されるように，直接的なピアツーピアの交流を大幅に可能にさせた（Linux, Mozilla, Firefox など）。企業は需要をより正確に予測することや潜在的な需要を捉えることに加え，研究開発費を抑える可能性もあることから，顧客をより積極的に巻き込むことに躍起である（von Hippel 2005）。消費者を取り込むことによって，企業は失敗のリスクを最小限にして多様な製品を供給することが可能になった。例えば Grabher *et al.* (2008) は，ドイツとアメリカの企業による経験的な証拠に基づいて，顧客を巻き込んだ共同開発の類型論を提唱した。

KEY POINTS

- イノベーションについての考え方がこの数十年の間にめざましく発展してきた．今日、イノベーションの定義は、急進的なブレークスルーのみならず、漸進的なイノベーションまでを含むようにと、顕著に拡大している．さらには、プロダクト・イノベーションに加えて、プロセス・イノベーションが今や認識されるようになっている．
- イノベーションにおける地理学の役割に関する研究においても、過去20〜30年の間で、普及・拡散に焦点をあてたものから経済発展のための主要な要素賦存としての学習に対する興味へと重大な進化がもたらされた．イノベーションは文脈に高度に特化した活動としてとらえることができ、それは経済的なものだけでなく、社会的・制度的諸要因によっても形づくられるものである．イノベーションは、累積的、経路依存的、文脈特化的なものとしてみられている．
- 進化経済地理学は、技術変化、経路依存、そして、経済成長の地理の間での相互作用に焦点を置いている．制度的な多様性は、ローカル、地域、国家の各レベルでの技術的軌道を形づくっている．

FURTHER READING

暗黙知についての幅広い現代的議論については、Gertler (2003) を参照．進化経済学についての最新の議論は、Martin (2010) を参照．あわせて、Mackinnon *et al.*(2009) とのラウンドテーブルと、Grabher, Hadgson, Essletzbichler, Pike らのコメントを読むとよい．

2.2 起業家精神

　多くの学者は新事業の設立を伴う起業家精神を，イノベーションの原動力や地域的な繁栄と経済変化を理解する鍵とみている。起業家精神に関する研究は多数の学問領域に広がっており，経済地理学者に加えて経営学や経済学，社会学の各分野の研究者も合流して，起業プロセスの理解が進められている。起業家精神に関する幅広い文献においてはどのように人々が事業を立ち上げ，拡大させていくかを理解する上で，場所の重要性がかなりの程度まで減じられているものの，文脈が重要なものとしてみなされるようになり，起業家精神に関する研究における経済地理学の役割が高められていることが示される結果になった。本節は，起業家精神の定義，起業家精神と場所，起業家のネットワーク，起業家の社会的アイデンティティの4テーマよりなる。

起業家精神とは？

　起業家精神には不確実性とリスクを伴うものだということについてはほとんど疑う余地はないが，「起業家」や「起業家精神」についての定義が一つにまとめ上げられるには至っていない。こうした定義上の困難は，起業家精神とはいったい何なのかということに関する根本的な見方の相違を反映している。例えば，Acs and Audretsch (2003: p.6) は経営規模や業種に関わりなく，新しく活動的なビジネスの全てを起業家精神の産物であると考えている[1]。しかし他の学者は，起業家精神という用語はイノベーティブな（なお，Blake and Hanson (2005) では「イノベーティブ」という用語もまた明確に定義するのが難しいとしている）ビジネスのためにこそ用いられるべきだと強調している。この見方では，他の企業の製品，サービス，ビジネスモデルを模倣した企業は本来的には起業家的とはみなされないことになる（起業家精神の定義の難しさに関する論評は Gartner and Shane (1995) を参考のこと）。このような見解は，革新的な新事業という形態における起業家精神を，資本主義に不可欠と考えられる「創造的破壊」の原動力として捉えたシュンペーターの業績 (Schumpeter 1942) に影響を受けたものである（☞2.1 イノベーション）。

　シュンペーター (Schumpeter 1936) にとって，起業家たちによって導入される斬新性は起業の過程において鍵を握るとされている。斬新性は，①新製品・新サービスの創

---

[1] すべての新しいビジネスはある意味，ダイナミックであるので，ここでの定義付けの挑戦は，「ダイナミック」が意味するところは何かを特定することでもある。

出，②新しい生産方式の創出，③新しい産業組織の創出，④地理的に新しい市場の発見・創出や⑤新素材の発見・創造によって，価値連鎖上の5つの異なる場のそれぞれに，シュンペーターが高く評価する変化と不安定性とをもたらす。シュンペーター (Schumpeter 1942) はまた，ひとたび確認されたチャンスを逃さないように迅速に対応できる小企業によってこうしたイノベーションが実行されるのが最適であると考えた。彼は官僚化した大企業を起業家精神とは正反対の，資本主義の死を形づくる硬直性の原因としてみていた。その上，中小企業の激しい流動（企業の創業・廃業）によってつくりだされるダイナミズムは，それがイノベーティブなものであろうと無かろうと，国家的レベルでの経済成長と関連するという見方もなされている（Acs *et al.* 1999）。

　これまで蓄積されてきた起業家精神に関する見解は，イノベーションについての問題を残しつつも，起業機会の認識と利用に関する理解へと傾倒してきている（Kirzner 1973; Stevenson 1999 など）。サラスバシーら（Sarasvathy *et al.* 2003）は起業機会を「市場には現存しない将来の財やサービスの創造を可能にするアイディアや信念，行動の集合 (p.142)」と定義した。こうした研究者たちは各々異なる市場力学に基礎をおく起業機会の3つの局面を確認している。「機会認識」においては，起業家は分配プロセスとしての市場を最大限に活用し，現行の供給と需要をマッチングさせることによって既存市場を開拓する。「機会発見」では，起業家は情報の非対称性を活用して，現存しない需要または供給を確認する（なおかつ現行の需要と供給をマッチングすることもできる）。「機会創出」においては，起業家が他者との接触を通じて需要と供給を創出する。この機会創出の過程では，起業家精神を，進行中の社会的相互作用のなかに埋め込まれたもの，同時に，その内部から生じてきたものとして理解している。サラスバシーらは，こうした起業機会に関する3つの解釈の有用性が個々の状況に依存しているだろうとも指摘している。

起業家精神と場所

　起業家精神はどこからくるものだろうか。Shane and Ekhardt (2003) の報告は，起業家自身の個性に注目して，とりわけリスクを冒す性癖を強調して，起業活動の起源を説明しようとした初期の試みである。こうした見方からは，起業家精神の発生を説明する上では際立った成功が収められなかったが，「起業家精神は人々が持つ情報の違いよりも，人と人の違いに左右される (Shane and Ekhardt 2003: p.162)」ということが導かれた。このような「個人の気質を強調するアプローチ」に対する不満は徐々に，人々が事業を立ち上げ経営するという決定に至る文脈内部にある起業家精神の起源を求める研究へと研究者を導いた（Schoonhoven and Romanelli 2001; Acs and Audretsch 2003; Sorenson and Baum 2003 など）。「文脈」は地理学的な意味合いで用いられるものとは限らないが[2]，後述するような理由から，起業家精神と場所の関係に注意を払うことは，ほとんどの起業家がベンチャービジネスを彼ら／彼女らの地元で立ち上げる限りにおいて意味をもっている（Birley 1985; Reynolds 1991; Stam 2007）。個々人の気質ではなく場所の文脈に焦点を当てることはまた，地域経済の成長の基礎となる起業促進政策の可能性をも広げることになる。そのような政策が有効であるためには，起業家精神と場所の関係性の確固たる理解に基づかなければなるまい。

　他の学問分野に対して，経済地理学者は起業家精神が（それがどのような定義であっても），いかにして地域の成長の原動力となってきたかということについて特段の興味をもっている。事実上すべての新規創業企業(スタートアップ)は小規模なため，従業員 500 人未満の企業として定義される中小企業に注目が集まる。Birch（1981）は中小企業がアメリカの新規雇用の大多数を占めていることを記録した最初のものである。そしてその他の研究者がそれ以降，中小企業がアメリカの労働力の過半数を雇用していることを指摘した（1994 年現在，中小企業は合衆国の民間雇用の 53%，販売額の 47%，付加価値の 51% を占めている（Acs *et al.*1999: p.11））。中小企業は合衆国企業のうち，高い比率を占め続けているが（2004 年現在，従業員がいる全企業のうち，99% 以上は従業員数 500 人未満である），この比率は決まった小企業が変化しないことによって維持されているのではなく，継続的な企業参入（および退出）によって維持されている（US Census Bureau 2009）。そうした多くの新興企業は大企業からのスピンオフであって，起業家は大企業での経験を利用することができる。こうしたスピンオフの過程は，同種の，もしくは補完的な経済活動の集積に貢献する（☞ 3.2 産業クラスター）。

　近年，起業家精神と場所の関係についての研究は幾つかの地理的スケールにおいて進歩した。国家的スケールにおいては Global Entrepreneurship Monitor（GEM）が，1999 年より毎年，世界のなかから抽出された国における起業家的活動に関してのデータを集めており，その対象国は 1999 年の 10 カ国から 2006 年には 40 カ国へと増加，2009 年には 56 カ国が予定されている。国家レポートおよび特別項目レポート（例えばジェンダーと起業家的活動についてなど）の各シリーズにおいて，GEM は各国の国家的レベルでの起業家的活動，国家成長に与える起業家的活動の影響，国家的レベルでの文脈的な諸変数と起業活動の水準の関係について評定した代表指標をデータとして使用している。加えて経済地理学者によるいくつかの記事も含めた多数の学術記事も長期的 GEM データとして使用されている（Bosma and Schutjens 2007; 2009 など）。こうした研

---

[2] 起業家精神についての地理学以外の研究者では，「文脈」という語は，場所の文脈ではなく，産業上，業種上，時間上での文脈に言及するために用いられている．

究は，投資回収率，リスクテイキングに対する文化的捉え方から，将来の起業化のアイディアとその実行の間に存在する制約の国民的違いに至るまで，さまざまな要因によって，起業家的活動の割合に顕著かつ根強い国家間格差がもたらされていることを示している。2008年現在，世界の工業国中，合衆国が最も高い割合で初期起業活動を擁しており，続いて，アイスランド，韓国，ギリシャの順である (Bosma *et al.* 2008)。

経済地理学者は，新興企業の設立，とくにハイテク産業のようなイノベーティブな部門の企業の設立に関係付けられているとみられる準国家的スケールの場所の諸相に関する立論において先導者であり続けている (Malecki 1994; 1997a)[3]。初期の例としてChinitz (1961) は，起業家的活動は産業が完全に組織化された場所においてよりも寡占によって支配された地域（当時の彼の研究ではピッツバーグの例が参考となる）においての方が難しいだろうと仮定した。より最近の例ではキーブルとウォーカー (Keeble and Walker 1994) はイギリスのカウンティ別のデータを用いて，所得や人口密度のように先行して成長する需要側の変数のみならず，職種構造や部門構造，企業規模，資本の利用可能性といった供給側の変数も含めた新興企業設立に影響を与える要素を示した。キーブルらの分析ではさらに，企業規模が製造業とサービス業での新興企業設立のあり方に違いをもたらすことを論証している。彼らの分析によれば，製造業においては数多くの小企業が局地的に存在していることが新事業の数における成長に結び付く。しかし，専門サービス業や事業所サービス業にとっては，大企業の地域的な存在のいかんがその成長に関わってくる。また，ベンチャーキャピタルの利用可能性は，資金供給のみならず，助言や監視がなされることによって事業の設立と成功に影響する，さらなる場所の特性となる (Zook 2004)。マレッキ (Malecki 1997b) による先行研究レビューは，地域的な産業構成，空間的な集中・集積，熟練労働者の存在，技術や資本へのアクセスを確保するネットワーク，といった場所の要因がイノベーティブな起業家精神にとって重要だ，とする点で同様の結論を得ている。

地域文化は量的な測定や分析が困難であるが，起業家精神と密接に結び付くもう一つの場所的要因である（☞5.1文化）。カリフォルニア州のシリコンバレーとマサチューセッツ州のルート128を比較したサクセニアン (Saxenian 1994) は，商慣行，規範，地域的慣習，信条といったものがそれぞれの地域に特徴をもって寄り集まっていると捉えることが，シリコンバレーの偉大なる起業家的ダイナミズムを説明する一助となると考えた。とりわけ彼女は，事業失敗を受容，あるいは羨みさえするシリコンバレー

---

[3] Nijkamp (2003) が指摘するように，起業家精神と場所に関する研究において強調されてきたのは，新企業の形成についてであり，一度創業した企業が生き残りをはかったり，脅威にさらされる空間的・時間的プロセスについては軽視されてきた．

の「リスクの文化」が同地域でのイノベーション文化を発達させる鍵となっていることを発見した[4]。フロリダら（Flora *et al*. 1997）は起業家精神を育む場所の原理を捉えるため，「起業家的社会インフラ（ESI）」という概念を開発した。彼らはESIの高い場所ではリスクテイクやベンチャーの創設を促す（政府的な構造よりも）多様な非政府的な諸制度が発達していることを論証した。日本の2地域間比較のなかで青山（Aoyama 2009）は，とりわけ他所者（よそもの）への開放性に関してそれぞれの場所に固有に受け継がれてきた文化的資産が，情報技術（IT）分野における現代の起業家精神を育んだとしている。こうした事例のすべては，起業家的な結果を形づくる地域文化を創造するフォーマル／インフォーマルな制度の力を書き示しているのである（☞ 5.3 制度）。

人々が馴染みのある場所で事業を起こす傾向があるということについては同意が得られているが，起業家精神と場所の関係に焦点を当てた，ローカルスケールでの実証的研究は比較的少ない。そのような視点からなされた研究で得られた知見は，個人の，コミュニティとの多面的な関係の重要性を強調するものである（Birley 1985; Reynolds and White 1997; Kilkenny *et al*.1999; Jack and Anderson 2002; Stam 2007）。ビジネスの形成に対するコミュニティ環境の重要性は，アメリカの五大都市圏における近隣スケールでのベンチャー企業設立に暴力件数が与える影響を調査した研究のなかで強調されている（Greenbaum and Tita 2004）。同研究によれば，以前は犯罪の少なかった地域での暴力件数の急上昇が新事業誕生を妨げる一方，もともと暴力件数が多かった地域での暴力件数の増加は新興企業設立に影響しないとされる。

ユン（Yeung 2009）の国境を越えた起業家精神に関する研究レビューでは，環境と場所の関係についての数多くの研究における「平面的な」体系化（オントロジー）について批評し，その代わりにネットワークを通じて維持される起業家の関係性に焦点を当てた関係論的な体系化を主張した。それよりも早い時期の別の論評では，場所ではなく，人が事業を起こすのだという鋭い観察がなされ（Reynolds and White 1997），多くの事業設立における個人レベルと文脈的プロセスの間の相互作用を調査するアプローチを主張する数々の研究（Thronton 1999; Nijkamp 2003 など）の登場を促すことになった。これらの系譜の研究はいずれもネットワークに焦点を当てたものである。

ネットワークと起業家精神

他の経済的アクターと同様に，起業家や潜在的起業家も，社会的・制度的諸関係のネットワークの一部分である。こうした関係は情報や資源のパイプ役を果たすことで

---

[4] より最近では，Saxenian(2006) は，合衆国への中国系・インド系移民が，シリコンバレーの「起業家精神の文化」を本国へと持ち帰り，本国において新企業を立ち上げていることを示した．

企業活動を促進させるとともに，そのような関係性が信頼に基づくものである限り，事業を興し経営することに伴うリスクをいくぶんか低減させる手段ともなり得る。個人的関係のネットワークは，しばしば起業家の利益になるという興味深い特性を持つ。それはすなわち，ネットワークが実に多様な空間的スケールで明らかに異質な日常生活世界を橋渡しして，結び付けるのである。例えば近隣の少年サッカーチームのコーチをしている，何らかの全国的なプロ協会に従事している，ハイテク製造業を経営している，ある大学に通っている，といったことを結び付けていく。いくつかのネットワークの境界をつなぐという特性が意味することは，多くの場合，関係が個人的なものと職業上のものの双方からなるものであるため，「仕事上の関係」のみに目を向けるということはややもすると形だけの理解になってしまう，ということである。事実，グラスゴーにおけるグラフィックデザイン業の経営者のネットワークに関する詳細な研究（Shaw 1997）において，経営者たちは友人関係を築ける人々とともに仕事をすることを望んでいることが明らかになっている（☞5.5ネットワーク）。

にもかかわらず，起業家のネットワークに関する多くの研究は業務上の関係（例えば，顧客，納入業者，下請業者や法律・会計事務所との結び付きについてなど）に焦点を当てており，そして個人間のネットワークよりもむしろ企業間のネットワークをみる傾向がある（Bengtsson and Soderholm 2002; Schutjens and Stam 2003; Kenny and Patton 2005 など）。この種の研究の多くを刺激してきた論点は，起業家精神というものがどの程度に局地化されたプロセスであるのかを理解するための，起業家ネットワークが及ぶ地理的範囲に置かれた。オランダにおける新興企業の業務上の関係を分析した研究（Schutjens and Stam 2003）によれば，地域内の関係に比較して地域外との関係が時間とともに減少し，設立から3年後にはほとんどの業務上の関係は地域内のものとなるという。同研究はまた，業務上の関係に焦点を当てていたのにもかかわらず，対象となった企業のうち3分の1が，そうした業務上の関係は社会的なものがきっかけだったと述べていたことも確認している（p.131）。イギリスのカンブリア・カウンティにおける起業家のネットワークの紐帯の性質，存続期間，所在，強さを調査した別の研究（Kalantaridis and Zografia 2006）は，起業家的活動がローカルなプロセスであるか否かということは，「ローカル」をどう定義するかによっているという結論を得ている。もし，「ローカル」が近接した領域を意味するならば，その場合はその空間で生まれ育った起業家（その最たる例は職人である）は「彼ら／彼女らにとっての身近な地理的文脈と最も密接な連関をもつ」。また，もし「ローカル」がネットワークの近接性を意味するならば，この場合，転入者（その最たる例は専門職や管理者としての経歴を持つ者である）は，域外の人々との強い紐帯を維持し，主として以前の居住地に強く埋め込まれた起業家という

ことなる。ネットワークの埋め込みは相当数の局地的でない構成要素を有することは他の研究でも強調されている（Hess 2004; Yeung 2009）（☞ 5.4 埋め込み）。

　Nijkamp（2003）は起業家は成功のために有効なネットワークをつくりあげてそれをやりくりしなければならないと考えている。だが，起業家のネットワークと起業の結果のつながりを調査した研究は，企業立地へのネットワークの影響を調査したものを除いて非常に限られている。Pallares-Barbera *et al.*（2004）はスペイン・カタルーニャ州における農村地域内の起業家の長期的な家族的および社会的関係が「空間的な忠誠心」をいかに生み出し，そのことがそこでの起業をいかに導き，食品や織物，機械関連の企業の新しいクラスターをつくりだしたのかを記録している。オランダで新しく急成長した個人経営の製造業および事業所向けサービス企業に関するStem（2007）の研究は，起業家のネットワークがどのように企業立地に影響するかを示している。同研究の対象となった創業5～11年の企業の55%は創業以降に移転していたが，50km以上離れた地点に移転していたのはわずか4%であり，「母地域からの移転を考えた起業家のほとんどは，高い価値のある個人的人間関係を理由にそうした移転を決定した（p.46）」ということが導かれた。しかしながら同研究は，事業規模を拡大した企業の立地決定においては，こうした個人的関係は他の要素と比較して重要性が年数の経過とともに低下するとも考えている。まったく異なる文脈で，Murphy（2006a）はタンザニアのムワンザ州の家具業界の起業家たちが，参入しようとする市場セグメントに応じて異なった立地戦略・ネットワーク戦略をどのように選択するかを論証している。とりわけ，普及品の大量生産の生産者は，人間関係・信頼関係への依存度が低く，こうした企業は市街地のなかでも人目についてアクセスもしやすい地点に立地している。それとは対照的に，高級品の小量生産の生産者は，主要な顧客との信頼を伴った個人的関係に依存しており，生産・販売活動のためにむしろ場末の単独の立地点を好む傾向がある。

起業家の場所・ネットワーク・社会的アイデンティティ

　起業家のネットワークに焦点を当てることは，ネットワークが人々の社会的アイデンティティの中で，そして社会的アイデンティティを通じて形づくられるという事実への注目を呼び起こす。より一般的である労働市場と同様に起業家精神はジェンダーやエスニシティに従って分断されているため，ある場所での起業家のネットワークも男性と女性で，あるいはどの人種か，民族集団に属しているかによって違った形で機能する（Blake 2006; Hanson and Blake 2009）（☞ 1.1 労働）。すなわち，女性や移民・エスニックグループに属する人々はグループ内の別のメンバーと交流し，支配的な起業家集団

(イギリスやオーストラリア，北米では白人である）のネットワークへのアクセスに欠ける傾向が部分的にあるため，こうした人々の場所との関わり合いや事業設立パターンは白人男性の起業家のそれらとは異なるのである．

例えば合衆国では，おそらくは移民・エスニック人口と関連して発達した制度的構造のために，ある地域の人口に対する特定のエスニック集団の比率がそうした集団の間での事業の所有割合に影響する (Wang and Li 2007)。1970年代と1980年代の社会学者による初期の多くの研究が，合衆国の都市における少数民族の空間的集積を調査している (Waldinger et al. 1990 など)。しかしロサンゼルスにおける中国人の対生産者サービスについて Zhou (1998) は，中国人所有の企業のすべてが中国人の集住地域に集まっているわけではないと結論付けている．彼女は民族的アイデンティティのみならず，企業の属する産業分野も企業の立地に影響することを示している．一方，世界の別の地域では起業家のネットワークの強い民族的埋め込みが業種選択を決定させるということを，インドネシアにおける起業家の研究 (Turner 2007) が示し，またとくに流動性を伴うような起業家の実践に影響を与えることもベナン共和国のポルトノボの女性商人の研究 (Mandel 2004) によって示されている．

KEY POINTS
- 起業家精神は、イノベーション、地域的繁栄、経済的変化の鍵と考えられている．論者によってその定義は異なり、起業家精神の存在する証拠としてあらゆる業種のスタートアップに着目する場合もあれば、イノベーティブな業種もしくは急成長業種のみに着目する場合もある．
- 経済地理学者は、起業家精神と場所の結び付きを研究してきた．そこでとくに強調されたのは、起業家的活動との関連を示す場所の性格である．熟練労働の利用可能性、とくに企業規模に着目した地域産業構造・就業構造、そして地域文化、これらすべては起業という結果に結び付けられて示されてきた．
- 起業家のネットワークもまた起業家精神のプロセスにおいて鍵をなす役割を果たしている．そのようなネットワークの本質と地理的範囲は、企業立地に影響を及ぼすとともに、起業家的成功を左右し得るものである．ネットワークは、異なった種類の人々にふさわしいように異なった形で組織され、異なった形で機能しているため、起業家精神においてエスニシティやジェンダーに応じたネットワークの役割に特段の関心が払われている．

FURTHER READING
Thornton and Flynn (2003) は、起業家的ネットワークと場所に関する論議の概観を提供している．Wang (2009) は、大都市スケールでの文脈的要因がいかに合衆国におけるエスニック・グループ、ジェンダー・グループ毎にみた自営率に影響を与えているかを示している．国境を越えた起業家ネットワークの構造とインパクトに対する洞察としては、Saxenian (2006) 参照．ペルーの起業家精神を記述したものとして、de Soto (1989) がある．

2.3 アクセシビリティ

　ごく一般的な意味として，アクセシビリティとは目的地への到達しやすさのことである。この用語は，病院や学校，商店，職場，国立公園のような，人々が行きたい場所へ到達することの容易さを表現するために使われる。また，アクセシビリティという語は場所に関して用いることのできる用語で，ある業種についていえばある場所や地理的位置が別の場所にいる人々にいかに到達されやすいかを表している。にもかかわらず，初期の経済地理学においてアクセスは，集落システムの空間的組織（Christaller 1966）や産業立地（Weber 1929）の基礎となるキーコンセプトの一つとなる，単純な距離を表す用語として概念化されていた。また，アクセシビリティは相互作用を促すコミュニケーションや輸送上のネットワークにも依存している。

　アクセシビリティは，経済成長の「結果」としてばかりでなく経済成長の「原動力」としても，企業や世帯，産業の立地にとって重要であり，社会や経済の厚生の中心となるものでもある。アクセスなしには，人々も場所も生き残れないし，ましてや発展しない。経済的・社会的生活におけるアクセシビリティの基本的な重要性を正しく認識するためには，都市を麻痺させるようなブリザードやハリケーンが文字通り日常生活を停止させてしまうことを思い出すだけで十分である。そして，アクセシビリティなくして生産プロセスも消費プロセスも遂行され得ず，アクセシビリティという概念は経済地理学の「地理」のまさにど真ん中に存在するものである。

　アクセシビリティやモビリティに関する研究はまた，経済地理学と部分的には重複する交通地理学の研究においても中心にある（Leinbach and Bowen 2004; Aoyama and Ratick 2007など）。加えて経済地理学者による近年の研究は，アクセシビリティの社会的側面といった点で一部の社会学者の関心とも接合している（Cass *et al.* 2005など）。さらに一部の論者は，アクセシビリティの理解に関しては，とくに定性的な分析が流行し，アクセシビリティ研究の方法が変化していることを指摘している（Goetz *et al.* 2009）。アクセスに関する経済地理学者の考え方は，人々や場所を分割している距離，そして，モビリティを通じてそうした距離を克服する能力という観点からの初期のアクセシビリティ理解から，情報，知識，人々をつなげる能力という観点からアクセスについて考えるというものへと，過去半世紀ほどで大きく変化してきた。今や，アクセシビリティにおける距離の重要性は，所与のものとしてはみなされず，研究の焦点となっている。

アクセシビリティとモビリティ

　伝統的にアクセシビリティはモビリティと密接に関連してきたのであるが，両者は同じものではない。アクセシビリティは目的地への到達しやすさ（例えば誰かが医療や図書館といったサービスを享受できるかなど）について言及するものであるのに対し，モビリティは2地点間を移動する能力（例えば病院や図書館へ行く能力など）について言及するものである。アクセシビリティは家庭や職場，商店，学校のような活動の場の空間的配置と密接に関係する一方，モビリティは徒歩であろうが自転車であろうが，馬や自家用車，バス，地下鉄であろうが，あるいは飛行機であろうが，そうした場所に移動する能力によっている。モビリティに関する別の考え方は，隔てられた起点と終点の距離の摩擦を克服するのにエネルギーを必要とするというものである。インターネットはアクセシビリティとモビリティの関係を根本から変化させた。

　遠隔通信の出現以前，アクセシビリティは徒歩であろうが他の移動手段を介してであろうが，ある場所から別の場所への移動能力に依存していた。歯医者や図書館への物理的移動無しに，遠い場所で提供されている歯科医療や図書サービスを受けることはできなかったのである。土地利用のあり方は明らかにこの種のアクセスに影響した。医療サービスや図書サービスに加えて学校，職場，商店，公園といったものすべてが自宅からの徒歩圏内にあれば，日常生活に不可欠なものへの良好なアクセシビリティを相当量のモビリティを要することなく享受できるだろう。だがもし違う形の土地利用で，そうした必要な施設が近くに立地していないのであれば——合衆国の多くの入植地がそうなのだが，居住者が食料品店や郵便局にたどり着くために何マイルも移動しなければならないとすれば——アクセスするのに通常はエンジン付きの車両での相当なモビリティが必要となる。

　世界中の人々はモビリティの拡大を通じてだんだんとアクセシビリティを手に入れてきた。アメリカにおいては年間の旅客自動車移動距離数（VMT）が着実に上昇しており，2005年のVMTは1970年の2.5倍以上となっている（Transportation Research Board 2009）。世界的にみてもモビリティついての同様の指標が1960年から1990年の間で4倍以上となり，2050年までにさらに4倍以上となることが予想されている（Schafer and Victor 2000）。世界中のほとんどすべてでモータリゼーションを通じて人々はアクセシビリティを進歩させたために，またそのような交通手段が石油に依存していることと温室効果ガス排出の主要要因となっているために，アクセシビリティとモビリティの密接な関係は学問上・政策上の極めて大きな注目を集め続けている。都市計画において，そして経済地理学において，根強く残っている一つの長年の問題は，いか

にしてモビリティを一切増大させずにアクセシビリティを向上させるかいうことである。集落の密度や土地利用編成を変化させることはかなりの注目を集めている一つの手法である (Transportation Research Board 2009)。

多種の遠隔通信手段，とりわけインターネットは，そうした遠隔通信装置にアクセスできる人々や場所にとって，モビリティ無しで少なくともある程度までのアクセスをもたらす一つの手段となった。しかしながらインターネットを介したアクセシビリティを得ることは，欲した商品やサービスのタイプに依存する。例えば，ほとんどの図書サービスなら容易にインターネットを利用できる一方，抜歯のような特定の医療サービスについては未だに歯医者に行く必要があるのが普通だ。Cairncross (2001) や他の研究者は，「距離の死滅」を予測した。これは，遠隔通信の力が増大することによる距離の摩擦の克服が，いかなる交通手段もほとんど必要としなくなり，それによって人間活動を形づくる距離の力が失われるであろうという考え方である。しかしながらモビリティが絶え間なく増大していることを例証したデータは，距離や距離を超越した欲望が死の苦しみに瀕しているとする主張の裏付けにはなっていない。急速に変化する「モビリティを伴うアクセシビリティ」と「モビリティを伴わないアクセシビリティ」の関係は，現代の大きな関心事であり，本節の後の項でも触れる。

経済地理学者は，自動車であろうとインターネットであろうと，アクセスが距離を克服するための単純な能力という以上のものを伴うという本質に徐々に気づいてきている。さらには言葉の壁や教育，文化，そして法律もまたアクセスを制限する。以下の項では①アクセシビリティを計測する手法，②アクセシビリティにおけるネットワークの役割，③モビリティと雇用へのアクセス，④仮想と現実のアクセシビリティの相互作用について探求していく。

アクセシビリティを計測する

アクセシビリティの計測はほとんどの場合，アクセスが移動を伴うものと想定しており，目的地に到着して距離を克服することに伴う時間および金銭的コストに焦点を合わせている。人および場所のアクセシビリティ水準の計測は地図とともに始まる点では類似している。つまり景観上の人間活動の空間的編成が人と場所のアクセシビリティ双方において中心的役割を果たすのである。人にとってのアクセシビリティの計測では，一般的に何らかの種類の着地，例えば医療機関のような施設に着目して，ある発地（通常はその人の自宅となる）からの多様な距離内に何施設あるかに注目する。より遠い施設は到達することもより難しくなるので，それを数えることにはあまり意味がない。単純化した式は，以下の通りである。

$$A_i = \sum_j O_j d_{ij}^{-b}$$

A_i は人物 i にとってのアクセシビリティを，O_j は i の自宅からの距離 j の間の機会の数（この例では医療機関の数）を，そして d_{ij} は i-j 間の距離の何らかの尺度（この計測では km で表される距離や，ユーロで表される金銭的移動コスト，「分」で表される移動時間を用いることができる）を表す。距離の条件に付く負の指数 b の大きさは特定の時や場所に移動する困難さを示す。b の値が大きくなるほど，距離を越えることの費用が大きくなる（熱帯雨林を歩くことと高速道路を車で走ることを比較すると，前者の方が b の値は大きく，それに比べれば後者の b は小さい）。この基本的な等式は，例えば医療機関の規模の違いを考慮に入れたり，どのような所与の距離においても大規模な医療施設による広範にわたる医療サービスが提供可能というような条件を満たすように，作り変えることができる。

この数式はまた，異なる場所や地区のアクセシビリティの相対的な水準を評定するために郡域やセンサストラクト（人口調査標準地域）といった地区の集計的データを使用することもできる。この場合，A_i は例えばセンサストラクト i のアクセシビリティであり，O_j はセンサストラクト j の機会の数（例えば医療機関数）を，d_{ij} は i-j 間の距離の程度を表す。こうした方法によるアクセシビリティ計測の記録は——それが個人を対象としていようと，地域を対象としていようと——発地の位置から多様な距離に存在する機会の数を合計することによって，特定の位置（発地）の全般的なアクセシビリティを示す一つの指標となる。

ここまで述べてきたような単純なアクセシビリティの計測方法は，とりわけ場所のアクセスを評価する上で長きにわたって広く使われてきた（Black and Coroy 1977）。しかし，こうした計測方法は，とくに個人のアクセシビリティを評定するために使う場合限界がある。具体的には機会の性質についての十分に詳細なデータがなかなか得られないためである。例えば，もし雇用機会へのアクセスを評定することが目的の場合，数式に含まれる機会は，問題としている個人の技能水準にマッチしたもののみであるべきだが，そのような詳細な情報は入手できない。また，たとえそうした詳細なデータが入手できたとしても，加えて特定地点の立地データや輸送ネットワーク上の詳細な距離データがあったとしても，こうした計測方法は単一の，特定の発地からのアクセシビリティしか捕捉できない。しかし，人々は 1 日の間にも動き回るため，人々の動きにつれて機会へのアクセシビリティも変化する。こうした事実は買い物のような非就労活動のアクセシビリティの評定においてとくに顕著である。Kwan (1999) は，到達可能なすべての機会の集合，所与のある人の 1 日を越えた所在の変化，人が移動

に使える時間の総和を計算するため，ネットワークに基づく地理情報システム（GIS）の手法を活用した。このような測定方法は個人へのアクセスのより現実的な指標となる。

輸送ネットワークとアクセス

ネットワーク上での移動はネットワーク外の移動よりも容易なので，ネットワークはアクセシビリティを形づくり，そして移動コストに影響を与えるネットワークの変化は経済活動の立地に影響を与える。例えば Garrison ed. (1959) による初期の研究は，合衆国・ワシントン州西部における高速道路の整備の結果として向上したアクセシビリティが——道路整備によって流動性のコストが低下したため——ネットワーク内における大規模集落の成長と小規模集落の消滅を導いたことを示している。もちろん，市内における交通渋滞や，洪水やテロ攻撃による橋やトンネルの喪失，航空サービスの停止といった事例のように，ネットワークのリンクの変化がアクセシビリティを低下させることもあり得るだろう。重要なことはアクセシビリティとそれに伴う経済成長と衰退が，ネットワークの状況と所与のネットワーク内における個人や場所の位置と密接に関係しているということである。

ネットワーク内の特定の結節点（例えば都市や町など）における全体的なアクセシビリティはそこにおける全体としての経済活動を如実に反映するものである。こうした理由から鉄道網，高速道路体系，航空路線網のハブ・アンド・スポークシステム，そしてインターネット網の編成についての決定をめぐっては，それが場所場所の経済的繁栄に莫大な影響を与えるものなので熾烈な争いが展開するのである。

ネットワークが拡張されたり（例えば2車線の道路が4車線の高速道路に置き換わることなどによって）改良されたりするにつれ，人々は所与の時間量の中で，以前に比べてより遠距離を移動できるようになった。この過程は，場所が互いに近づくという効果，つまり「時間 - 空間の収束」として知られる結果をもたらす (Janelle 2004)。グローバルスケールにおいては，移動コストの低下は国際貿易の拡大を刺激し，例えば中国の輸出産業の成功を下支えした。原油価格上昇によって，家具や鉄鋼のように製品価格に対して輸送費が高い製品の生産の場は市場により近い場所へと移動するため，製造業の経済地理は変化しそうである（ヴェーバー (Weber 1929[1909]) の古典的立地理論による）(☞ 3.1 産業立地)。

輸送ネットワークを介し提供される物的アクセシビリティは製造活動の立地において中心的考察事項であり続けそうだが，とくにサービスのように別の種類の経済活動の立地における空間的アクセスの重要性については，遠隔通信ネットワークを通じて

相互作用が容易になるにつれて，あまり明確ではなくなっている。しかしながら，バーチャル取引も含め，いかなるタイプの相互作用にとってもネットワークの接続性が重要性であり続けている点に注意すべきである。

アクセスと不平等：日々の通勤移動

経済地理学者が長年抱いている不平等の空間的過程との関係への関心（序論を参考のこと）は，住宅の立地や雇用の立地，そして日々の通勤移動を通じた仕事へのアクセス，これらの相互の関係についてのたくさんの研究が説明している。たくさんの異なる時代にたくさんの異なる場所で行われた研究は，多種の労働者が働くために多様な時間・距離を移動する意欲や能力について秩序立った差異があることを実証している。収入や雇用上の地位（フルタイムかパートタイムか），ジェンダーはすべて通勤範囲に影響しており，高収入の男性フルタイム労働者は低収入のパートタイム労働者や女性に比べて長時間・長距離を移動する（こうした研究の数少ない事例は以下の通り：Madden 1981; Hanson and Johnston 1985; Blumen and Kellerman 1990; Crane 2007）。配偶者の有無が男女の通勤に与える影響は異なり，結婚が基本的に女性の通勤を短くする一方，男性の通勤を長くする。類似の傾向として，老人介護や子供の世話といった責務（普通は女性が負担するが，男性も負担する場合がある）は一部の場所において通勤移動を短くすることを Song Lee and McDonald (2003) が韓国・ソウルにおいて明らかにしている。

こうした研究のすべてで，通勤移動の長さは，労働者が求職活動を行う地域の一指標，したがって雇用機会へのアクセスの一指標として捉えられている。より短距離の通勤移動によって示される小さな地区は，求職者がアクセスできる仕事が少ない可能性を示唆する。しかしながら，センサスによって収集されたような大きな二次的データセットに依存するこうした研究の大きな欠点は，所与のいずれの事例においても短い通勤移動が選択の結果であるのか制約の結果であるのかという情報が欠如している点である。こうした情報を欠いたまま短距離通勤か長距離通勤かといった解釈をすることは難しく，経済地理学者にとって選択か制約かという問題は経済地理学者にとって高い優先権をもって掘り下げられるべきものである。

長距離通勤移動の解釈の仕方（すなわち，雇用選択の広範なアクセスの指標とみるか不十分なアクセスを示す負担と見るか）の問題は，雇用のアクセスにおける人種やエスニシティの影響を評価する中でとりわけ際立っている。経済学者のジョン・カイン（Kain 1968）による初期の研究は，合衆国で当時郊外化がはじまっていた製造業の事業所立地と，製造業労働者——その多くは中心市に居住していたアフリカ系のアメリカ人男性であったのであるが——の所在の空間的なミスマッチを確認した。郊外の住宅市場

における人種に基づく差別はそうした労働者が郊外に居住移動するのを妨げ，郊外の労働者を中心市へ輸送するのに適合した公共交通システムは自家用車でのアクセスを欠いたインナーシティにいる多くの失業労働者のモビリティ需要を満たすものではなかった。自らの技能水準にあった郊外での製造業務へと通勤するインナーシティの労働者は非常に長い通勤時間を要した。カインの研究は居住地立地と居住地移動のモビリティ（の制約）の重要性，そしてこれらのことが人種的マイノリティにとって職へのアクセシビリティを制限することへの関心を呼び起こした。

　カインによる影響力の強い研究以降，何人かの経済地理学者は，相対的にみて固定された居住地立地を伴った労働者の雇用へのアクセスという文脈における人種とエスニシティ（加えてジェンダー）を分析した。McLafferty and Preston (1991) はニューヨーク市のラテン系およびアフリカ系アメリカ人サービス労働者の女性は，同労働者の男性と同じ距離を通勤しており，白人女性よりも明らかに遠距離通勤をしていた。この結果は，女性の通勤の方が男性の通勤よりも短いことを記録した，多くの白人女性・男性に関する研究（Hanson and Johnston 1985; Crane 2007 など）とは対照的である。Johnston-Anumonwo (1997) は，他の人種／ジェンダーのグループと比較して，ニューヨーク州・バッファローのアフリカ系アメリカ人女性は低賃金職種のすべてに共通して短距離通勤と長距離通勤の両方を伴っていることを明らかにした。このなかでも長距離の人々は，わずかな賃金のための遠距離通勤という状況に耐えつつ，中心市から郊外へと通勤している。こうした事例において，人々が低賃金のために長距離移動をするような，長い通勤移動を良好な雇用へのアクセスの指標としてみることは難しい。

　ロサンゼルスにおける現地で生まれた黒人女性と移民女性に関する Parks (2004a) の研究は，職へのよりよい空間的アクセシビリティを有していることが生粋の黒人と幾つかの移民集団の失業の少なさに結び付いていることを確認した。Parks (2004b) はまた，エスニック・ニッチな職（主にエスニック集団の協同によって営まれている職）への移民労働市場の分離に対する雇用へのアクセスの影響を調査している。彼女は特定民族集団の居住地に居住することが，エスニック・ニッチな職での就労と結び付いているということ，こうしたことはとくにエスニック・ニッチな雇用に近接して居住する移民の男女の場合にいえることを明らかにしている。しかしながら，移民女性は移民男性に比べてエスニック・ニッチ産業で働く可能性が高く（つまり彼女たちは労働市場の高レベルでの分断を経験するのである），女性はエスニック・ネットワークを通じて職を見つける傾向がとくに強いと結論付けている。人々と職をつなぐネットワークの役割と，それによってつくりだされ維持される労働市場の分断については Hanson and Pratt (1991), Hiebert (1999), Wright and Ellis (2000) を参照されたい（☞5.5 ネットワーク）。

こうした労働者のモビリティについての研究は，多くの労働者にとっては非常に制約の大きい居住地決定や，これもまた時間，お金，利用可能な交通手段によって制約されている通勤移動がどのように彼ら／彼女らの雇用へのアクセスに影響を与えているかを説明するものである。インターネットへのアクセスは雇用へのアクセスの大いなる平等を提供できるだろうか。

仮想と現実のアクセシビリティの相互作用

インターネットやその他の形態の遠隔通信は本当に距離の摩擦を根絶させ，物理的モビリティを過去のものへと変えてしまうのだろうか。インターネットを介したアクセスはモビリティを介したアクセスを置き換えるのだろうか。高速度の情報技術（IT）の出現は遠距離間での調整を可能とすることで，多くの経済活動の組織を変化させ，それによって効率も向上させた。いくつかの経済活動の国際化――例えばコールセンターやバックオフィス，コンピュータのプログラミングなど――によってもたげてきた考え方は，ある程度の空間的近接性を必要とする物的アクセシビリティはその力を失いつつあって（あるいはある程度すでに失われており），このことが経済活動の立地に影響し，また経済の変化をもたらしているということである（Malecki and Moriset 2008）[1]。

しかし，その他の者は物的アクセシビリティの基本的な重要性が，インターネットの時代でさえも維持されていると述べている。言い換えれば「距離の死滅」というのは非常に大袈裟だ，ということである。例えば，テレコミューティング（インターネットを通じた在宅ワーク）が日々の通勤移動のうち，かなりの割合を消し去るという予想は未だデータによって検証されていない。それどころか，ほとんどの研究はIT利用が物的モビリティを代替するのではなく補完する傾向にあることを示しており，実際，いくつかの事例では移動が減少するのではなく，むしろ増加している（Mokhtarian and Meenakshisundaram 1999; Mokhtarian 2003; Janelle 2004）。確かにITがモビリティの代替となる時（図書館に行く代わりにインターネットを使う場合や会議を行う代わりに仕事仲間に電子メールを送る場合など），個人のモビリティにおける時空間的制約を若干緩めることができる（Kwan and Weber 2003）。しかし，そこでの指摘によれば，どのような人物にとってもITへのアクセスは一日の中の時間や，週の中の日によって異なり，ITを使うことに費やす時間は他の活動には使うことができない。

仮想的アクセシビリティと現実のアクセシビリティの相互作用に関するさらなる知見として，企業内・企業間における個人の相互作用の多様な形態に関する詳細な研究

---

1) しかしながら，Malecki and Moriset（2008）は，いくつかの産業では空間的近接性が（それが衣料品製造業のような成熟産業であっても）いまだその重要性を残していると指摘している。

に由来するものがある。ロンドンにおける金融サービス業に関する最近の研究のなかで，対面接触が依然として意思疎通の形態として好まれ続けており，電子メールやビデオ通話のような遠隔通信は，対面接触を置き換えるものではなく，補うものとして使われていることが明らかにされた (Cook et al. 2007)。こうした種類の知識集約型の労働者にとって，モビリティは仕事へのアクセスにおいて引き続き必要なものになっているのである。

しかしいくつかの商取引においては，一度信頼が築かれると（通常，対面接触を伴った交流によって築かれる），この「関係的近接性」はアクセスを形作る中で空間的近接性よりも重要なものとなる（☞5.5 ネットワーク）。関係的近接性は主体間で確立される個人間の関係の質と信頼の水準が関係する (Bathelt 2006; Murphy 2006b)。この見方では，アクセスの障壁は空間的ではなく，むしろ関係的である。インターネットを介した関係は主体同士がすでに親密な仕事上の関係を築いている場合，対面接触と同等か，あるいはそれ以上のものとなる。

関係的なアクセスに関する理解はアクセシビリティに影響を与える空間的距離以外の数多くの要素を強調する。第1に，雇用へのアクセスの不平等が例証するように，地図とは無関係に多くの要素がある個人の目的地への到達の容易さに影響する。こうした要素には，例えば，世帯内での家事負担状況，自家用車利用の可否，地域言語への精通状況などが含まれる。第2に，経済地理学者は，アクセスというものが単なる物的アクセス（目的地への到達しやすさ）以上のものに依存しているということを長い間認識してきた (Women and Geography Study Group 1984)。ある人々はたとえ物理的にはその場所へたどり着くことができたとしても，何かのクラブのような特定の場所へは，ジェンダーや人種，あるいは収入といった基準によってアクセスを拒絶されるために，入る権利を得られない。合衆国の健康保険未加入者にとって，医療機関へのアクセスは支払能力がないために限定されている。第3に，インターネットは多くの人々にアクセスの一形態を提供したものの，IT機器へのアクセスやITを有効に使いこなす能力は人々の属性や場所の違いによって非常にムラがある。こうした不平等は情報格差(デジタルディバイド)として知られる。Warf (2001) はこの格差の特性をグローバルとリージョナルのスケールで説明し，一方，Gilbert et al. (2008) はこうした情報格差の性質と広がりを微細なスケールで実証している。最後に「1.3 政府」や「4.4 グローバル価値連鎖」でも解説している通り，貿易やその他の形態の経済交流に対する制度的障壁は物理的にも仮想的にもアクセスを阻止ないしは妨げる。アクセシビリティの計測にこうした非空間的要素やITの使用をどのように組み込むのが最良か，という点は経済地理学にとってとても重要な問題であり続けている。

KEY POINTS

- アクセシビリティは目的地への到達の容易さについて言及するものである．過去数十年間で経済地理学者は、アクセスについての考え方を、当初の人々とさまざまな場所を隔てる距離という意味から、情報、知識、人々を結び付ける能力という意味へと変化させた．
- アクセスは地域の成長や繁栄といった経済的プロセスの原動力であり、個人の賃金労働への到達能力でもある．
- IT が発達する前、アクセシビリティは何らかの形でのモビリティを要した．現在、経済地理学の研究における重要項目は、「モビリティを伴うアクセシビリティ」と IT を介してアクセスにする「モビリティを伴わないアクセシビリティ」の関係の変化である．経済地理学者の関心はまた、関係的アクセス（信頼に基づいたアクセス）と空間的近接性にもある．言語上、人種上、法律上の制約のような文化的および制度的要素もアクセスに影響を与える．

FURTHER READING

ロジスティクス産業の文脈における現実と仮想のアクセシビリティの関係については例えば Aoyama *et al.* (2006) を、個人の日々の移動の文脈における現実と仮想のアクセシビリティの関係については Schwanen and kwan (2008) をそれぞれ参照．また Malecki and Wei (2009) は海底ケーブル網の発展とそのアクセシビリティのネットワーク社会への含意について議論している．Transport Research Board (2009) は合衆国におけるエネルギー消費の文脈からアクセシビリティと土地利用についての文献を批判的に論評している．

第3章
経済的変化における産業と地域

　なぜ国々によって経済は異なるのだろうか。ある経済を独特のものにするものは何だろうか。本章では経済変化における産業と地域の役割の理解に不可欠な4つの主要概念を取り上げる。空間上での経済的多様性の源泉の説明は経済地理学者にとって長らく優先事項であり続けてきており、その結果、種々の理論が、見えざる市場論理が経済景観のなかにいかにして姿を表すかを明らかにするために主張されてきた。

　産業立地の節は、19世紀に始まったこの学問領域を築き上げる「父」となった多くの研究を取り扱う。初期の多数の立地モデルは、厳密かつ非現実的な前提に基づいており、入門的な経済地理学の講義において徐々に軽視される傾向にある。しかし、経済地理学に関する何らかの知識を得ようとするすべての学生はまず第一に産業立地論に始まる斯学の根底を知るべきである。古典的産業立地論の基本的な論理・原理の多くには正当性があり、現代の経済地理学において妥当性を残している。実際、自身を地域の科学者と考える経済地理学者は、こうした伝統を引き継ぐとともにコンピュータ技術の発展とともにますます高度なモデルを展開している。一方、他の経済地理学者はより計測の難しい、文化的・社会的・制度的な諸要素へと徐々に向かってきている（第5章参照）。

　産業クラスター論は現代の研究者や政策立案者に人気を博しているが、第2節ではこの概念が歴史的に深い起源をもっていることを示す。同節では産業集積の理解に不可欠な経済的概念、そうした集積から発生する費用と便益、またこのような着想がいかにして政策に活用されてきたのか、といったことを扱う。我々はまた、集積がグローバル化という遠心力に伴って消滅しないのか、経済地理学者はいかにして集積とグローバル化という同時進行的なプロセスを説明する理論的枠組みを生み出してきたのか、といったことについても検討していく。

　地域格差の存在は最も古くからの政策課題の1つであり、一学問領域としての経済地理学の中心的な問題意識でもあり続けている。なぜ富の分配は空間的に不均衡なのだろうか、そしてなぜこうした不均衡は持続し続けるのだろうか。いかにして都市とその経済がその都市の後背地によって支えられ、そして持続しているのかを理解するために、地域は重要な分析単位である。国内における地域成長の跛行性は、経済の非効率性（つまり資源が十分に活用されていないということである）や社会の不公正を暗示するものとしてみられる。主要なイデオロギー的議論は地域格差—地域的不均衡の意味をめぐって大論争を続けてきた。一部の研究者は不均衡を均衡への前段階として存在する一時的な状態とみるが、一方、別の研究者は不均衡を本質的な市場諸力の恒久的かつ累積的な結果としてみている。こうした議論は、世界中で実施されてきた数多くの地域開発政策に重要な影響を与えてきた。

　本章の前3節とは対照的にポストフォーディズムは1970年代以降の比較的新しい概念である。

産業組織に対する関心、つまり生産性を向上させるために企業や産業はいかに組織化されているかといった関心は、合衆国の産業分野の生産性が低下した1960年代に始まった。当時までの20世紀の大半において支配的だったアメリカ流の科学的経営は、その「魔法のような手腕」を失っているようにみえた。1970年代の経済危機を引き起こした根源を調査する中で、経済地理学者はテイラー主義、フォーディズム、ポストフォーディズムとして表現されるような画期をなす産業レジームの複雑さの解明に没頭するようになった。加えて、労働者達は技術変化と数値制御（NC）機械の台頭を自らの地位を脅かすものとしてみた。ポストフォーディズムについての節では自動車産業を中心とする経験的な証拠に基づいて、産業組織の支配的形態の歴史的軌跡を分析していく。

3.1 産業立地

　19世紀以降の，主にドイツを起源とする初期の立地論は経済地理学の屋台骨の一つである。空間的構造の基礎となる経済原理を確認するために，産業立地の理論家たちは，なぜ特定の経済活動がその場所に立地しているかを説明し得る一般的枠組みの構築に努めた。そうした理論は経済的利益の最大化を求め（☞1.2 企業），社会的・文化的要素が決定に影響を与えない合理的行動主体，すなわち「経済人」を前提とした。これらの前提はたとえモデルの結果が多少非現実的なものとなろうとも，輸送費や人件費の影響を孤立化することを可能にさせた。今日でも産業立地理論の基本的な前提は，我々が空間経済の成り立ちを理解する上で広く適応可能であり，妥当性をもち続けている[1]。本章では初期の立地理論の主要な目的と仮説はもちろんのこと，こうした理論の，後の時代における拡張についても分析する。

地代と土地利用分布

　初期の産業立地論はフォン・チューネン（Thünen 1966 [1826]）によって著された原理によっていた。チューネンは，土地利用の変化が市場からの距離によって説明できるとする，農業的土地利用モデルを構築した。そのモデルは以下のような前提に基づく。①完全に均質な平野に囲まれた単一の中心地（市場）をもつ孤立国である。②農家は皆，同一の生産費用および市場価格に直面しており，合理的に利潤最大化を図る。③輸送費は距離に比例する。このモデルを通じてチューネンは，農民が土地1区画当たりに付け値する最高地代に言及し，経済地代（「立地地代」と呼ばれることもある）の概念を構築したのである（市場での農作物販売から得られる全収入から生産費と輸送費を差し引いたもの）。付値地代曲線とは，市場からの距離がいかにして，ある土地区画において栽培される作物の種類や集約度を決定するのかを説明するものである（図3.1.1）。もしある農作物が市場で高い収益を生み出す一方，腐りやすい（したがって高い輸送費を伴う）場合，付値地代曲線は傾きが急となる。逆にもし作物が市場で少ない収益しか生み出さないものの簡単に輸送できる（輸送費が低い）場合，付値地代曲線の傾きは比較的小さくなる。さまざまな作物の付値地代曲線が同一グラフ上に示されたとき，最も高い地代をつける作物が市場からのある距離における農業的土地利用を支配する。

---

1) Space-economy はドイツ語の Raumwirtschaft（空間経済）の英訳であり，このことは，ある経済の空間構造への言及というのはドイツ学派の立地論を結び付いてことを示している（Barnes 2000b）。

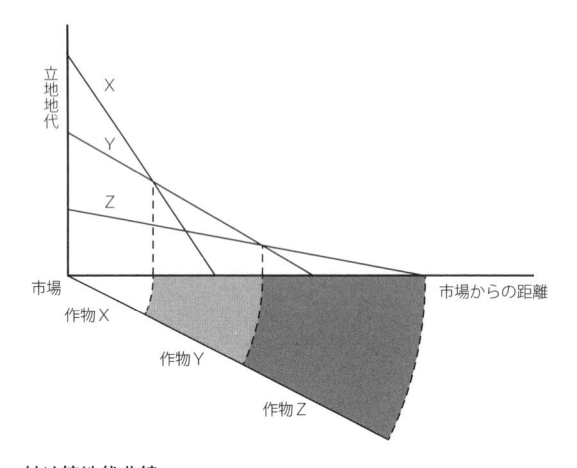

図 3.1.1　付け値地代曲線
　チューネンモデルで予見された3種の立地地代．作物Xはトマトのような傷みやすい作物で，その付け値地代曲線は急な傾きである．これに対して，作物Zはジャガイモのような痛みにくい作物で，その付け値地代曲線の傾きはなだらかである．

　このモデルは中心としての市場と中心へのアクセスのための支出に応じた地代によって同心円状の農業的土地利用パターンが形成されると予測している．この付値地代曲線はまた「耕作限界」も示している．市場からのある距離を過ぎると総輸送費が市場での総利益よりも高くなってしまうため，農家は市場向けのどんな作物を生産するインセンティブももたなくなるのである．

　付け値地代曲線は，都市中心部で最も高くなるアクセシビリティへの支出によって都市的土地利用のあり方が異なることを説明するためにも用いられる（Alonso 1964）．都市の場合，商業的土地利用の付値地代曲線は，商業施設は，工業的土地利用や住宅土地利用に比べ（潜在的顧客への）アクセシビリティに高い価値を見出している事実を反映して最も傾きが急となる．したがって，商業的土地利用は都心で最も高い地代をつけ，その景観を支配するのである．工業の付値地代曲線はその次に傾きが大きく，さらに住宅地の付値地代曲線が続く．その結果，アロンゾのモデルでは住宅地が都市の周辺部に卓越するのである．

古典的工業立地論

　ドイツの著名な社会学者，マックス・ヴェーバーの弟であるアルフレート・ヴェーバーは経済地理学において一般工業立地論の父として知られる．ヴェーバー（Weber 1929[1909]）のモデルは生産費が最も安くなる立地を特定することを目的としている通り，「最小費用立地論」として知られる伝統を成立させた．彼の立地論の原則の多

くは今日でも未だ大いに有効であり，なぜ企業がその場所で立地しているかを広く説明するように，彼の業績は依然として重要であり続けている．

ヴェーバーの工業立地モデルは製造工場が原料地（R）と市場（M）の所在地の間のどこかに立地することを仮定しており，賃金，工場への原料の輸送費，市場への最終生産物の輸送費を考慮に入れている．このモデルは，工業生産に必要な原料（R）はある所与の場所からしか入手できず，消費の中心地（M）の位置も所与であると仮定している．労働力はいくつかの特定の立地でのみ利用可能であり，賃金も所与であり，そして，労働力は特定の場所からは動かせないが，無制限に得ることができる．そのうえ，生産性は，平野のどの位置でも均質と想定されており，気候，文化，政治体制，経済規制などの生産性に影響を与える他のあらゆる要素も同様に均質である．資本，地代，設備の費用も均質だが，輸送費は距離に比例するものとしている．

最小費用立地は人件費の低い場所のみならず，原料の輸送費と最終生産物の輸送費（重量や傷みやすさによって決定する）を比較して算出することで得られる．このモデルによれば抽出産業（木材産業や鉱業など）の工場は最初の工程で最も大幅な重量の減損が生ずるため，原料地に近い場所に立地するものとされる．対照的に，非常に傷みやすい製品（例えばパンなど）を製造する産業は，そうした製品の輸送費が高くなるため市場に近いところに立地するであろう．工場は「臨界等費用曲線（総輸送費の合計が同じになる地点を結んだもの）」の内側で，賃金が最低となる場所に立地するのである（図3.1.2）．

ヴェーバーは集積の経済と集積の不経済の存在を認めており，そうした要素を自身の分析と結び付けた（☞3.2 産業クラスター）．集積の経済（他の工場と近接して立地することによる費用節約）は専門的な労働力プールや補助的サービス（会計や金融サービスなど）のような共通の諸資源をシェアすることによってもたらされる．一方，集積の不経済は交通渋滞や地代の高騰に由来する．このようにして，そのすべてが臨界等費用曲線の中に存在する限り工場は集積し，収益性を上げるのである．

ヴェーバーの前提のなかで最も問題となるのは，需要が不変性を保つ点と労働者が移動しないものと考えられていることである．不変の需要とは，生産されたすべてのものが消費され，特定の製品部門における需要の変動や減退が無視されているということを意味する．同様に問題となる前提は労働者の所在が賃金の差異に反応しないことである．現実には，労働者の所在は時間や空間によって変化する．合衆国の労働市場の場合，人々は西ヨーロッパにおいてよりも仕事のために遥かに長距離を移動することを厭わないし，そのようにする傾向がある．加えて輸送費は20世紀を通じて著しく低下し，このモデルの適用性も低下させた．さらに複雑な問題として，多くの企

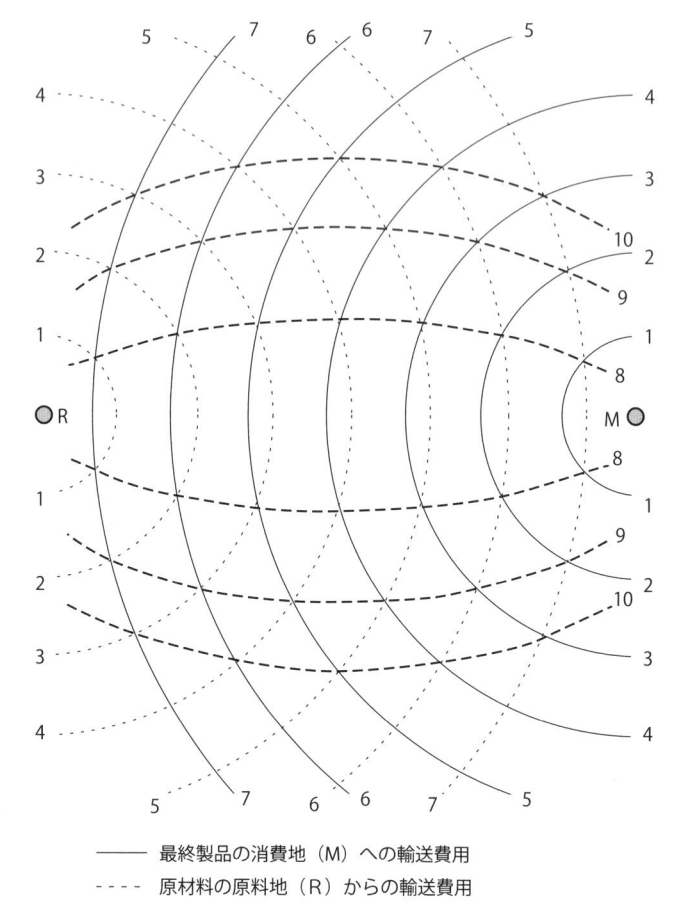

——— 最終製品の消費地（M）への輸送費用
----- 原材料の原料地（R）からの輸送費用
- - - 臨界等費用曲線：総輸送費用

図 3.1.2　臨界等費用線
輸送費が距離に比例し，輸送において重量が損なわれることがないと過程すると，最適な生産立地は，地点R（原料地）と地点M（消費地）の間に収まり，そこでは輸送の総単位費用が8以下である。

業が今日，もはや単一の事業所ではなく，製造は低賃金の国で行い，研究開発（R&D）は重要市場や企業本社の近くに立地するなど，複雑な組織を維持している。だが，それぞれの事業所についてはヴェーバーの原理が未だ広く適用でき，経済地理学における彼の影響力は「ユニバーサル」だと考えられてきた（Holland 1976）。

チューネンとヴェーバーの認識が，彼らの基本原理を総合しさらにはクリスタラーの業績も生かしたアウグスト・レッシュ（Lösch 1954［1940］）によって拡張された（☞ 6.3 消費）。他の条件がすべて同じという前提を採用して，レッシュは，総収入と総費

用の差が最大となり，同時にクリスタラーの中心地理論（Christaller 1966［1933］）によく似た六角形の配列で描かれる「市場地域」を各生産者が同時に最大化する地点として最適立地を定義した。レッシュにとって都市群とは動的な集積の経済が作用する市場群ではなく，多数の市場地域の重ね合わせであった。レッシュはこうして需要（価格）と費用の変動を認め，小売部門の立地戦略の説明を可能にするなど，産業立地のより統合的なモデルを発展させた。

　レッシュは規制や移住，起業家精神といった地域成長を形成する多様な重要要因の存在を認めていたが，そうした要因は大部分がモデルの外に残されていた。レッシュはヴェーバーのモデルの中心にあった原料と市場の所在を取り払い，それらは地表上に均一に分布するものと仮定していた。その結果，モデルは初めての完全な一般均衡解を示した最初のものとして大変に賞賛されたが，同時に現実から乖離しているため厳しく批判された。レッシュの方法論は，一般均衡フレームワークに立脚することを求め，ヴェーバーがとったよりもはるかに制限的な前提をとったために高度に演繹的なものとなってしまった。

地域科学と計量革命

　地域科学の父として知られるウォルター・アイザードは，地域科学学会の創設者であり，同学会に刺激を与えた張本人であった。アイザード（Isard 1956）は動的プロセスを取り入れることと空間の弾力性を考慮に入れることによって空間経済理論の拡張を試みた。彼の初期の問題意識は，彼のいう「無次元の不思議の国（1949: p.477）」でその多くが繰り広げられていた国際貿易の一般均衡理論に対する批判に由来していた。アイザードは「個々の分離した立地理論を可能なかぎり，一つの一般的な説にまとめる（Isard 1956: p.23，木内監訳: p.24）」ため，地域進化に関する記述的な分析を一般化が可能な理論的分析に昇華させることに努めた。例えばレッシュのモデルに対するアイザードの解決策は，部分的には「チューネン - レッシュ - ヴェーバーの結合」に依存した折衷的アプローチを発展させることであった（Isard 1956: p.19，木内監訳: p.20）。アイザードの業績の重要性にこそ異議を唱える者はほとんど存在しないが，アイザードは出発点として非常に非現実的なレッシュモデルを用いていること，規模の経済の考え方の欠如にみるように，限定的な前提を強いていることによって，広く批判されてもいる。線形計画法や投入産出分析[2]にアイザードが依存していることは，技法に

---

2) 投入産出分析は部門間の需要と供給の効果を明確に述べる上では有効だが，工業化とそれに続く経済成長に結び付く2つの決定的要素，すなわち規模の経済とイノベーションとを組み合わせるに際しては効力が弱い．

傾倒し，彼のモデルは良くて静態的，悪くて無効なものになっているという旨の何人かの研究者からの批判へも結び付いた。アイザードは地域科学を正統派経済学とより密接に連携させることと，この2つの学問分野の間での対話を生み出すことには成功したが，彼のモデルには説明のつかない部分があまりにも多く残されていたため，多くの経済地理学者の不満を残すことにもなった。

　最も定量的な形態での立地論は，大西洋の両岸で人文地理を巻き込み，ウイリアム・ギャリソン William Garrison（ワシントン大学）とピーター・ハゲット Peter Haggett（ケンブリッジ大学ブリストル校）によって先導された「計量革命」期の1950～60年代に発達した。産業立地論はオペレーションズリサーチという新興分野の注目を集め，多様な研究者が産業立地の単一施設と複合施設のモデルの構築を試みた（例えばKuhn and Kuenne 1962; Hoover 1967）。方法論は線形プログラムから確率論的モデルに及び，前者は資源の最大化と費用の最小化の両立に焦点を当て，後者は経済人の前提を基礎としつつも立地決定の多様性を許容する行動アプローチを取り入れている（☞1.2企業）[3]。確率論的モデルは立地意思決定における無作為の蓋然性を組み入れ，モンテカルロシミュレーションをはじめとするシミュレーションモデルの原点であった。

　最終的に技法上の制約は産業立地論の理論的進化における制約ともなった。定量的方法への不満は，1960年代の大きな社会的目覚めと政治的実践主義によって「経済人」に基づいたモデルからそれを代替する方法への転換を生じさせた。地域科学の分野は知識の袋小路に行き着いた（Holland 1976; Barnes 2004）。今日，古典的立地論が未だ広く適用性をもっているという広範な認識は維持されているものの，現在の方法論的ツールが産業立地について我々が既に知っていることから大きく越えうるような研究の進展を許していないのではないかという合意もまた存在している。その代わり，立地論は3つの異なった方向性へと枝分かれしていった。

立地論を越えて

　現代の経済地理学研究には立地論の延長上に少なくとも3つの議論が存在している。
　第1に，ポール・クルーグマンのような国際貿易論の理論家の多大なる努力によるところが大きいが，新古典派のパラダイムの下，立地論が地理経済学として蘇生してきた。クルーグマンは，経済学の主流に空間を再導入した研究によって2008年にノーベル賞を受賞した。貿易論と立地論を組み合わせることに基づいたクルーグマンの主要な貢献は収穫逓増の空間的帰結にあり，ここでいう収穫逓増というのは投入量の一

---

[3] 例えばAllan Pred（1967）は，産業立地決定というものに対して行動行列という見方を唱えた．そこにおいて彼は，利潤極大化の原理に代えて，満足化の原理を採用した．

定比率での増加によって,産出量が一定比率以上に増加するような場合である。クルーグマンは収穫逓増を後に貿易パターンや産業立地に影響を与える地域特化に横たわる原因としてみている（☞ 3.3 地域格差）。

　第 2 に,合衆国とイギリスが最も強烈に経験した 1970 年代の大規模な経済的リストラクチャリングは立地研究に構造アプローチへの関心を引き起こした。リストラクチャリングは資本主義の一つの危機として,また,Frank (1967) や Wallerstein (1979) によって展開された構造発展理論に従ったものとみられるところが大きい（☞ 4.1 中心・周辺）。そのため構造パラダイムは地域成長と地域衰退を広く理解する上で徐々に採用されていった（Massey 1979; Storper and Walker 1989）（☞ 3.3 地域格差）。しかしながら,構造パラダイムは経済活動の立地への具体的な現れではなく,権力関係に焦点を当てているという点において,過去の産業立地論とは完全に異質なものである。

　第 3 に,経済地理学者は経営学者とも同調して,国際経営論,制度の経済学,組織行動論——国際分業論やプロダクトサイクル論も含まれているが——を駆使して,対外直接投資（FDI）のパターンや多国籍企業の立地選択についてのより優れた理解を求めた多様な研究を行った（☞ 4.2 グローバル化）。こうした研究は,国外移転,国際的にも国内的にも不均等な雇用創出といった地理的状況に対する我々の現在の関心を示すものである。

　加えて,多数の新たな要素が今日の産業立地の原動力として認識されてきている。労働力は賃金や人数の観点からのみならず,技能や質の観点からも極めて重要であると考えられている（☞ 6.1 知識経済）。今日,経営は労働者の後についていくようになっており,先進工業国の高度熟練労働者を求める産業ではとくにその傾向が強いとする議論もある。そうした労働者は雇用機会に加えて,風土,文化,余暇,娯楽機会といった「アメニティ」が提供されている場所に惹かれる。遠距離間での活動の調整を可能とした技術進歩はイノベーション活動を極めて複雑にさせた。このことは集積にさらなる優位性を与え,とりわけ政府の研究機関や大学に近接している場合にそのようにいえる（☞ 3.2 産業クラスター）。

KEY POINTS

- 古典的立地論は多くの非現実的仮定を伴うがそうした理論によって立てられた多くの一般的原理は今日でも未だ有効であり続けている．生産の国外移転や産業クラスターのような現象は古典的理論によって広く説明できる．
- 地域科学は産業立地論の延長上にあるものの、多くの困難に直面しており、地域科学という学問分野は経済地理学内部で知的価値を失ってしまったとの議論もある．方法論的制約と経営や市場のデータが徐々に機密化されていることがそうした困難の一因となっている．
- 今日、経済地理学者の間での関心事は、地域文化、個人や経営のネットワーク、イノベーションにおける熟練労働者の役割といったことを含んだ、産業立地を説明する計測不能な要因へとだんだん変化してきている．もはや人々が就業機会に引き付けられるのではなく、就業機会が人々に引き付けられるのだとする議論もあるが、こうした見方に異議を唱える者もいる．

FURTHER READING

立地論の歴史的概観と現代的展開に関しては Brülhart (1998) を、貿易論の観点から見た現代的立地論の説明に関しては Krugman (1991b) を、グローバルな産業立地についての経済地理学者による検証に関しては Taylor and Thrift eds. (1982) や Dicken (2007) をそれぞれ参照のこと．産業立地はいまだ人々が就業機会に引き付けられることによって決定されるのがその大部分だとする味方に関しては Storper and Scott (2009) が参考になる．

3.2 産業クラスター

　産業集積（産業地域 industrial district や産業クラスターとしても知られる）は経済活動の地理的集中のことである。これらの集積は伝統的には，空間的近接性に起因する製品およびサービス供給の平均費用の削減を通じた経済的節約の結果生じるものとして理解されてきた。こうした節約は規模の外部経済として知られる。論文のなかには産業地域に関する多様な類型論が存在するが，こうした類型論は理念型とみなされるべきではある。産業集積というものは同時に不均等な発展と地域特化の一局面であり，また雇用創出とイノベーションの重要な舞台として役割を果たしている。

集積：経済性と外部性

　産業集積を理解する上での基本は規模の外部経済に関する理解にある。規模の経済とはある規模が達成されている時，単位投入量当たりの費用が削減されることを言い，それは内部的にも外部的にも成立する。規模の経済が外部的という場合，費用削減は主として共通基盤的なものの発展がなされていることや専門的な労働力のプールの存在から便益を分け合うことよって，そのロカリティにある企業が共有するものとなる。

　規模の外部経済は正の外部性によってある程度発生すると考えられている。市場の失敗として挙げられる3つの状況の一つである外部性とは，単なる会計上の損益という以上にそれを超えた実在物を伴った費用（負），あるいは便益（正）である（なお，市場の失敗には他に独占と公共財がある）。集積の不経済を招く負の外部性の事例としては，工場から発生する大気汚染がある（政府による規制がないものと想定する）。一方，集積の経済を導く正の外部性の事例としては要素投入（求人コストを低減させる特定の技能をもった労働力のプールなど）の共有がある。正の外部性が負の外部性に勝るとき，集積の不経済がさらなる成長を妨げるまで集積の経済を利用して産業集積は成長するであろう。産業集積は，「迂回生産」の拡大によって強化される [1] (Young 1928; Scott 1988)。

　集積には2つの種類がある，一つは便益が都市化の経済によるもので，もう一つは便益が局地化の経済によるものである。局地化の経済とは単一の産業部門に特化した集積に結び付く (Marshall 1920 [1890])。一方，都市化の経済は大規模で雑多な市場を

---

[1] 迂回生産の拡大とは，製品を市場にもたらされるまでに必要とされる労働過程における時間と複雑性の増大を意味する．

もつ大都市域に立地することの優位性について言及するものである (Hoover 1948)。この優位性については「ジェイコブス型外部性」としても言及されており，業種の多様性と市場規模とが結合して未知のものと遭遇する機会を生み出すことを通じて主として生じるものである (Jacobs 1969)。フロリダ (Florida 2002a) は Simmel (1950) より引き出して都市における多様性が創造性(クリエイティビティ)を育成すると主張した。

対照的に，局地化の経済は，もっぱら特定の産業分野のみに影響を与える便益について言及するものであり，このことは産業地域へと結び付いている。経済地理学者をとりこにしたのはこの種の集積であった。それはこの種の集積が技術的イノベーションや生産性の成長を誘引し，究極的には国際競争力や経済的回復力を生み出す場所に見えるからである。企業の空間的組織化の中でのイノベーションの重要性の認識が発達してきたことから，技術のスピルオーバーの役割が現代の集積において重要な意味を持つ外部性として今日の多くの研究の主題となっている（☞ 2.1 イノベーション）。

マーシャルの集積論と産業地域

マーシャル (Marshall 1920[1890]) はとくに業種内レベルにおける個々の工場の利益に焦点を当てた。その利益というのは，土地，労働力，資本，エネルギー，下水，輸送機関，補助的サービス，生産のノウハウといった要素投入の共通プールをシェアすることによって生じるものである。そうした共通のプールが臨界量に達すると，投入物の専門化がもたらされるのであるが，このことは，長い目でみれば工場の生産性を上昇させ，簡単には移転したり再生されたりしない，「空気」のような「産業上の雰囲気」が形づくられる。19 世紀のイギリス・ランカシャー地方における織物産業のようなマーシャル的な集積は，ある工業における一つの機能（例えば染料生産や紡績業など）に専門化した小企業間での水平的および垂直的な協調によって特徴付けられる。小企業は，新古典派経済学の認識に純粋にのっとる形で互いに競争し，価格シグナルにまず反応して，市場価格での取引を基礎に距離を置いた関係を保っていた。最終財は輸出されたのであろうが，中間財供給企業は主として地元市場向けに供給した。マーシャル型産業地域といった場合には，製品の最終仕向地として機能する市場を除けば，域外との相互作用やリンケージを最小限しか有さないことを暗に想定している。

産業集積についての関心の再燃は，柔軟な専門化を巡る論争によって生じたのであるが，その中でピオリとセーブル (Piore and Sabel 1984) は地域的に埋め込まれた中小企業が生産の一工程に特化し，互いに協力し，小ロット・需要牽引型の生産に従事して構成している産業組織の在り方を主張した[2]（☞ 3.4 ポストフォーディズム）。こうした議論は，脱工業化や生産移管，工場閉鎖といった事態に徐々に直面しつつある産業あ

るいは地域をかすかに照らす光となっている。

スコット (Scott 1988) は制度の経済学から取引費用分析を持ち込むことによって (☞ 1.2 企業)，立地プロセスと蓄積体制の変化の諸結果 (☞ 3.4 ポストフォーディズム) との相補的な分析視点が必要であることを主張した。新しい産業空間は強靭な集積の経済によって特徴付けられ，新しい柔軟な蓄積体制の下で生ずる。スコットは企業が垂直的統合を選ぶか垂直的分割を選ぶかは，生産費用における規模と範囲の複合的効果に依存すると指摘している。生産の垂直的統合は企業城下町の形成に結び付き，生産の垂直的分割は産業地域の形成に結び付く。

イタリア型産業地域

マーシャルの集積論が依存するのは，独立した競争者の集合体としての企業群を新古典派経済学的に概念化したものである。これに対して，サードイタリーの産業地域では，企業間の相互依存，協同的競争，域内の経済的アクター相互間における信頼の重要性が強調される (Bagnasco 1977; Brusco 1982; Russo 1985)。アミンとスリフト (Amin and Thrift 1992) によれば，サードイタリー・モデルの産業地域は主に，企業間の協調や協同の程度，「ガバナンスの協同化（協治）」の程度においてマーシャル的な産業地域とまったく異なる。サードイタリー・モデルの企業では，衣料品や製靴産業などにおいて，クラフト的な形態での労働組織に基づいた，小企業間での極めて高いレベルでの協調が達成されている。競争は存在しているのだが，各企業は高度に専門化する傾向にあり，このことが直接的な競争を和らげている。工業組合のような非企業組織は，共有できる補完的サービスの展開，共通基盤的なものの整備の調整，見本市の支援，労働訓練プログラムの提供，融資保証という形態での資本供給を含んだ，域内企業の利益となる多様な活動を調整している。

ハリソン (Harrison 1992) は，1990 年代の議論が地理経済プロセスにおける社会的要素の重要な役割を認める新しい解釈を提供したと主張することによって，マーシャル型産業地域対イタリア型産業地域という議論により進んだ見解を提起した。ハリソンは，埋め込みというグラノヴェターの概念を取り入れ，フォーマル／インフォーマルを問わない個人的接触を通じて時間の経過とともに育まれる信頼の重要性を強調し，新しい解釈においては地理的近接性が信頼の醸成に決定的な役割を果たすのだとした (☞ 5.4 埋め込み)。多様な社会的関係（親族関係や友人関係を含む）を通じて生まれ，社交クラブや教会の集会で表現される共通の宗教信仰や地方政治同盟を通じて育まれる

---

2) 需要牽引型生産は供給押し出し型生産と対比される．需要牽引型生産においては，製品は注文が出された後につくられる．

個人的接触は，産業地域における経営上の関係を補完するものなのである。

イノベーションの地理学

イノベーティブ・ミリューとは，産業地域の一つの類型とイノベーションの立地に焦点を当てた一つの研究の枠組みを同時に表したものである。パリの GREMI（イノベーティブ・ミリューに関するヨーロッパ研究グループ）は，特定のローカルの産業地域をイノベーティブ・ミリューとしてみなすという見解を最初に提案した。GREMI の一員として Aydalot (1986) は「（シュンペーターの）創造的破壊」のようなやり方で自己を再生産する諸地域の分析をいち早く提唱した。GREMI はイノベーティブ・ミリューを空間が空間を形づくるものとしてみなし（作用空間アプローチ），生産の空間を形作る中での内生的な技術的軌跡の役割に焦点を当てた (Ratti 1992)。

経済学者はイノベーションのクラスターにおける技術（または知識）のスピルオーバーの役割に焦点を当ててきた (Glaeser et al. 1992; Feldman 1994; Audretsch and Feldman 1996)。技術・知識のスピルオーバーは特定の形態の外部性であって（マーシャル-アロー-ローマー（MAR）外部性としても知られる），一企業内に封じ込められた知識という以上にそれを越えて集積の中で生じた知識について言及するものであり，ローカルな生産者によって享受されやすいものと想定されている。しかしながら，ジェイコブスのいう多様化の外部性を越えた MAR の専門化の外部性の強さを疑う研究が存在することも指摘しておくべきであろう (Feldman and Audretsch 1999; Harrison et al. 1996; van Oort 2002)。

マーシャル型の産業集積もイタリア型の産業地域も，政府の支援なしに有機的に成長したと考えられている。これらの地域は主として政府の権限の下で開発され，強力に運営を推し進められてきたテクノポールやサイエンスシティのような地域と対比される。この具体例としては新竹サイエンスパーク（台湾）やソフィア・アンティポリス（フランス），筑波研究学園都市（日本）が挙げられる (Castell and Hall 1994)。また，産業地域は製造部門に限定されるものではない。例えば，ハリウッドは産業地域のアプローチを用いて分析されてきたし，シティ・オブ・ロンドンとその金融街区もまた然りである (Clark 2002; Scott 2005)。

サクセニアン (Saxenian 1994) は，シリコンバレーとボストンのルート 128 という 2 つのエレクトロニクス産業地域を比較するなかで，独自の地域文化（☞5.1 文化）が活発な起業家精神を促す上での鍵となる役割を果たしていることを発見した（☞2.2 **起業家精神**）。こうした地域の諸制度は具体的な文脈の中に埋め込まれており，時間とともに育まれ，支援やインセンティブのみならず起業家精神の道徳的な支援をも供する。サクセニアンは，シリコンバレーが起業家の失敗を積極的な経験として受け入れ

る点において独特であり，ゆえにこの地域は人生におけるさまざまなタイミングで新事業を立ち上げようとする起業家を数多く「連続的に」惹き付けていると主張した。

最近における産業集積の具体化は地域イノベーションシステムという考え方である（Cooke and Morgan 1994; Asheim and Coenen 2005）。Asheim and Coenen（2005）は地域イノベーションシステムを「地域の生産構造のなかでイノベーションを支えている制度的インフラ（p.1177）」と定義している。地域イノベーションシステムはさらに，分析的（科学）か総合的（工学）かといったイノベーションシステムの中で用いられる知識のタイプの違いによって，領域的に埋め込まれたイノベーションシステム，地域的にネットワーク化されたイノベーションシステム，もしくは地域化された国家的イノベーションシステムに分類することもできる。このような領域的なものに基礎付けられたイノベーションの見方は，政策立案者がイノベーション政策に地理的な構成要素を組み込むことを働きかけるであろう。

ポーターの産業クラスター論

産業クラスターという用語はアメリカの学者であり経営のカリスマでもあるマイケル・ポーター（Porter 2000）によって広められた。ポーターはクラスターを「競争的でもあり協力的でもある特定分野における，相互に結び付いた企業群，専門サプライヤー，事業所サービス業，関連産業における企業群，関連組織（例えば大学や各種規格局，事業者団体など）の地理的集合（p.15）」と定義している。彼はまたクラスターのことを「特定の事業領域における際立った競争的成功の臨界量（p.15）」とも表現している。クラスターはイノベーション，生産性の向上，新事業の成立へと順に影響を与えるミクロ経済的な事業環境を説明する。ポーターはまた，あるクラスターがイノベーションを育む場所となって成長する一方，別のクラスターがロックインに苦しみ衰退に直面しているとも指摘している（☞ 5.4 埋め込み）。

ポーターのいう競争優位の立地上の源泉は，彼が苦心して描いた，①要素（投入）条件，②需要条件，③関連・支援産業，③企業戦略・競争上の文脈，の4頂点からからなる「ダイヤモンド状の」フレームワークに依拠して考えることができる。これら4つの要素が産業クラスターを形づくる上で相互に作用する。経済地理学者はポーターの提言を，理論的というよりは実践的なものとして，目新しい主張とは特徴付けられないものとしてみていた。その代わり，ポーターの貢献は，集積の重要性を政策立案者のみならず，企業経営者までをも納得させる能力を備えているところにあるとみている。ポーターは，分析単位としてのクラスターが国際競争のためのよりよい政策を考案させやすくするものと考え，「クラスターの繁栄は企業の繁栄のために重要

だ (p.16)」と強調した。しかしながら，ポーターのクラスター論の斬新さや独自性には疑問も残る。例えば，Martin and Sunley (2003) は，ポーターのクラスター論は現実的というよりも分析的な創作物であると主張し，ポーターを，折衷主義，（とくに社会的次元での）特異性の軽視，（産業やイノベーションの幅広いダイナミクスのなかでクラスターが位置付けられるという）文脈といった点から批判している。

ローカルバズ、グローバルパイプライン

ストーパー（Storper 1995）は，局地化された能力の特性と地域特有の資産を，取引上の相互依存と取引外の相互依存に区分した。前者は物的なやり取りを強調し，後者は情報のやり取りを強調する。ストーパー（Storper 1997）は，起業家精神と柔軟性（局所定義された共通財），労働慣習，垂直的及び水平的な企業間関係，企業間の競争の本質（開放的かメンバー内に閉ざされているか）と企業間の関係性の本質（相互利益，社会的変化）を組み合せた多面的な分析を提言した。Bathelt et al. (2004) によれば，「バズ」とは自発的かつ流動的な「同一産業，同一の場所・地域内における，人々や企業の対面接触，そしてそれがともに存在し，近接して立地することによって創造される情報・コミュニケーション生態 (p.38)」のことである。企業は，近接立地を通じて共通の言語，技術，姿勢をシェアすることによって，ローカルバズを意味がありかつ有用な方法として理解することができ，特有の「実践コミュニティ」を反映した諸制度を構築する（Brown and Duguid 1991; Wenger 1998; Amin and Cohendet 2004）（☞ 5.4 埋め込み）。

ストーパーら（Storper and Venables 2004）は対面接触によって創造されるローカル・バズの重要性を強調した。その議論によれば，対面接触が固有の行動特性およびコミュニケーション特性を引き起こし，対面接触以外のコミュニケーション様式を超える特有の強みをもたらすのである。加えて，対面接触は実行による学習において，あるいは暗黙知の移転において不可欠な形態である（☞ 2.1 イノベーション）。こうした対面接触に特有の性質ゆえ，インターネットの広範な拡散の後ですら，集積は経済活動の空間的組織化において根強い役割を維持しているのである（Leamer and Storper 2001）。

マークセン（Markusen 1996）やアミンら（Amin and Thrift 1992）は産業地域の議論における研究者たちがローカルなものへの没頭していることを批判し，その一方で産業地域を持続させるグローバルネットワークの役割を強調した。マークセンは産業地域をいくつかに類型化した上で，外部との連関とともにローカルでの強さを兼ね備えた「ハブ・アンド・スポーク」型の産業地域を提案した。アミンらはそれをグローバルシステムにおける社会的相互作用の中心としての役割を果たす「マーシャル的な結節点（ノード）」と呼んだ。こうした結節点は，相互信頼という象徴的な価値から生じる役割のみなら

ず，その知識基盤や域外企業や市場へのアクセスを提供する能力といった点での役割も含んだ多様な役割ゆえに，生き残り，成長しているのである．アミンらは生産の局地化と垂直的分割というものは，ネットワークのグローバル化と密接に関係しあっているものだと主張している．

Bathelt et al. (2004) はローカルの知識源と域外の知識源の特徴的な属性と相補性に焦点を当て，ローカルバズと暗黙知を，そしてグローバルパイプラインと形式知を同一視する単純な理解に反論した．その代わりに彼らは，ローカル外の知識流動「グローバルパイプライン」がローカルでのルーチンな状況に新しい知識を注ぎ入れる上で非常に重要な役割を担い，そしてそれによって企業のイノベーション能力を向上させるのだろうと主張した．このようにして企業は，現代のグローバル化した経済のなかで生き残り，成長していくべく，地域の内と外の双方の知識という便益を手に入れるのである．そして，それらは高度に相補的に存在しているのである（☞ 2.1 イノベーション，5.5 ネットワーク）．

KEY POINTS

- 産業集積、産業地域、産業クラスターは経済地理学者の最大の関心事である．これらは技術的イノベーション、生産性の向上、そして究極的には国際競争に耐えうる力をも誘引する経済活動に特化した地域である．
- 多様な重要性の対外的なつながりを伴った多様なタイプの産業が存在する集積の原因もまた、共通の要素投入の共有から社会的関係、地域的な諸制度と文化にまで及んでいる．
- インターネットは技術的イノベーションや技術移転の可能性を根本的につくり変えてしまったのだが、産業集積、産業地域、産業クラスターの意味は廃れていない．これは「実行による学習」や暗黙知の移転において、対面接触が未だはるかに優れたコミュニケーション方法であり続けているからである．

FURTHER READING

クラスターに関する現代の概観は Bathelt (2005) を参照のこと．より最近では Storper (2009) が集積の多様な形態の分析的な区分を提示している．トム・フリードマンの研究『フラット化する世界』の批評は *Cambridge Journal of Regions, Economy and Society* の特別号、2008 Vol.1, No.3 を参照のこと．

76　第3章　経済的変化における産業と地域

3.3 地域格差

　地域とは何か，そして地域における経済活動の違いを説明するものは何か。1950年代中頃，ノース（North 1955; 1956）とティブー（Tiebout 1956a; 1956b）は「理想的な」地域は存在しないと断言し，その見方は21世紀初頭でもいまだ有効である。ジェイコブス（Jacobs 1969）は都市とその後背地からなる自立的な統一体としての都市を概念化した。都市は市場と交換の場としての役割を果たす一方，後背地は都市を維持するために必要な農作物を供給する。今日の地域の概念化はかつての天然資源に基づいたパラダイムを離れて，輸送拠点，輸送上のアクセシビリティ，企業内および企業間のアクセシビリティ，地域的および国際的貿易条件によって定義される他の尺度に基づくものになった。

地域とは何か？

　今日，地域についての一つの支配的な概念として挙げられるのは大都市圏である。これは，日々の通勤や企業間の関係を介して相互につながる場所群から成り立っている。ヨーロッパでは地域というものは，地域開発上最も重要な存在である，政治・行政上の空間単位と一致している。とりわけEU（欧州連合）では，新たな加盟国を追加し続けており，地域間格差が最も重要な政策的検討課題の一つであるため，地域についての研究はヨーロッパで依然として活発である。しかしながら合衆国では機能上の地域と行政上の地域が常には一致していないため，地域政策はたいへん困難な宿命を抱えてきた。機能地域と行政地域の不一致は，市と郡の境界線を越えた開発の調整における課題を引き起こし，しばしば政治対立や財源不足といった結果に帰着している。その数少ない例外の一つにはアパラチア地方委員会があり，これは州を超えたレベルの主導で地域開発が調整された。また都市圏計画機構（Metropolitan Planning Organization (MPOs)）もそのような例外の一つであり，これは全大都市圏の輸送計画を連邦政府によって委任されたものである。

　地域とは超国家な空間にも適用することができる。例えばシンガポール周辺を中心とした成長のトライアングルは，隣接するマレーシアのジョホールバルやインドネシアのバタム島とビンタン島を含んでいる。この地域では近接した範囲内に本社機能（シンガポール）と中間レベルの製造（ジョホールバル）とローエンドの製造（バタム）を賃金格差を活用しつつ立地させることができるとして多国籍企業を引き付けている。ま

た他には地域貿易圏（NAFTA や EU など）を地域とみなす者もいる。こうした地域貿易圏は域外貿易を調整する政策の一方で，域内貿易を優先する協定を有している。

地域は経済地理学者が不均衡発展を理解する上で，長らく主要な単位であり続けてきた。次項で議論するように，不均衡発展は社会的公平にとって有害であって，非効率な経済開発の在り方だと考える論者がいる一方，不均衡発展は避け難い過程であるとみる論者もいる。産業革命以来，我々は産業化が全景観を通じて均一に起こるものではないことをみてきた。地域的不平等は多様な手法で測定されている。その一つの方法としては投資や労働力のような要素賦存量を計測するものがある。他には生産性や所得分配のような経済の結果を測定する方法もある。ある地域やある経済の所得分布を測定する上では，ジニ係数が最も一般的に使われている指標である（次頁のコラムを参照のこと）。

地域間における均衡論と不均衡論

地域成長と地域格差の説明を試みてきた論者たちは大きく2つのグループに分けられる。その第1は地域間における完全な要素移動性を通じて各地域の成長可能性が自然に釣り合い，地域間の格差は極小化されると考えるグループである（均衡論）。第2のグループは市場の諸力に任せておけば自然に諸地域がより大きな地域間不平等に引き付けられると考えている（不均衡論）。前者のグループは企業が最小費用地域に立地することによって収益を最大化し，労働者はより良い雇用機会のある場所に移動することによって賃金を最大化すると想定している（☞1.2 企業，3.1 産業立地）。オーリンの地域間貿易理論（Ohlin 1933）は異なる地域で生ずる専門化（労働者の技能）に加えて，要素移動性の不完全性が，地域間貿易を促進させ，そして長い目でみれば最終的に，地域間での価格均衡に帰着すると主張している。オーリンの考えによれば，要素移動性と貿易は相互に代替し合い，空間的摩擦の存在は地域間貿易の根拠となる。

均衡論者は，地域を要素移動に対する障壁を伴わない理想化された資本主義システムの一部としてみなし，不均衡論者は地域的不均衡を資本主義的経済発展にとって本質的なものとしてみなしている。地域的不均衡は，資本と労働の移動性の非対称性と制約が原因となって発生する。歴史的・構造的見方を当てはめると，こうした論者は，技術的進歩と結び付いた資本主義的な効率性の追求が，かつて遍く広がっていた家内制に立脚し手工業が主導した生産を，規模の経済を伴う大規模工場へと変化させたとみている。こうした見方によれば，収益，投資，雇用創出といった資本蓄積の一循環がほとんど選択の余地もなく農村から都市への人口流動を誘引し，マルクスが「産業予備軍」と呼んだ事象をつくりだしたのである。ミュルダール（Myrdal 1957）はこう

ジニ係数

ジニ係数はイタリアの社会学者であり統計学者でもある，コッラド・ジニによって開発された。この係数は人口全体における所得分布の状況を測定するもので，0（完全に均等な分布）から1（完全に不均等な分布）の間の値となる。グラフ（図3.3.1）では，X軸にある地域の人口の累積的な割合が，Y軸には同じく所得の累積的な割合が描かれている。ジニ係数は完全に均等な所得分布を示す45度線と実際の所得分布を示すローレンツ曲線の間の面積の大きさ(A)と，ローレンツ曲線の下に当たる残りの面積の大きさ(B)の比率によって計算される。Aの面積の比率が大きいほど係数も大きくなり，より大きな所得不均等を示している。

合衆国では新規創業の比率が高く，所得税率が低く，イノベーションが促進される傾向が大きい。それにも関わらず，合衆国では所得分布の不均等も大きく，過去数十年間，ジニ係数が西ヨーロッパの多くの国々よりも高かった。このデータはまた，合衆国の経済がさまざまな国々の工業労働者の平均的賃金と比較して極めて高い役員報酬を提供していることを示唆している。加えて合衆国では1960年代に縮小した不均等が1970年代後半に再度拡大している（Harrison and Bluestone 1988）。

一般的に世界の最貧国は一貫してジニ係数が高い。しかし過去10年間，ジニ係数は旧社会主義国（中央ヨーロッパや東ヨーロッパなど）のみならず新興経済国（中国やインドなど）で劇的に上昇した。こうした発展の状況が起業機会の増大とモビリティの向上をもたらし，ひいては「トリクルダウン」して，他の人々の利益につながるのだと解釈する研究者もいるが，この傾向は社会的分断を深刻にし，地域社会の破壊をもたらすだけだろうと考える研究者もいる。今までのところ，このような状況の一つを決定的にとらえて，優れた説明を提供した研究はない。

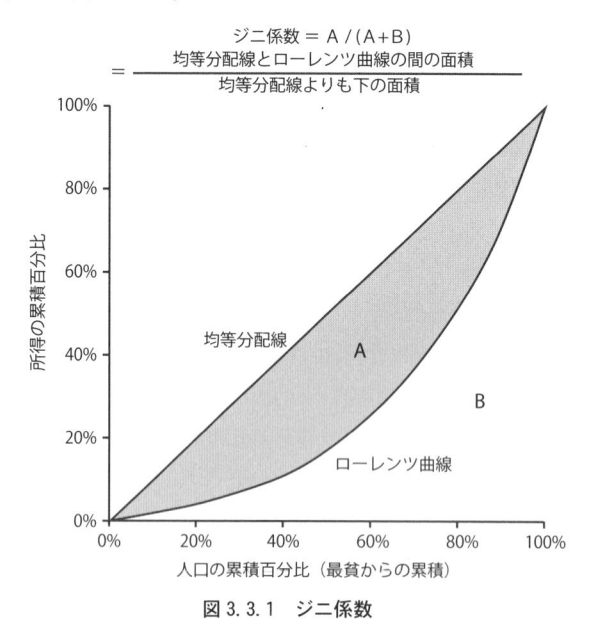

$$\text{ジニ係数} = A/(A+B) = \frac{\text{均等分配線とローレンツ曲線の間の面積}}{\text{均等分配線よりも下の面積}}$$

図3.3.1　ジニ係数

した過程を循環的・累積的因果関係として説明した。これは，合衆国における人種的不平等に関する自身の研究から派生した概念である。社会的諸関係のみならず，地域における経済的変化をより明確に説明したフレームワークを構築する中で，ミュルダールは市場の諸力が資本主義下における富の地理的な分布の不均等性を減じさせるよりもむしろ拡大させる傾向にあることを強調した。累積的因果関係は乗数効果を通じて経済開発の好循環を伴った上方スパイラルを説明し得る。乗数効果とは，新たなあるいは拡大した経済活動が世帯購買力を高めるとともに雇用を増やし，このことが住宅や消費財・消費者サービス需要を増大させ，それによって事業拡大の機会とさらなる雇用の成長を創造する過程である。より多くの人とより多くの産業，そして改良されたインフラの存在は，新たな経営が参入する際に地域を魅力的なものにする。しかしながら，累積的因果関係は地域衰退を導く経済開発の下方スパイラルを説明するものでもあり得る。

不均等発展は，本来ならば経済発展を導くことができたはずの要素賦存量を喪失し

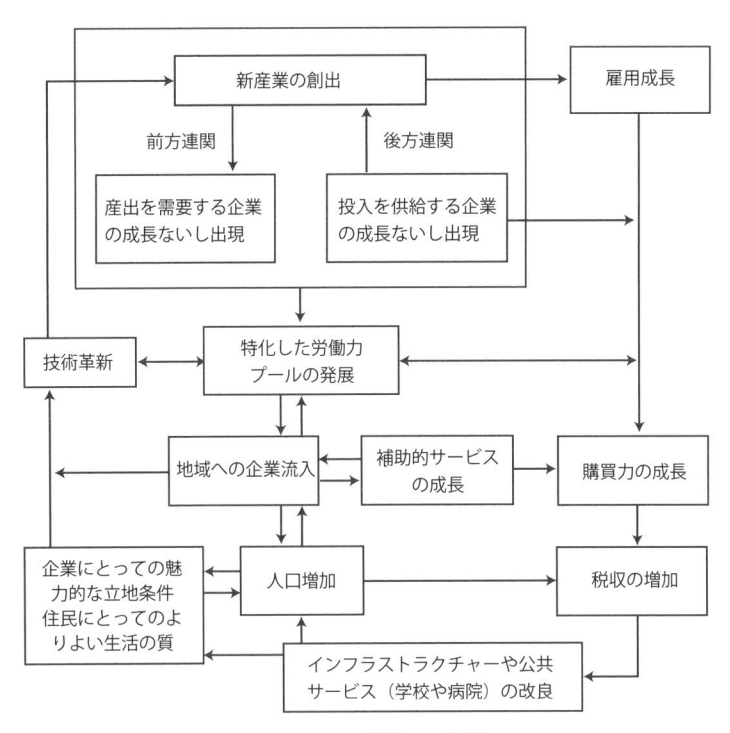

図 3.3.2 累積的因果関係

た他地域の犠牲の上に，ある一つの地域がそうした要素賦存量（より多くの資本や労働）を引き付ける時に生ずる．この過程のことをハーシュマンが「分極化」，ミュルダールが「逆流」とそれぞれ呼んだ．しかしながら，経営が低賃金，低密度，低地代の場所を探し求めるという，反対向きの傾向も存在する．こうした傾向を，ミュルダールは「波及効果」，ノースは「スピルオーバー」，ハーシュマン（Hirschman 1958）は「トリクルダウン」と呼んだのだが，これによって最終的には地域全体の経済活動の平衡が保たれるだろう．逆流や分極化に向かう傾向が支配的な時，地域はその経済活動の点で徐々に不均等になっていく．アロンゾ（Alonso 1968）は地域的発展のプロセスが集中化と分散化の連続的な波動を伴って進行すると主張した．

　クルーグマンによる「収穫逓増と経済地理（Krugman 1991a）」という先駆的な論文は，多くの経済学者を初期の立地論の業績（例えばクリスタラーやレッシュ，フーヴァーら）に再び結び付け，さらにはミュルダール（Myrdal 1957）のような経済学の他の伝統と，アーサー（Arthur 1989）を組み合せることで地理経済学を再び活気づけた．歴史学者と経済地理学者は，生産の集中とそれを出現させるもの（すなわち，大量生産が輸送インフラの改良と結び付いていたようなこと）について古くから認識していたが，クルーグマンの主な貢献は規模の経済と輸送費の相互作用に基づいた一般均衡モデルの展開であった．そのモデルは2つの地域と，農業と製造業という2種類の生産を想定した．農業部門では土地規模による収穫一定の条件下にあり，輸送費はゼロと仮定し[1]，労働力は移動しないものとした．対照的に製造業部門は，規模の経済の存在，氷解型輸送費[2]，可動性のある技能労働力を前提にした．クルーグマンは輸送費の高さと規模の経済の弱さを兼ね備えている地域の経済活動は主として農業に基礎を置くこととなり，一方で輸送費の低さと規模の経済の強さを兼ね備えた地域においては循環的因果関係が製造業の集中の原動力となるだろうと主張した．

　その上さらに，クルーグマンは2つの地域のうちの一つに労働者が集中することは，製造業部門内での需要あるいは供給のリンケージから生じる金銭的外部性の存在を組み合わせることによって，一つの均衡として理解できると主張した（つまり一つの製造業者の行動が他の製造業者によって製造された財の価格に影響するのである）．労働者が，地元の地域に留まるか他の地域に移転するかを決定する上では，おそらく実質賃金（製造業部門の金銭的外部性によってある程度まで決定される）だけでなく，移動費も考慮に入

---

1) この過程は2つの地域において農業所得が同じになるようにつくられている．
2) 著名な経済学者であるサミュエルソンによって展開された「氷解型輸送費」は財の一部が目的地に到達する前に溶けてしまうという考え方について言及したものである（したがって輸送費は線形で重量に基づき，距離に対して比例的である）．氷解型輸送費という前提については現実を反映していないとして経済地理学者にとっては議論の余地があるものとなっている．

れられる．労働者の決定はそれゆえ，製造業部門の集中と分散の境界線を定める．クルーグマンの主要な貢献は，地域的不均衡を説明する数学的構成にあった．モデルは，企業や労働者の行動に関して大胆な仮定の上に立てられた高度に抽象的なものではあったが，彼のモデルは，それを抵抗しがたいものととらえた地理経済学と地域科学の数多くの研究者によって広められる結果になった（例えば Lanaspa and Sanz 2001; Combes et al. 2008）．

地域発展の移出基盤理論

ノース（North 1956）は，クラーク（Clark 1940）やフーヴァーとフィッシャー（Hoover and Fischer 1949）らの経済学者によって独立した展開をみた経済セクター理論に対する批評として移出基盤理論を展開した．クラークらによれば，雇用の主要セクターは第1次セクター（農林水産業や採掘業）から第2次セクター（建設業や製造業，公共事業），そして最後に第3次セクター（事業者向け・個人向け・社会的サービスや小売業，流通業）へと1人当たり実質賃金の成長率とともに推移していく．こうした推移は（機械化を通じた）農業の労働生産性が向上した結果，余剰労働力が他の経済部門に供給されることによって生ずる．工業における労働生産性もまた，分業（専門化）や機械化（そして究極的には完全自動化）を通じて能率が向上した結果として上昇し，余剰労働力はサービスセクターへと放出される．サービスは機械化ができず労働生産性が低いままとなるという理由もあって，サービスセクターは多くの余剰労働力を吸収するのである．

ノースは，フーヴァーとフィッシャーの命題が，本質的に欧州中心の発想であることを指摘した上で，北米においては地域発展が自給自足経済から漸進的に推移してきたというよりも，最初から移出を通じて行われてきたと主張した．このことは外部資本を引き付け，木材のような商品を遠くの市場へと移出することによって成長してきた大西洋岸北西部でとりわけ顕著だった．このように，ノースの移出基盤理論は，産業化が無くとも外部市場に依存することで地域が成長し得ることを強く主張した．ノースは，一つの移出基盤が多様化をもたらした上で地域成長を導くことも可能だと示唆している．ノースは，フーヴァーとフィッシャーがいう第3段階[訳注]へは，自給経済からの漸次的成長が無くとも，需要の変化や（輸送や生産における）新技術の開発から，他地域との競争，政府の補助，戦争といったことまで，多様な要因によって到達できることを主張した．

ティブー（Tiebout 1956a; 1956b）はノースの移出基盤理論が特定の小地域において，

訳注）フーヴァーとフィッシャーによる，5段階からなる地域経済の発展段階のうち，移出向けのの集約的農畜産業が発展する段階．

しかも短期間においてしか適用されないことを議論して異議を唱えた。ティブーにとって地域成長を誘引するのは移出産業ではなく，むしろ移出基盤部門を競争力のあるものにするために費用を減少させそれによって地域を成長させる強い「域内向け」産業であった。しかしながら，ノースは域外からの資本や労働力の注入（移入基盤），政府の補助，人口移動が移入代替過程を経て域内向け部門を創造しうると主張している。

地域発展と政策

経済セクター理論は政策立案者がいかにして各部門の優先順位と地理的な優先順位を定めるかについての重要な問題を提起した。優先的なセクターとして主に挙げられる部門は，拡大や生産性の成長が最も強い見込みを有しているという理由から，高度にイノベーティブな部門である。ハーシュマンは「厚みのある」投入産出関係を伴う部門，とりわけ後方連関が重要だと主張した[3]。このことによって，より高い乗数効果を持つ部門（例えば自動車組立）は，持続可能な地域経済成長という目標に向けて価値あるものとして位置付けられる。ククリンスキィ（Kuklinski 1972）は，旧ソ連のみならず北米や東西欧州を含んだ国際的データを分析し，化学産業や金属産業が優先度の高い部門であると主張した。対照的にクズネッツ（Kuznets 1955）は地域発展におけるイノベーションの重要性を強調した（☞2.1 イノベーション）。より最近では地域発展を導くサービス部門の有効性が検討されるようになってきている（☞6.1 知識経済）。

地理的優先順位もまた地域開発に関する論文のなかで検討されている。ペルー（Perroux 1950）は，「推進力産業」，すなわち，いち速く成長し，相当数の前方および後方連関を伴う主要産業（あるいは企業）によって動かされる「成長の極（poles de croissance）」の概念を生み出した（Hirschman 1958）。この概念は当初，非空間的であり，産業あるいは企業の集合に関して言及するものであったが地域開発政策の道具になるに及んで，地理的含意を持つようになった。その政策はフランスで取り入れられたのであるが，パリへの人口と経済活動の集中を均衡させることへの興味と，推進力産業の導入地区として選ばれたトゥールーズ，ストラスブール，ボルドー，マルセイユ，リヨンといった他の場所の成長を刺激しようとする政策が一致した。しかしながら，成長の極戦略は企業レベルで作用する規模の内部経済よりも，地域レベルにおける規模の外部経済が過剰に強調される傾向にある（☞1.2 企業）。しかも，望まれない立地条件を有する別の場所に企業を引き付けるには政府の奨励策だけでは有効性を発揮す

---

3) 図3.3.2に示すように後方連関とは原料方向への生産過程の連関のことを指す．一方，前方連関は市場方向への連関を指す．例えば自動車組立工場なら，鉄鋼メーカーとの連関は後方連関であり，自動車販売店との連関は前方連関である．

ることはできず，ましてや自律的な成長を促すことが困難なことは論をまたない．

にもかかわらず，政府の行動は資本主義的な経済成長の分極化傾向においてバランスを保つために極めて重要であることが広く認められている（☞ 1.3 政府）．例えば，西欧の福祉国家は戦後の大部分の期間において，地域全体における経済成長を均等にすべく，相当量の諸資源と調整計画とを投じてきた．政府は諸資源の集中的な投下を通じて，特定地域の成長を促進させることもまた可能だ．例えば，合衆国は伝統的に産業立地政策を通じた民間部門の活動に対する介入を避けてきたのだが，マークセンら（Markusen *et al*. 1991）は合衆国の防衛政策（軍事基地や研究所，民間部門との防衛上の契約を通じて規定される）が合衆国中西部の経済的停滞を招く一方，カリフォルニア州やニューイングランドでのハイテク産業成長を促進させているという興味深い示唆をしている．カステルとホール（Castells and Hall 1994）は世界中の多様なサイエンスシティに関して，その多くが政府によって計画され運営されていることを報告している（☞ **3.2 産業クラスター**）．しかしながら，資本のグローバル化と多国籍企業の独占的な力は政府の力を著しく減じているだろうし，あるいは少なくとも各政府が多国籍企業にインセンティブを与えることによって競って多国籍企業を引き付けようとしているといえよう．

KEY POINTS
- 地域間の不均等の原因は経済地理学において成長と衰退に関する理論的考察の大切な出発点である．こうした考察は強力な政策的含意を伴うものである．
- 不均等をもたらす諸原因がどのような結果に結び付くかということは前提とされている仮定のタイプと関係して多様である．内生的市場対外生的市場を含んだ仮定を強調する者もいれば，資本と労働者のモビリティを強調する者，累積的因果関係を強調する者、企業間連関を強調する者もいる．
- 地域格差の議論では、一般的理論を展開する必要があるのか、現実を説明する必要性なのかといったことにも焦点が置かれてきた．経済地理学者は、新古典派経済学や歴史的な（経済セクター論的な）観点、マルクス主義的な社会理論を含めた多様な概念と手法を取り入れてきた．

FURTHER READING
Holland (1976) は地域的均衡論と不均衡論に関する包括的な理論的概念を供する著作である．地域開発および地域政策に関する現代的説明は Pike *et al*. (2006) や Hudson (2007) を参照のこと．『世界開発報告〈2009〉』（World Bank 2009）は地域的不均衡論の想定に基づいている．

3.4 ポストフォーディズム

　フォーディズム／ポストフォーディズムといった議論は，大部分が先進工業経済における産業組織の支配的な様式と経済成長に対するその役割を期分けして理解することに関わっている。フォーディズムという用語は，合衆国のフォード・モーター社が先駆けとなった厳格な分業を伴った効率的な組立ラインによる製造方式（大量生産）に言及するものである。フォーディズムは，1913年をその出発点とし，1960年代に終焉する高効率の生産組織の支配的形態であり，合衆国の製造業部門の生産性を劇的に向上させた主要要因としてみなされ，これこそが20世紀に合衆国経済を産業超大国につくりあげたものなのである（Best 1990）。1970年代から1980年代にかけてレギュラシオン学派と呼ばれるフランスのマルクス経済学者や合衆国の労働経済学者の一団によって広く主張されてきたのであるが，合衆国経済の絶対的な優越の終焉とそれに続く危機の時代の到来はフォード的生産様式の終焉によってある程度まで説明できるといったような大まかな理解をポストフォーディズムという語は示している。

ハンドクラフト生産からフォーディズム生産へ

　フォーディズムは漸進的に出現したものと理解され，フォード的生産は「互換性部品」を伴った製造（互換性生産），そしてテイラー主義によって先行されていた。テイラー主義とは，最終的にはフォード・モーター社のヘンリー・フォードが大量生産の組立ラインという形態で完成させたものである。互換性生産は精密測定器具のイノベーションに伴った特定部品に関わる機械設計の改良によって可能になり，それは19世紀中葉までのニューイングランドの兵器工場で完成された（Chandler 1977; Best 1990）。このことは，革命的な変化であった。なぜなら，製造業部門は，長年の徒弟修業を通じて全体的な生産工程に関してコード化されない知識を獲得した熟練技能者に依存していたからである。このような手工業を基礎としたヨーロッパの実践とは異なって，互換性部品は完全に正確な同一性を伴った部品の大規模な再生産を達成したため，2つの部品の組み合わせがどんなものであっても熟練技能者による手先での微調整なしに組み立てられるようになった。こうしたプロセス・イノベーションは労働組織に重大な衝撃を与えた。これによって，専用機械設備を設計し操作するという役割での熟練労働力の需要が増大し，非熟練のアセンブリー労働者の需要がつくりだされたのである（☞2.1 イノベーション）[1]。

テイラー（Taylor 1911）は生産性向上運動に参加した生産技術者で，一つの新しい経営管理システムを導入した。新しいシステムとは，労働者の全動作の詳細な時間管理と生産量に基づいた能率給制度と結び付いた管理上の入念な調整と計画とを組み合わせたものである。1913 年，フォード・モーター社はアメリカンシステムの互換性生産と，今日「組立ライン」として知られるところの効率的な流れ生産とを結合させ，劇的な生産性の増大をみせた。

フォード式の生産様式は大量の同一製品を効率的に生み出し，それゆえ，「大量生産」として知られている。こうした生産様式は，需要が予測可能であり，かつ成長中で，消費者は差別的消費への関心をほとんどもたず，基礎的な欲求や必要を満たすことに専心している，というような経済環境のなかで成功した。加えて，フォーディズム下の生産組織はアメリカ人の労働力やその多様性に非常に適したものであった。例えば 1915 年のフォード社のハイランドパーク工場は 7,000 人の従業員を抱えており，そのほとんどは農場から来たか，外国から来た人々であった。7,000 人の従業員集団の中では 50 以上もの言語が話され，その中には英語を話す人はごくわずかでであったという指摘もある（Womack et al. 1990）。それでも工程の専門化を通じた労働組織が最低限の訓練しか必要としなかったために，高い効率性でもって複雑な製品を生産することが可能であった。

さらにフォードは，2 つの理由から多くの部品の生産を内部化することによって垂直的統合の実行を選択した。その 2 つの理由とは，第 1 にフォードの生産がフォードの部品メーカーよりも遥かに効率的であったこと，そして第 2 に彼が生まれながらに疑い深い性格であったことである（Womack et al. 1990）。その結果，20 世紀のほとんどの間，アメリカ的な科学的管理法が最有力な生産システムとしてヨーロッパ的な手工業生産に取って代わった。産業革命期における家内制工業から大規模な近代型工場への変化は，地域経済への重要な含意を有する技術的・社会的分業を導いた。

フォーディズムと 1970 年代の経済危機

20 世紀中葉まで，フォーディズムはアメリカ流の産業組織における現代的効率性の象徴であった。しかしながら，1970 年代の世界的経済危機に際して合衆国の産業の絶対的な優越は揺らぎ始め，これが初めて注視されるようになった。この当時，合衆国とイギリスの経済は脱工業化，雇用喪失，スタグフレーション[2]といった似たような兆候に苦しんでいた。製造業部門の生産性や世界貿易における合衆国の占有率，多国籍企業における合衆国の占有率といった多様な指標が低下傾向を示していた（Bluestone and Harrison 1982）。

こうしたことが一つの効率的な生産組織としてのフォーディズムを見直しへと至らしめた。そうした見直しはとりわけ，固定相場制とUSドルの金兌換性に基づいたブレトン・ウッズ体制（1944～1971）の崩壊，西ヨーロッパや日本からの経済的追い上げ，NIEs（新興工業経済地域）[3]の台頭，さらには1970年代の2度の石油危機といったマクロ経済環境の変化に対応して進行した。ブレトンウッズ体制の終焉はとくに重大な破壊的影響をもたらした（☞6.2 経済の金融化）。一つには地域貿易圏の出現を促し（例えば現在はEU（欧州連合）に発展したEC（欧州共同体）など），また他方では，安定した通貨環境に依存するフォード的生産様式への投資を妨げた（Piore and Sabel 1984）。このことが西側の先進工業国経済のほとんどにGNPのマイナス成長を経験させる1980年代の世界的景気後退へと帰着した。

レギュラシオン学派

フランスのレギュラシオン学派はフォーディズムの終焉を明言した最初のものであった。同学派の成果は1970年代から始まったフランスのマクロ経済学者の研究を包括したものだった。アグリエッタの先駆的な著作『レギュラシオンと資本主義の危機（Aglietta 1979［1976］）』には，ボワイエ（Boyer 1990）やコラート（Coriat 1979），リピエッツ（Lipietz 1986）といった著名な論客が追随した。レギュラシオン学派は，経済成長や経済危機を形づくる内生的要素として社会的諸関係に焦点を当て，長期的な構造的経済変化の動的な説明の展開を研究者たちが試みた遠大な構想の知的プロジェクトであった。純粋理論と定型化された事実の中間に位置し（彼らの表現を用いると「メソ理論」となるが），レギュラシオン学派は新古典派経済学とマルクス経済学の不思議な混成物としての様相を呈し，歴史と理論，社会構造，諸制度，経済的規則性の相互作用の観点から資本主義の進化をみる独特のフレームワークを内包している。諸制度を主として完全競争市場の作用に対する障壁として新古典派経済学とは異なり，レギュラシオン学派は諸制度を，成長を導く規則性を確立して，したがって生産に対して前向きな影響を与え得るものとみなした。また，標準的なマルクス主義と異なり，レギュラシオン学派は経済における構造的諸力を自然発散的なものとみなし，非決定論的分析を

---

1) 歴史学者は，このシステムが全体として労働の脱熟練を導いたかのかどうかについて議論している．詳細はBest(1990)を参照のこと．
2) スタグフレーションとは失業率とインフレ率が同時に上昇することをいう．1970年代まで，1861年から1957年までのイギリスにおける証拠を下に開発されたフィリップス曲線により，失業とインフレが反比例の関係にあると思われており，ヨーロッパの多くの国民経済は高い失業率をインフレ制御の手段として正当化していた．
3) NIEs（NICs（新興工業国）と呼ばれることもある）とは元々，韓国，台湾，香港，シンガポールを指した．これら4つの国と地域はまた「アジア四小龍（もしくはアジアの4頭の虎）」としても知られている．

求めるものでもある。

レギュラシオン学派は，階級対立を規範(ノルム)や法律をも生み出す社会的諸関係の主要な表出であるとみなし，政府を，社会的調整の現れであり，それを統治する主体としてみなしている（Aglietta 1979［1976］）。理論は生産の技術的状況と分配のルールを内包している。同学派の主張によれば，蓄積体制と調整様式(レギュラシオン)の結束が生じたときに経済成長が達成される。蓄積体制とは生産性の増進が導き出され，共有され，普及することを通じた生産・分配・消費の体系的組織化を表す。調整様式とは，ミクロ（労働契約など）からマクロ（社会保障や外国為替管理体制，教育など）までに及ぶ諸制度の構造形態や制度的取り決めに関する特定の地域的・歴史的な集合体に言及するものである。世界経済における合衆国の優位は，フォーディズムないしは大量生産に特有の蓄積体制やそれと関連した調整様式を通じて達成された。それらは，1920年代から30年代に労働生産性を著しく押し上げ，外延的な形態の資本蓄積から内包的な形態の資本蓄積への変化を促した。しかし1960年代にフォーディズムは一度その技術的・社会的限界に達し，もはや追加的な生産性の増進を生み出さなくなり，合衆国経済の構造的危機への突入を誘発することとなった。

レギュラシオン学派は主として国家スケールに焦点を当てていたのであるが，リピエッツ（Lipietz 1986）はグローバルな政治経済の理解を促すためのフレームワークを用いた。彼によれば，外的関係と組み合わされた調整様式はグローバルな政治経済における諸国の相対的地位を説明し，国際競争の激化を生み出したのは，自国を越えた大量生産の拡大（「周辺部フォーディズム」）であった（Lipietz 1986; Piore and Sabel 1984）。従って世界システム論とは異なり，レギュラシオン学派は世界経済をよりよく理解するために生産システムの議論と国際的な力関係の議論を組み合わせている。そうした意味ではレギュラシオン学派はグローバル商品連鎖アプローチと類似したものではあるが，それに先行した議論を行っていた（☞ 4.4 グローバル価値連鎖）。

レギュラシオン学派は多方面から批判されてきた。概念の曖昧さを指して批判するものもいれば，いくぶん硬直的な時代区分が分析を限定していることに異議を唱えるものもいた。アグリエッタ（Aglietta 1979［1976］）はネオフォーディズムというものに触れてはいるが，ポストフォーディズムは何であるかのか，明確なものにはなっていない。結局，この学派よって展開されたフレームワークは規範的というよりも説明的であり，政策適用への展開は限定的であった。

柔軟な専門化仮説とそれへの批判

政治学と労働経済学のバックグラウンドを有するピオリとセーブルは，『第二の産

業分水嶺』(Piore and Sabel 1984)という影響力の強い研究を著した。同書は，レギュラシオン学派のみならず，イタリアの地域発展論の研究者からも大いに影響を受けた (Bagnasco 1977; Brusco 1982; Russo 1985)。レギュラシオン学派には産業組織の将来像を打ち出す上で歯切れの悪さが残っていったが（ネオ・フォーディズムに関するAglietta (1979 [1976]) の議論を参照のこと），ピオリとセーブルはフォード的な生産組織のオルタナティブの一つが柔軟な専門化であると主張した。柔軟な専門化とは，小地域を基礎とした小ロット・需要反応型の生産をコーディネイトする小規模な専門化した企業によって特徴付けられる。ピオリとセーブルは，イタリアの衣料・製靴業の小規模な産業地域の事例を取り上げ，高コストな先進工業経済であっても産業の生き残りが可能であることを示した。彼らの見方によれば，柔軟な専門化は，競争と協同とを調和させ，イノベーションを誘引する競争を促し，価格硬直性に対する地域での対応を引き出した。そして，こうしたプロセスは労働条件の長期的改善に力を尽くすものでもある（☞ 3.2 産業クラスター）。

　柔軟な専門化の概念は，イタリアの諸都市のみならず，シリコンバレー（Saxenian 1985; 1994; Kenney 2000）やバーデン＝ヴュルテンベルク（Sabel et al. 1989; Cooke and Morgan 1994; Herrigel 1996），豊田市（Fujita and Hill 1993），さらには工業以外の集積であるハリウッド（Christopherson and Storper 1986; Storper and Christopherson 1987）のような産業地域の研究を活発化させた（☞ 3.2 産業クラスター）。柔軟な専門化仮説はまた多くの批判をも引き付けた。例えば，Amin and Robins (1990) は構造的変化が遥かに複雑で矛盾したものであると考えていた。また，イタリアでの柔軟な専門化に認められた信頼や社会的ネットワークといった種類の必要諸制度は，合衆国では認められてこなかった。さらには，柔軟な専門化の考え方は新たな形態での封建的な家内工業への回帰を呼び起こすノスタルジアとしてみる批評家もいた。

　さらにピオリとセーブルは，柔軟な専門化の利益に論を張ることによって，産業組織，とりわけ労務管理と関連したそれら産業組織の規範的な側面の議論に貢献した。例えば，ブルーストンとハリソン（Bluestone and Harrison 1982）は，「立地」の柔軟性に焦点を当てて，企業が徐々に複数事業所の形態をとるようになり，単純に移転という脅威によって労働者の利益が脅かされ得ることを主張した。ハリソン（Harrison 1994）はさらに踏み込んで，柔軟な専門化仮説と結び付いた「おめでたい」楽観主義を批判し，潜在的な「影の側面」を指摘した（☞ 5.4 埋め込み）。とくに，労働の柔軟化は，パートタイム（人材派遣業者を通じた）業務委託，自営業者の活用を増加させ（Peck and Theodore 1998），その結果として労働組合を衰退させることによって，ほぼ間違いなく職業安定を悪化させてきている（Rutherford and Gertler 2002）（☞ 1.1 労働）。

ガートラー (Gertler 1988; 1989) とショーエンバーガー (Schoenberger 1988; 1989) の論争は当時の柔軟な専門化に関する議論の活発さをよく表している。こうした著者たちは柔軟な専門化の概念を，概念的な明晰さ，予測力，地理的プロセスの説明力などの点から精査した。ショーエンバーガーはフォーディズム終焉の背景にある地理的ダイナミクスを強調し，フォーディズムの中核に西ヨーロッパを含めることを提言した。そうすることで彼女は，フォーディズムはその中核において，有望な競争戦略のさらなる展開の妨げになる寡占的な秩序の維持にいかに依存していたかを論証した。

ガートラーはポストフォーディズムの概念の妥当性，そして，いわゆるフォーディズムの終焉というものが，生産に関わる過去の実践と地理の明確な断絶を表すものか否かということに疑問を呈した。ガートラーの見方によれば，柔軟な専門化は緊密で協同的な企業間関係を必要とするだけでなく，新たな能力開発の過程を通じて労働者への依存が増大し得るものでもある。彼はまた，下請利用や労働者の柔軟な使用のような柔軟な制度設定はいわゆるポストフォーディズムの到来より前から存在していたということを我々に気づかせてもくれた。

リーン生産方式

ウォマックら (Womac *et al*. 1990) は新たな生産様式に関する議論に，それまでとは別の経験的に得られた側面を追加した。彼らは日本のトヨタ自動車に関する研究を通じ，一つの企業の成功がリーン生産方式（贅肉を削ぎ落した生産方式）に大きく帰せられることを示した。別の面ではトヨタ自動車はジャストインタイム (JIT) 生産でも知られるが，特定モデルの大量生産を重視するよりも，種々のモデルの小ロット生産というやり方をとった。そのことはまた，費用がかさみ空間を浪費する在庫を徹底的に削減することによって経営リスクをも極小化した。トヨタ自動車は，さらに労働過程も単能工から多能工に置き換えて再組織化した。最終的に労働者間のチームワークを強化し，製品の所有者という意識を与え，究極的には欠陥が生じないまでに貢献した。

リーン生産方式は単一の組立ラインでの，多様なモデルの組立とオプション部品の組み付けを可能にさせた（自動車製造の例ではあるが）。その結果，不確実でかつすぐに需要を変化させる経済環境において，ニッチ市場へ向けてカスタム化が求められる製品に適応するようになった。小ロット生産は，供給押し出し型モデルに対して，需要牽引型モデルを採用することによって経営リスクを最小化する。小ロット生産では部品がジャストインタイムで配送されなければならないため，サプライヤーとの緊密な協同が必要とされる。さらには労働者の著しい関与が必要とされ，労働者が長期にわたる訓練への参加に積極的であることも求められる。このモデルは後に広く採用され，

自動車生産のみならず，パソコンのような他の製品の生産においても世界標準になったのではあるが，硬直化したフォード的生産様式に，それとは異なった柔軟性を取り込むことは1960年代においては革命的だったのである．

ポストフォーディズム論を越えて

レギュラシオン理論や柔軟的専門化に象徴される産業組織の新たな形態をめぐる議論は，それらが有する歴史的意義のみならず経済地理学の方向性への影響という点でも重要である．当時 *Economic Geography* 誌で発表された論文が指摘するように，斯学の焦点は伝統的な都市経済のトピックス（例えば輸送アクセシビリティの問題や大都市圏の構造など）から，徐々に産業や企業の地理へと移っていった．企業の地理学（企業の研究，そのほとんどは製造業，とりわけハイテク産業である）や産業組織の地理学は1980年代のほとんどや1990年代前半にわたって斯学を支配していた．フォーディズム／ポストフォーディズムのフレームワークは依然として強く通用しているのだが，柔軟性がなく二元論的である，企業内あるいはクラスター内の組織的動態の分析と傾倒している，先進工業経済へほぼ排他的に焦点が当てられることで制約的である，などとして批判されてきた．

もし，最も競争力のある産業組織としてのフォーディズムの終焉に対する意見の一致がないとすれば，ポストフォーディズムの現在の性質や状態に関して研究者の見解はほとんど一致しないだろう．今日のポストフォーディズムに関する我々の理解はフランスのレギュラシオン理論のみならず，柔軟な専門化やリーン生産の唱道者によっても議論された産業組織の諸局面を合体させたものとなっている．

KEY POINTS
- フランスのレギュラシオン理論は作業現場におけるミクロレベルの慣習とマクロ経済学の潮流をまとめ上げた高度な概念のフレームワークとして開発された．
- ピオリとセーブルはそうした考察を拡張し，ポストフォーディズムが「柔軟な専門化」として知られる生産システムによって席巻されるだろうと提起した．
- しかしながら，ポストフォーディズムの特徴と考えられる生産体制やその地理的帰結に関する一致した見解は現在のところ存在しない．

FURTHER READING
レギュラシオン理論に関する包括的な概観は Boyer (1990 [1986]) を参照のこと．また、Dunford (1990) と Jessop (1990b) もそれぞれレギュラシオン理論の概論を示している．

第4章
グローバル経済地理

　経済地理学者はグローバルスケールでの経済的プロセスをいかに概念化しているのだろうか。本章では、焦点はローカルや地域の概念からグローバルな経済地理の分析に不可欠な重要概念へと移る。

　経済地理学者はグローバル化に関する議論にどのような形で携わっているのだろうか。経済地理学者が一般化可能な理論に加えて特定の文脈とかかわっていくために、そのアプローチは必然的に多面的なものになっている。まず、「中心と周辺」の節では、とくに従属理論や世界システム論を中心にマルクス主義的な思考に重きを置いて描いていく。これらは、いかにしてグローバル規模での不均等経済発展が先進国（つまり中心）、新興国（つまり半周辺）、貧困国（つまり周辺）間の政治と経済の関係と多少なりとも結び付いて持続しているかを説明するものである。中心経済は、植民地化や帝国主義、より最近では新自由主義や情報資本主義を通じて、周辺・半周辺国との不均等な構造的関係を築いてきた。こうした関係は中心が剰余価値を引き出し、世界経済における優越を維持することを可能にさせ、その一方で周辺や半周辺が世界システムにおける自国の経済上・地政学上の地位を改善することを困難にさせている。

　次に、「グローバル化」の節では経済のグローバル化の3つの側面に焦点を当てる。まずはオフショアリングやアウトソーシングなど、多様な形で運営され、新国際分業（NIDL）へと帰着する多国籍企業の役割について触れる。続いてグローバル化の相互連結や均質化の傾向が、局地化された場所に特有の知識、政府の主体、文化的嗜好・伝統といった諸要素によっていかに制限されているかについて議論する。最後にグローバルの下でのスケールの概念について問題にする。スケールについての伝統的な観点（つまりローカルスケール、地域スケール、国家スケール、グローバルスケール）が、地域発展や世界経済変化の双方の分析において有効性を失っているということについて探求していく。

　続いて、「資本の循環」の節では不均等発展に関するマルクスの解釈を再考するが、焦点は諸資源（商品や貨幣など）のフローがいかに諸都市、諸地域、グローバル経済の間での相互作用を形づくっているか、に当てられる。同節はマルクスのいう貨幣資本、生産資本、商品資本といった3つの資本フローの第一次循環に関する記述から始まり、こうした循環がどのような形で，資本家が労働からの剰余価値の絶え間なき搾取を確実にする手助けとなっているかを解説する。そしてこの根拠は、資本循環と都市および地域発展過程を結び付けたデヴィッド・ハーヴェイによる影響力の強い著書『資本の限界』を通じて拡張された。ハーヴェイの研究は、対内投資の源泉として、また、局地的に生み出せされた利潤の分配のはけ口として供されるグローバルな資本循環によっていかに地域発展の結果が影響されるかを理解するためのフレーム

ワークを提供した。

　最後に「グローバル価値連鎖 (GVC・Global Value Chain)」の節では、部品サプライヤー、製造業者・加工業者、小売業者、消費者とを結び付けている超国家的サプライチェーンを通じてグローバルな経済地理を考察する。経済社会学者や世界システム論者によって最初に展開されたグローバル商品連鎖 (GCC・Global Commodity Chain) の概念から始め、同節では GVC 研究の進化を明らかにする。とくに重要視するのは価値連鎖の関係性における 2 つの重要概念――ガバナンスとアップグレード である。ガバナンスとは、買い手と生産者がサプライチェーンの関係性を組織し、費用を削減し収益を極大化することを目的として下層の供給者を統制する上で不可欠な手段を供給する。アップグレードとは、下層の供給者が製品の価値を増大させるイノベーションを通じて GVC における自らの地位を改良したり、事業の効率を改善したり、新たな役割（例えばデザインやマーケティングなど）を果たしたりする可能性に言及するものである。本節を締め括るのは、GVC のガバナンスにおいて徐々に重要性を増す国際基準（例えば品質保証に関する ISO9000 など）の役割に関する議論、局地化された現象（クラスターや制度など）がどのように価値連鎖の統合の可能性と重要性を形作っているかということに関する経済地理学者からの洞察である。

4.1 中心・周辺

 なぜ他の地域や国家が連続的な豊かさを手に入れより強力になっても，ある地域や国家が依然として慢性的な貧困状態のままであるのだろうか。なぜ過去1世紀で不平等は拡大してしまい，発展途上諸国がその経済を堅調に成長させ，より産業化させることが難しいのだろうか。こうした疑問に対し，中心・周辺概念は，国家経済や地域経済が他の場所や地域との一定程度の関係性を通じていかに発展していくのかを理解するためのフレームワークを提供することで応えている。そうした中でこの概念は世界経済の中で「持てる」場所（中心）と「持たざる」場所（周辺）がなぜ存在するかを説明する上で役立つ。経済地理学者は，ラディカル政治経済学の発想の援用によってこうした概念を拡張させて，中心（先進工業）国と周辺（開発途上）国の間の構造的不平等が時間とともにいかにして展開し，維持されてきたかを説明してきた。

従属理論，世界システム論と中心・周辺概念

 中心と周辺が存在するという発想はまず，世界経済の中で歴史的・政治的諸力がいかにして不平等をつくりだしてきたかの解釈に関心を払ってきたラディカル政治経済学の研究に由来している（つまりこのアプローチは階級関係や不均等発展に関わる古典的なマルクス主義理論によってもたらされた）。この潮流の研究は1950年代と1960年代に経済成長と近代化に関する主流派理論，とりわけウォルト・ロストウの成果への批判を通じて始まった。ロストウ（Rostow 1960）は自由民主主義の原理に忠実で，自由市場体制を育成しているすべての国は経済成長の5つの段階を経て独立的に発展していくだろうと主張した[1]。ラディカル派の研究者たちはロストウのモデルを，途上国に対する植民地主義や帝国主義，現代の地政学的諸関係を無視しているとして，異議を唱えた。従属理論や世界システム論が生まれたのは，こうした関心や批判によるものであった。

 主流派開発理論への従属理論論者の批判は，いかにして剰余価値が移転し，不平等な交換がかつて植民地化された国々（つまり周辺）と植民地の旧宗主国（つまり中心）の関係を組み立てているのか，という説明に集中していた。Baran (1957)は南米やその他の周辺地域（アフリカや南アジアなど）の植民地経験は，旧植民地において富裕層（中産階級〈ブルジョワジー〉）から貧困層（小作農）まで構造的に分離した極端なレベルの不平等を生み出したと主張した。この不均等によって，富裕層は小作農のために社会条件や労働条件

を改善することへのインセンティブや興味をもたなくなった．こうした社会的投資の欠如が低賃金を持続させ，中心の輸出市場において商品を安価に抑え，周辺の至る所の工場，プランテーション，森林，鉱山を所有する地元の富裕層や外国人投資家へと超過利潤を継続的に移転させている[2]．このような現実を所与とし，資本主義システムは大都市発展を遂げた諸国（中心）とサテライト経済（周辺）を結び付けて中心に対して周辺を永続的に不利な立場にしている（Frank 1966）．

エマニュエル（Emmanuel 1972）はこうした考え方を拡張し，中心と周辺の間の不平等な交換が主に賃金格差を原動力にしていると主張した．中心諸国の工場労働者は，組合への組織化が進行し労働需要に対して供給不足なため，未熟練労働力の過剰さと抑圧的な政治システムが労働者階級を無力化し続けている周辺経済の労働力よりも高賃金を要求し受け取ることができる．周辺諸国では植民地政策やポスト植民地政策によっても労働条件が悪化した．植民地主義的な政策は，プランテーション型農業や大規模な天然資源抽出産業を推進するとともに，労働者のほとんどが男性でフォーマルセクターで雇用されるような経済発展の「島」の形成を促した（Taylor and Flint 2000）．女性や子供が住む家族が別々に暮らしているために社会的再生産（つまり子供を作り育てる活動）の費用は，夫からの送金や自給自足農業によって生活している農村地域に外部化されている．図 4.1.1 が説明するように，周辺における男性労働者の低賃金は社会的再生産過程の外部化と結び付き，「半プロレタリア階級」世帯をつくりだし，中心経済の労働者や資本家が安価な消費財と高い利潤という形態での剰余の移転を享受することを可能にしている[3]．

世界システム論は従属理論によって着想が与えられ，世界経済における「地理的全体」のパースペクティブを提示した．ウォーラーステイン（Wallerstain 1974）は，経済力および政治力の不均等な分配がどのようにして時間と空間を越えて進化したのかを説明する手法として初めて世界システム論を展開した．彼の主要な主張によれば彼が

---

1) ロストウの経済発展モデルはすべての国々が—その歴史や現代の資源事情に関わらず—自由主義的経済・政治的な方策によって効果的に近代化し得ると仮定している．彼は5段階からなる経済発展の「はしご」をモデル化した．①伝統的社会，②離陸先行期，③離陸期（テイクオフ），④成熟期，⑤高度大量消費時代，の5段階である．このモデルは経済・産業の進化のすべてに当てはまって，非社会主義的なフレームワークを提供するとともに，その応用においてはこのモデルの唱道者が，開発途上国はまず農産品や天然資源の輸出に焦点を当て，そしてそうした商品の販売で得た利益を，都市を基盤とする製造の拠点の設立に向けるべきだと主張した．
2) この点についての好事例は，リベリアにおける1億エーカーもの土地面積のファイアストン（現在は日本のブリヂストンの子会社）の天然ゴム・プランテーションが挙げられる．これは，合衆国政府からの強烈な外交圧力によって1927年にリベリア政府から極端に安く手に入れたものである（Fage et al. 1986）．
3) しかしながら重要なのは，不平等な交換の利益は主として中心経済の白人男性労働者しか利用できないということである．女性やエスニック・マイノリティは伝統的にこのシステムに利用され周辺的位置にいるにとどまる．こうした構造的不平等は今日でも存続している（☞5.2 ジェンダー，5.3 制度）．

4.1 中心・周辺　95

中核諸国のプロレタリア（労働者階級）世帯

- 大量消費を支え、一方の親が自宅で過ごすことを可能とするために、フォーマルセクターの賃金は周辺諸国よりも高い．
- 同一家庭内で行われる核家族（父と母）の社会的再生産が、福祉プログラムと労働者の給付金を通じて助成される．

周辺諸国からの安価な製品の流動

周辺諸国のエリートが消費する高価な製品

周辺諸国の半プロレタリア世帯

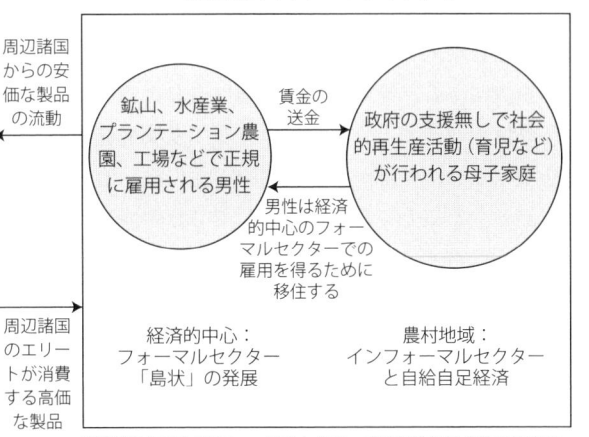

鉱山、水産業、プランテーション農園、工場などで正規に雇用される男性

賃金の送金

政府の支援無しで社会的再生産活動（育児など）が行われる母子家庭

男性は経済的中心のフォーマルセクターでの雇用を得るために移住する

経済的中心：フォーマルセクター「島状」の発展

農村地域：インフォーマルセクターと自給自足経済

周辺諸国におけるフォーマルセクターの低賃金は社会的再生産の費用が農村コミュニティに外部化されることによって支えられている．そのようなコミュニティでは国家負担の社会福祉サービスを享受できない．

図 4.1.1 中心・周辺における不平等交換と世帯
Taylor and Flint（2000）に加筆．

「世界経済」と呼んだ現代の世界システムは帝国の権力や軍事力を通じてグローバル化したのではなく，中心と周辺の間での剰余価値の移転や不平等な交換として現れる資本主義的な諸力を通じてグローバル化したのである（Hall 2000）．

　こうした不平等な関係についてのウォーラーステインの分析は中心国，周辺国，半周辺国という形で世界システム論に国家間の階層性の展開を導いた（Hall 2000）．中心，周辺，半周辺という用語はその提唱以来，多様な意味に解釈されたが，今日ではそれぞれの経済類型の一般的特性に関するコンセンサスが得られている．中心経済（例えばヨーロッパや日本，合衆国）は実力のある国家政府，強力な中間階級_{ブルジョアジー}，多くの労働者階級_{プロレタリアート}によって支えられた先進的な産業活動や生産者向けサービスを原動力としている．周辺経済（例えばアフリカや南アジア，ラテンアメリカ）は天然資源の抽出か商品作物の栽培によって牽引されており，政府は弱く，中産階級も少なく，非熟練労働者や小作農である多くの貧困層が存在している．半周辺経済（例えば南アフリカ共和国や中国，インド，ブラジルといった新興経済）は中心と周辺の間に位置して，近代産業や都市を有する一方で多くの小作農や大規模なインフォーマル経済といった周辺的な属性をも維持している．

世界システム論の意義は，このような3類型への区分にあるのではなく，富裕国と貧困国の間での不平等な資源流動がいかにして持続しているのか，周辺国が中心国に対して国力を増大させることがなぜそれほどまでに難しいのか，といったことを説明している点にある。国民国家の階層性におけるある国の地位を改善することは可能だが，それは，政治家と資本家が協力して産業発展戦略を打ち立てることによって，生産性を増大させ，外部からの資本を引き付け，他国に対する競争優位を生み出す場合のみ可能となることである。こうしたことを成功に至らせるのは決して容易い仕事ではなく，中心経済と周辺経済とが短期的な経済需要と，人的資本（つまり教育や訓練）や社会福祉，技術，物理的インフラといった長期的投資とのバランスを絶えず維持させる挑戦が必要である（Straussfogel 1997）。その上，経済循環（例えばコンドラツェフ波動など）は，周期的な下落局面を通じて中心と周辺の階層性を作り上げることに重要な役割を果たしているのであるが，このことが，既存の力関係に挑み，新たな「中心」が台頭する機会を生み出しうる。例えば，2008年から2010年の景気後退局面には，中国が半周辺から次世代の世界的超大国となるべく台頭してくるのか，という興味深い疑問が生じてきた（Arrighi 2007）。確かに，中国経済は近年，劇的な産業化を遂げてきたにもかかわらず，その産業化の能力の大部分は中心経済（とりわけ合衆国）の消費者に左右されてきている。このことが示すように，グローバルな階層性の中でのある国の地位を改善する際にその国がもつ能力とは，他国の行動や他国が直面している状況に大きく依存しているものなのである。

近年における中心・周辺概念の適用

中心・周辺研究では，近年，4系統の研究が強調されてきている。半周辺経済に関する研究，新自由主義的な形態でのグローバル化に対する批判，国際的情報格差の分析，天然資源に恵まれた周辺地域についての研究の4領域である。このうち第1の領域では，世界システムの中で半周辺経済が直面している特有の機会や開発課題に焦点が当てられている。Gwyne *et al.* (2003)は，新興経済群と呼ばれている半周辺諸国が世界の3地域——中央及び東ヨーロッパとロシア，ラテンアメリカとカリブ海地域，アジア・太平洋地域——の内部でどのように発展しているかを分析している。その中でGwyneらはこれらの経済・地域の歴史的・地理的発展について詳述し，そうした経済・地域がいかにオルタナティブで独特な資本主義の多様性を示しているかを説明した（☞1.3 国家）。

中心・周辺研究の第2の領域は，世界経済の中での構造的不平等の維持・再生産における新自由主義的なイデオロギーと政策の役割に光を当てている。新自由主義的政

策の支持者は，より自由な市場，有効な私的所有権，産業規制の緩和，輸出主導型の工業化が経済発展に最も効果的な戦略だと主張する（World Bank 1993; Williamson 2004）。新自由主義への批判は数多くあるが，大半の論者が合意することは，新自由主義的政策が先進的な産業地域に有利であって，グローバルな中心・周辺間でに表出する空間的不平等を持続させているということである（Klak 1998; Harvey 2006）。例えば，Arrighi (2002)はアフリカのサブサハラにおける独立後の開発史を分析し，中心経済が1970年代の経済危機を契機に資本フローが中心経済へ再び向くようにグローバル経済政策と諸制度をいかにつくり変え，その一方でアフリカ経済が開発プログラムの着手に必要な資本にいかに飢えていたかを示した。

　第3の領域は，中心と周辺の関係性を形作る情報技術（IT）の役割と関連している。カステル（Castells 1996; 1998）のグローバル化研究の発展の上に，経済地理学者はいくつかの地域やコミュニティ（例えばサブサハラ・アフリカや合衆国の貧しいインナーシティなど）がなぜ新世代の情報資本主義から利益を得ることができないのかを検討した（☞ 6.1 知識経済）。研究は，情報格差ないしは情報技術（IT）およびITが可能とした活動の不均等分布が，デジタル情報へのアクセスという点で中心と周辺をいかに生み出すのかという点を示した。例えば，Kellerman (2002)は，特定の国がITの生産と利用に関しての卓越性をいかに生じさせるのかを示し，Gilbert *et al.* (2008)は，コミュニティ内に存在する社会的情報格差を検討し，貧困層のITへのアクセスが制約されていることを明らかにした。

　第4の研究領域で取り組まれてきたことは，資源の豊富な地域がしばしば資源の乏しい地域よりも低開発状態のままであるのはなぜか，ということの理解である。この研究から発見された手がかりは，資源の呪いあるいは資源中毒が，経済の多様化やイノベーション，社会的流動化（例えば土地の権利や労働者の権利など）を妨げるといった構造的要素を通じて，発展を阻害し資源の豊富な地域を絶えず周辺的な地位に押しとどめ得るという見解である（Freudenburg 1992; Auty 1993）。地域がそうした要因や諸力を通じて周辺資源地域となってしまい「抑圧」されているとき，中心経済によるエネルギーや農産物，原料の消費に極度に依存することになってしまうのである。Rosser (2007)によるインドネシアの経済開発に関する研究が論証するように，周辺の地位は資源の豊富な国すべてにとって避けられないものではなく，正しい政策決定や正しい外的な政治・経済条件を通じて回避することができる。インドネシアの事例では，冷戦下における戦略的な位置取りや日本への近接性が1970年代と1980年代における同国の高い経済成長率を促すこととなった。つまるところ，周辺資源国は世界経済において鍵となる役割を果たしており，こうした地域の理解を深めることは，経済地理学

者にとって経済のグローバル化の動態やその帰結を完全に理解する一助になるだろう（Hayter et al. 2003）。

KEY POINTS
- 中心とは先進的な産業地域であり、一般的に農業や天然資源の抽出または労働集約型工業や低付加価値工業に依存した経済を持つ周辺地域に対しての比較優位を維持することができる．半周辺国（例えばブラジルや中国、インド、南アフリカなど）は中心経済の特徴と周辺経済の特徴をそれぞれ幾分かもっている．
- 従属理論や世界システム論の研究者は中心と周辺の関係性について、中心経済における旧宗主国と周辺におけるかつての植民地を結び付けた不平等交換の歴史的産物としてみている．
- 経済地理学者は中心・周辺概念を、中国やインド、ブラジルといった新興経済群の研究、新自由主義的な経済政策の動態と帰結、経済開発における IT の役割、天然資源依存型経済が直面している課題へと適用している．

FURTHER READING
Makki (2004) は南側世界の開発介入の歴史について分析し、現代の「グローバル新自由主義」が中心と周辺の不平等を再生産し深刻化させ続けるだろうと主張している．また、半周辺経済である中国とニュージーランドの独特な経験の分析については Barton et al. (2007) を参照のこと．Pain (2008) はシティ・オブ・ロンドンとイングランド南東地域とを結び付けて中心と周辺の関係性を検討している．Terlouw (2009) は世界システムの観点を通じてオランダとドイツ北西部における歴史的発展について詳述している．

4.2 グローバル化

　経済のグローバル化は，世界経済における市場の地理的分散，生産活動の機能的統合，人々や場所の間で増大する相互結合や相互依存によって牽引されている。1980年代以降，グローバル化概念に関する一般向けの書物はもはやありふれたものとなってしまったが，概していえば現代のグローバル化のダイナミクス，それが有する意義，それがもたらした結果を積極的に受け止める見方（トーマス・フリードマン Friedman 2005 など），否定的に受け止める見方（スティグリッツ Stiglitz 2002 など）の双方が示されている。アカデミックな世界において，グローバル化の分析は経済学（Bhagwati 2004 など），政治学（Held and McGrew 2007 など），社会学（Sklar 2002 など），文化論的研究（Appadurai 1996 など）といった多様な学問領域を含んだものから成り立っている。経済地理学者が取り組んできたことは，場所や地域がグローバル化にいかに影響し，そしていかに影響されているかを究明する上で，ローカルスケールの環境，そして，諸経済との空間的結合が，いかに重要な役割を果たしているかという点にある（Kelly 1999; Bridge 2002; Dicken 2004）。本概念については適用の幅が多岐にわたっているため，こうした貢献の一部については本書の他の章節で紹介している（☞ 1.1 労働，6.3 消費，6.1 知識経済，6.2 経済の金融化）。本節で強調しているのはグローバル化の経済地理において中心となる以下の3つのテーマである。つまりグローバル化における多国籍企業の役割と新国際分業，経済のグローバル化に限界が存在する理由，グローバル化が地理学者に突きつけた空間スケールの概念の再考，という3点である。

多国籍企業と新国際分業

　1970 年代中頃においてグローバル規模での経済危機が残存するなか，研究者たちは産業立地や大企業の戦略・構造における重大な変化を観察し始めた。ハイマー（Hymer 1976）とフレーベル（Fröbel et al. 1978）は，多国籍企業が，その国が原料供給者か工業製品の製造者かといったことに単純に基づいた比較優位の状況，すなわち古典的な（つまりリカード的な）分業とは異なった方法で世界経済を再編成していると主張した。こうした新時代のグローバル資本主義において，工業生産活動が先進工業経済から開発途上国へシフトするにつれて新国際分業が姿を現した。かかる変化の中心に位置するものは，多国籍企業による投入調達の複数国化の戦略であり，多国籍企業は多くの場所へ生産を分散させ，生産システムにおける費用効率を著しく上昇させた。このよう

な生産の空間的再編成は物流イノベーション（例えばコンテナ化など）や情報技術（IT）の発展，世界金融システムの構造変化によって可能となった部分がある（Taylor and Thrift 1982; Castells 1996）。

　生産活動のグローバル規模での調整は，大きく分けてオフショアリング（生産移管），アウトソーシング（外部調達），OEM 生産（相手先ブランド名製造）の 3 つの過程に分類できる。生産移管とは直接的管理を維持しながらも，生産コストを削減させるために企業が生産設備を国外に移転させることで生ずる。ヴァーノン（Vernon 1966）のプロダクトサイクル論はある製品の製造場所がなぜ工業経済国から途上国へと移るのかを説明した。この変化は，その製品が研究開発（R&D）強化の段階（高度技能労働者を必要とする）を離れ，競争が（少数の競争者による）製品の差異化に基づくものから，（多数の競争者による）価格差に基づいたものへと変質したときに生ずる。生産費用削減の必要性は多国籍企業を大量生産体制の構築と賃金率のより低い発展途上国への新工場の立地選好へと向かわせる。

　アウトソーシング（外部調達）はしばしば下請けと置き換えられて使われる。アウトソーシングは企業が従来自社内で行っていた生産やサービスを外部化することを言う（例えば自社が所有・管理するトラックの代わりに第三者による物流サービスを使用する場合など）。一方，下請けは階層的組織の中で行われるもので，そこでは特定の業務が外部企業によって行われる（例えば中小企業がナットやボルトをトヨタ自動車に供給する場合など）。アウトソーシングは一般的に企業がコアコンピタンス（中核能力）に経営資源を集中させることを可能にする一方，下請けは複雑であり，専門的な部品やサービスの必要，下請先での範囲の経済を通じた費用削減実現への要求，あるいはまた，中心となる企業の生産能力上昇への断続的もしくは季節的な必要性が原動力となっている。アウトソーシング／下請けは一国内で行うことが可能であるが，これらの用語は徐々に，多国籍企業が財・サービスの生産のために外国企業と契約することを言及する際にも使用されるようになってきている（Dicken 2007）。より直接的な資本投資と経営投資が必要とされる生産移管と比べ，国際的なアウトソーシング／下請けは，工場経営に関係する費用やリスクを多少なりとも外部化させることによって多国籍企業の柔軟性を強めることができる。

　OEM とは他のブランド力のある卸売業者や小売業者によって消費市場で販売される製品の製造契約を結んだ製造業者のことを指す。OEM は比較的無名の製造業者に新市場へ参入する機会を与え（例えば合衆国の百貨店であるシアーズのブランドの白物家電——洗濯機など——はかつて日本企業が製造しており，最近では中国企業が製造している），さらには国際的市場での買い手とのつながりを通じて技術的なアップグレードの機会，

品質や生産効率あるいは企業の機能的能力を改善するプロセスさえも提供している（☞ 4.4 グローバル価値連鎖）。ジェレフィ（Gereffi 1999）が論証するように，OEM は東アジアのアパレル生産が自らのブランドや衣料品のデザイン能力を発展させるうえで重要であった。

　要約していえば，生産移管も，アウトソーシング／下請けも，OEM も，生産システムのグローバル配置を創造し，こうした生産システムの効率的な協調は，交通・物流や金融サービス，情報技術（IT）のイノベーションによって促進されてきた。このような生産の分散は，既存の多国籍企業をいっそう効率的にするばかりでなく，（新興国発祥の）新興の多国籍企業その企業活動を国際化させ，新しい知識形態へのアクセスを獲得する機会を供給するものでもある（Tokatli 2008）。しかしながら，多国籍企業が牽引するグローバル化は，工業国，新興国の双方にとって負の結果をもたらすものでもあり得る。合衆国やヨーロッパでは，生産のグローバル化がブルーカラーとホワイトカラーの間での賃金格差を拡大させてきている（Bardhan and Howe 2001）。そして，発展途上国においては，児童就労やジェンダー差別，搾取労働といった状態が多国籍企業によるアパレル産業や繊維産業，その他の製造業のアウトソーシング活動と結び付いてきたのである（Rosen 2002）。

経済のグローバル化の制約要因

　多国籍企業や新国際分業は世界経済における場所と場所との相互連携や統合に重要な役割を果たしてきたが，多くの業務活動は依然としてアウトソーシングあるいは生産移管を行うことが難しいか困難なままである。ストーパー（Storper 1992）による製品ベースの技術学習（PBTL / Product Based Technological Learning）システム——地域に根ざした一連の知識と生産上の慣習——についての研究は，地域的な貿易の専門化が高付加価値と高品質によって主導される生産システム（例えばソフトウェア産業やエレクトロニクス産業にみられる）の地理的拡大をいかに制限しているかを示した。競争力をつけるために必要とされる知識は単一企業内での完全な内部化が困難であるため，技能・知識集約型産業の特定部門（例えば IT やバイオテクノロジーの研究開発部門など）は世界経済の各地へと容易には移転させられない。空間的近接性や産業クラスターはそうした情報や技術のニーズに対する合理的な結果であり，ある場所・地域でクラスターの能力が正常に展開しているとき，別の場所での生産の集中やキャッチアップは極めて達成されにくい（Maskell and Malmberg 1999; Scott 2006）（☞ 5.3 制度, 3.2 産業クラスター, 3.3 地域格差, 2.1 イノベーション, 5.5 ネットワーク）。

　国家もまた本国に拠点を置く多国籍企業の投資活動や貿易活動に影響を与えるこ

とでグローバル化を制約している。ディッケン（Dicken 1994）は多国籍企業が最初は自社の創業以来の文脈に埋め込まれており，この埋め込みが，国家と企業の緊張を生み出すことで企業の地理的活動範囲を制限すると論じた（☞5.4 埋め込み，1.3 国家）。2002年時点において，多国籍企業の主要100社は，売り上げ，資産，労働者のほぼ半数を本国に有したままであった（Dicken 2007）。企業が国際化された時でさえも，対外投資の地理的相手先は特定の場所や地域に集中している。例えば，合衆国の企業ではグローバル化の進捗をみせているようにみえるのだが，実際には対外投資先の圧倒的な比率がカナダに向けられているのである。多くの政府（州政府）は，多国籍企業によって生み出される税収や雇用に依存しているため，企業や雇用機会を地元に維持するべく補助金や減税，望ましい労働力供給，環境規制といったインセンティブを用いている（Yeung 1998）。こうした対立や戦略は，国家・企業間関係や制度の国際的相違と結び付いて，世界経済がより完全に統合される可能性を非常に低くしている（Jessop 1999）。

　グローバル化に対する制約要因は，我々が場所の創出や経済発展に関して文化的な視点をとる時にもまたはっきりと見えてくる。アミンとスリフト（Amin and Thrift 1993）はグローバル化というものは実際は複数の場所の間での不均質性をより大きなものへとつくりあげており，このことが今度は世界経済を形作る上で重要な役割を果たしているということを主張している。アミンらは，Appadurai（1990）に従って，グローバル経済が，ローカルスケールでの複雑な相互作用ないしは相互の乖離のいずれかをもたらす，知識，文化，人々，資金流動の場所的な差異という観点から理解できるものと考えている。これらのグローバルとローカルの相互作用の速度やスケールを所与のものとして，都市や地域は，ローカルなアクターがグローバルな流れへ接近して経済発展に積極的に貢献しやすいような，効果的な制度の発展を必要としている（Amin and Thrift 1993; Amin and Graham 1997）（☞5.3 制度）。

　最後に，経済地理学者はあらゆる場所の文化的差異を原動力としたグローバル化の重大な制約要因が存在することも論証している。例えばタイ料理であるとか，ヒップホップ・ミュージックのようにここ数十年で徐々にグローバル化してきた文化もある一方，エスニック・アイデンティティや社会的価値観，文化的伝統が依然として場所に根付いていたり埋め込まれたままにもなっていたりということもある（☞5.1 文化）。国際移民が新しい直接的な形で人々と場所をつないでいるときでさえ，移住者たちの伝統やアイデンティティはディアスポラ・コミュニティ（移民者コミュニティ）を通じてしばしば維持され再生産される（Mohan and Zack-Williams 2002）。研究が焦点を当ててきたことは，国家を超えたアイデンティティが国際移動を通じてどのように構成され

るか（Wong 2006），エスニック・ディアスポラの内部における移住者の他者との紐帯がいかにして対外投資や対外貿易の機会を創出するか（Mitchell 1995），といったことである。経済地理学者はまた，ディアスポラ的な紐帯がどのように産業のイノベーションに貢献しているか（Saxenian and Hsu 2001）や，移民者から本国のコミュニティへの資金の流入がいかにして発展途上地域への金融資本の重要な資金源を構成するか（Jones 1998; Reinert 2007），といったことについても研究課題としている。

経済地理学におけるグローバル化、国家、そして、スケールの再考

グローバル化の政治経済的含意に興味を示した地理学者たちが，地域開発における政府の役割がいかにして作り代わっているかという重要な疑問を提起している。こうした論考において鍵となる議論は次のことに集中している。それは，多国間ないし二国間の通商条約や地域経済協定のような形ではっきりと現れてきた経済調整やガバナンスの新たなあり方を，地理的スケールの多様な概念化が十分に説明しているのか否か，ということである。幅広くいうならば，こうした議論が2つの一般的アプローチ——相対化されたスケールの見方と，反スケールあるいはトポロジカルな見方——のうちのどちらか一つを強調することによって，伝統的に「コンテナ化された」スケールの概念（ローカル，ナショナル，グローバルなど）を超えた動きを探し求めてきたということである。

相対化された見方の支持者にとって，伝統的なスケールの概念は，新自由主義的な資本主義が牽引する経済のグローバル化が，グローバル経済において競争力のあるニッチを開拓するための活動の再構築やスケール設定の再考をいかに政府に強いているか，についての説明を欠いているものである（Swyngedoux 1997; Brenner 2000）。具体的にいうと，政府は産業基盤や地域経済への関与を弱めてきており，そしてその代わりに地域企業と国際市場との関係性を改善することに焦点が当てられている。こうしたスケールの再設定の過程は，「グローカル（グローバルとローカル）化」あるいは「グラーバン（グローバルとアーバン）化」した経済的関係性の発展を通じて地域成長のプロセスをつくり変える新しい調整の枠組みが創出されていることからも明らかである（Swyngedoux 1992; Jessop 1999）。例えば，Grant and Nijman（2004）は，インド政府とガーナ政府が外国投資をひきつけるために自国内の諸地域・諸都市の不均等発展をいかに効果的に実現し，それを促進してきたかを示した。地域発展が現代のグローバル化の文脈の中でいかにもたらされているかということを再検討する必要に直面しているのではあるが，それを超克して，政府がスケール再設定に払う努力を分析すれば，その社会的公正という含意に照らして重大な疑問が投げかけられるのである。とくにグ

ローバル化戦略と結び付いた政策は，外部市場や多国籍企業のニーズに有利なように取り計らうことで，階級やエスニック・アイデンティティ，またはジェンダーを基盤としたローカルな不平等を悪化させることもある（Nagar et al. 2002 など）。

対照的にスケールを時代遅れの概念ととらえ，グローバル化を世界システムと場所を関連付ける「非スカラ」的あるいはトポロジカルな関係性の一つの結果とみなす学者もいる（Castells 1996; Amin 2002; Marston et al. 2005）。この観点からは，企業や産業，経済発展は，グローバル化された知識流動・資金流動へのアクセスの程度によって左右されるものとみられる（Hess 2004）。そのため，領域的広がりをもつ国家や都市・地域ではなく，経済・金融・産業のネットワークこそが，資源の分配や場所間の相互連結・相互依存を創り出すことによってグローバル経済を組み立てていると理解されるのである。ネットワークという観点は近年，重要な影響力をもっているにもかかわらず，大半の経済地理学者はスケールや相対化したスケールの見方（例えばグローバルとローカルなど）について伝統的な考え方がグローバル化の原因や帰結の分析に依然として重要なものだと認識している（Sheppard 2002; Dicken 2004 など）（☞ 5.5 ネットワーク）。

KEY POINTS

- 経済のグローバル化は、世界経済における市場の地理的分散、生産活動の機能的統合、人々や場所と場所との相互連結や相互依存の増加を原動力として進んでいる。
- 多国籍企業による生産移管、アウトソーシング、OEM といった戦略が経済のグローバル化において重要な役割を果たしている.
- 経済地理学者は、局地化した知識・能力、政府の権力、場所に基礎を置いた文化といったものがグローバル化の背後での同質化ないし分散化の諸力の届く範囲をいかにして制約しているかを明らかにしてきた.
- グローバル化は, 地理的スケールの概念、意味、定義をめぐっての重大な議論を喚起してきた.

FURTHER READING

Wade（2004）は経済のグローバル化が不平等を縮小させているか、という経験的に豊かな分析を提供している. Cox（2008）はトーマス・フリードマンの著書『フラット化する世界』を批評し、地理的不均等発展がグローバル資本主義の不可避の帰結だと論じた. World Bank（2009 [田村訳 2008]）による『世界開発報告 <2009> 変わりつつある世界経済地理』は、貿易の自由化と投資戦略から利益を上げるべく各国の能力をつくりあげる上で経済地理的要素が果たす役割に焦点を当てている。こうした世界銀行の論理に関する分析と批評は Rigg et al.（2009）を参照のこと.

4.3 資本の循環

　資本の循環の概念は，マルクスによって明確にされ，ラディカル政治経済学の核心的な考え方として継承されている。かいつまんでいえば，この概念は，経済というものが，労働者との不平等な交換関係を通じて，資本家が富と権力を連続的に蓄積することを可能とする資本循環のシステムによって成り立っていることを説明するものである。地理学者にとっては，この概念を資本主義と空間経済の批判的理論へと拡張したデービッド・ハーヴェイの業績によって，資本循環の考え方は広く知られるようになった。その適用では，構造的な要因（すなわち資本循環システム）が都市，地域，グローバル経済の不均等発展をいかに導くのかを説明するのに役立つものである。この概念はまた，「空間的回避」を通じて資本流動を変えることによって，資本主義体制を悩ませる危機的傾向を克服するために国家や資本家がいかに懸命になるのかを，示すものでもある。地理学者はこの考え方を，グローバル金融，文化と知識の国際的な流動，労働者移動の研究へと拡張している。

マルクスと資本の循環

　もともとはマルクスの『資本論』（Marx 1967）によってもたらされた資本の循環の概念は，資本主義がいかに機能するのかといったことに対して力強い説明をもたらしている。その中核をなすのは，3つの第一次循環を通じて，場所をめぐって資本が循環するという捉え方である。3つの第一次循環とは，貨幣資本の循環，生産資本の循環，商品資本の循環である。これらの循環が資本主義システムの第一次的な土台をなし，剰余価値（不払い賃金に由来する超過利潤）が絶えず労働から搾取され，資本家の手中に入るための手段を供給する。最も重要なことは，循環システムが資本主義の再生産にとっての必要条件であるということである。

　マルクスの史的唯物論の分析は，資本主義システムの進化を描写し，信用市場，新しい生産技術，そして，普遍的に認められた形態での貨幣の発達がいかに資本家の力の増幅を可能にするのかを示し出した。使用価値の尺度としての貨幣は，マルクスの理論では社会的権力であり，空間的に移動できて広く正当性を認められるという貨幣形態の発達は，人類史上の主要なイノベーションの一つであった。厳密にいうと，商品のみの取引（物々交換）の時代においては，交換のタイミングと交換の価値は非常に釣り合いのとれたものであったのだが，このことは富や社会的権力の蓄積をある程

度まで制約していた。普遍的な貨幣形態（硬貨やドル紙幣など）の発達に伴って，交換の関係は，商品のみの取引（$C - C$）から，商品から貨幣への交換（$C - M$）ないし貨幣から商品への交換（$M - C$）という関係性へと変化した。この変化は不平等な交換の関係性にとって不可欠な前提条件を作り出した。マルクスの主要な洞察の一つは，価値を置いておく場所としての役割の貨幣を伴って，商品と貨幣の循環（$C - M - C$）は異なった商品の使用価値の間のバランスを達成するかもしれないということである。一方，もし貨幣の供給者が，ある商品の購入もしくは投資に対するリスクを引き受けて，同量の貨幣へと売り戻すのであれば，貨幣の循環（$M - C - M$）は成り立たない。換言すれば，そのようなリスクを冒すインセンティブが必要になるのであって，このことが剰余価値の搾取を通じて資本蓄積が循環システムに関わっている所以なのである。このシステムが機能するためには，資本家（M の主要な所有者であり「貯蓄者」でも

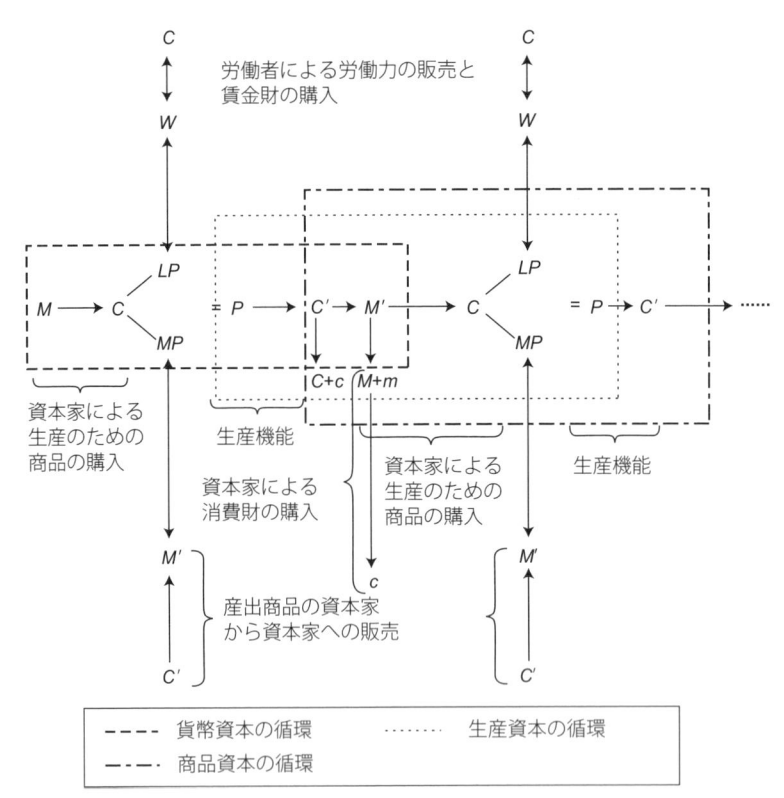

図 4.3.1 マルクスの資本循環システム

Marxian Economics by Meghnad Desai. Copyright © 1979 Meghnad Desai.
Reproduced with permission of Blackwell Publishing Ltd. through Tuttle-Mori Agency, Inc.

ある）が貨幣の循環において超過利潤を実現しなければならず，これはマルクスによれば，$M-C-M'$（$M'=M+$労働から搾取される超過利潤m）として示される。その結果が，商品資本循環 $C-M-C'$ と貨幣資本循環 $M-C-M'$ という2つの循環ないし2つの循環システムなのである。マルクスはこのような関係を3つめの循環，すなわち商品生産が実現する段階（P）へと拡大する。この不可欠なステップが，時としてこのシステムにおける資本のフローを妨げ得るものであることは彼も認識しているのである。

貨幣資本循環，生産資本循環，商品資本循環より成り立っている採取，交換，生産活動は，資本主義社会の永続的な再生産と拡大とを可能にする（図4.3.1）。貨幣資本（すなわち，資本家の力）はシステムの原動力で，そのシステムにおいて循環に不可欠な商品や固定資本（すなわち，テクノロジー，機械，工場，土地などが一体となった生産手段），労働力の購買を可能とする。貨幣はまず商品，生産手段（MP），労働力（LP）の「生産的消費」に用いられ，それらは，商品（C）を，製造され，価値の付加された商品へと転形させる。労働力は努力の見返りに賃金を受け取るが，これは賃金財（食料品や衣類などの基本的な必要物）の購入にあてられる。ここでの賃金財も，商品の循環において生産されるものである。資本家もこれらの商品を消費するのであるが，労働の搾取を通じて手に入れた超過利潤によって高価で贅沢な商品を購買することが可能となる。時間とともに，これら3つの段階ないし3つの循環は，資本主義的な蓄積の増進という目的のために，労働力と社会における物資的幸福のより平等な分配を犠牲にして，このようなプロセス自体を連続的に再生産していくものなのである。

資本の循環、不均衡発展、空間的回避

地理学者とマルクスの考えとの重要な最初の関わり合いは，デーヴィッド・ハーヴェイが資本の循環の概念を経済発展のプロセスの説明に拡大させた1970年代に由来している。ハーヴェイのランドマーク的な書物『資本の限界』（Harvey 1982）は，蓄積，剰余価値搾取，資本の循環についてのマルクスの考え方を，資本主義がいかに作用して，それがなぜ，それ自体を支えるために資本の移動性や空間的経済統合，そして不均衡発展を必要とするのかといった説明をするための理論の発展へと応用した。

資本の移動性と地理とが，都市経済，地域経済の現代的進化をいかに形づくるのかを説明するために，ハーヴェイ（Harvey 1982; 1989b）は第二次，第三次の循環をマルクスの第一次循環（すなわち，貨幣資本，商品資本，生産資本の循環）に付け加えた。これらのパラレルな2つの循環は，資本主義の過剰蓄積と減価の危機（すなわち，経済的後退とインフレの危機）へと向かう資本主義の傾向性によって必要とされ，そのような危機

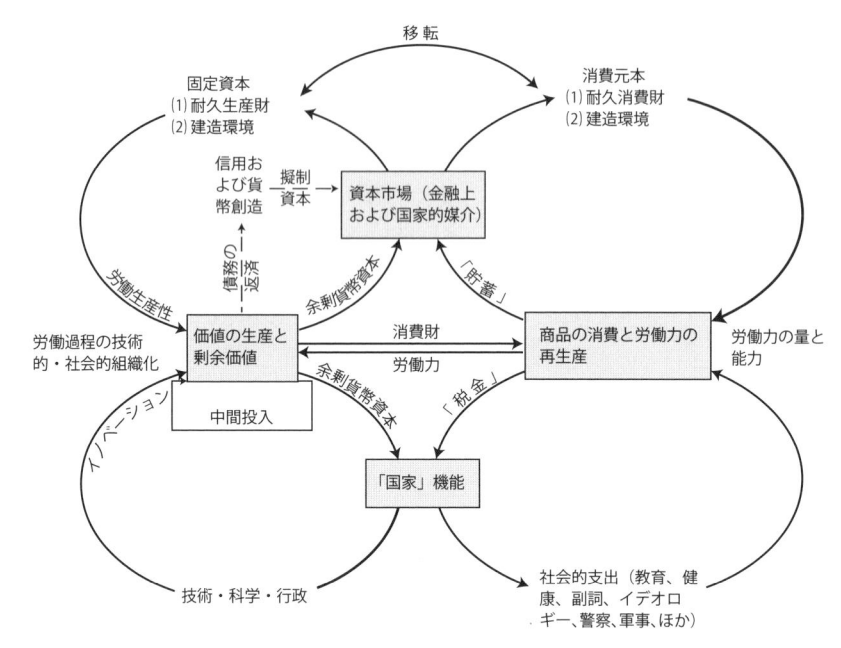

図 4.3.2 ハーヴェイの資本循環の枠組み

The Limits to Capital by David Harvey. Copyright©1982 David Harvey. Reproduced with permission of Blackwell Publishing Ltd. through Tuttle-Mori Agency, Inc.

を防ぐ目的で第一次循環から得られる超過利潤を転換ないし「スイッチング」する手段となるのである。その上，これらの第二次，第三次の循環は国家や民間部門のアクターが将来の生産手段や労働の社会的再生産への継続的な投資を可能とするのである（図4.3.2）。

　第二次循環は，国家によって調整されるものではあるが，民間部門のアクターによって制御されるもので，第一次循環が金融市場や固定資本，建造環境（道路，スタジアム，オフィスビルなど）へ転換される際の重要な機構になっている。この循環は，消費元本も含んでおり，商品の消費に必要なインフラや耐久消費財への効果的な投資を確実なものにしている（ショッピングモール，レンジ，冷蔵庫など）。金融・投資市場が第二次循環の中心に位置し，これらは資本が将来的な生産や利潤の見込みに対して投資できるような一つのシステムを供給する。これはマルクスやハーヴェイが資本の擬制的形態と呼んだところのものである（☞ **6.2 経済の金融化**）。

　第三次循環，これは科学技術研究や社会的支出（ヘルスケア，教育，安全，福祉計画など）に対する超過利潤や税金の移転であり，公共財（防衛施設など）の供給，行政コストの支払い，技術的な発見やイノベーションのための資金供給，技能・訓練および労

働の社会的再生産の促進といった形で，都市・地域発展において鍵をなす役割を果たすのである。国家が責任を負っているのは，余剰の資本，税金を第一次循環から上記の諸活動へといかに放出するのかという決定においてである。このように所与の形態の国家（すなわち新自由主義国家，開発国家，ケインズ主義的な福祉国家までを含んでいる）は，第三次循環における資本流動の作用，規模，範囲に対して多大な影響力を有している。

　ハーヴェイの3つの循環モデルは，一つの地域における資本フローを簡潔に描いているのであるが，これらの相互関連性の現実世界でのダイナミクスは資本フローの空間的・時間的特徴によって複雑化され（すなわち，回路構成の特定の一部分から特定の一部分へと資本がいつ，どこで移転するのかに応じて），外部の市場や場所との結び付きによって意義深く形作られ，それぞれの地域の独自の歴史的・地理的状況によって多少なりとも決定付けられるのである。その上，資本主義にとっての固有の危機という絶えざる脅威は，こうした循環が内的にも外的にも連続的に再構成される必要があるということである。すなわち，3つの循環それぞれの中でのフロー，相互間のフローを変える内部的な転形を通じて，そして，他の場所や循環と都市，地域，国との結び付きを作り変える外部的な転形を通じて再構成されるのである。これらの戦略は，資本主義の内的矛盾に関わらず，蓄積が拡大し不均衡発展が存続するように資本の広域化（トランスローカル）（域際的な拡散）および深化（ローカルな集中）をもたらす（例えば，生産は一つの社会的プロセスであるが，生産手段は私的に保有されるものであり，資本は地理的な相違から同時に利益を引き出しつつ全世界的であろうとする）（Smith 1990）（☞4.1 中心・周辺）。換言すれば，資本フローを内的に（ローカルに）もしくは外的に（他の地域・場所に向けて）向け直す「空間的回避」を通じて，システムが均衡化する傾向（すなわち過剰蓄積と減価）を絶えず遮らなければならないのである（Harvey 1982; Jessop 2000; Schoenberger 2004）。例えば，Arrighi（2002）は，合衆国政府は，グローバルな金融資本流動を自由化して外国投資家を合衆国に引きつけることで1970年代の経済危機を解決しようとしたと考えている。

　地理学者は，空間的回避が都市，地域，国にいかに用いられてきたのか非常に詳細に検討してきており，それらがいかに多くの形態をとって多様な空間的スケールで，また，空間スケールの相互間で組織されているのかを示した。都市のスケールでは，ジェントリフィケーションやニューアーバニズムのような都市発展戦略が，ローカルな資本家にグローバルな資本流動を利用する手段を供している（Harvey 1989b; Smith 2002）。ナショナルスケールでは，国家や多国籍企業がグローバルな資本フローを都市・地域経済に注ぎ直すための，一つの戦略として，製造活動のオフショアリングや輸出指向工業化政策へのシフトを通じて，国家と多国籍企業が共同して外向きの転形を活用してきた（Glassman 2001; Harvey 2001）。最後に，グローバル化は，世界経済の

機能的統合，そして超国家的な調整の増進の現れであるが，空間的回避の設計，実行，あるいはその結果を複雑にしている。なぜなら，都市や地域経済，国民国家が，それぞれの経済をより競争的に，そして資本フローを享受しやすくするべく，これまでとは違ったスケールで調整を行っているからである（Swyngedouw 1997; Jessop 2000; Brenner 2001）（☞4.2 グローバル化，3.4 ポストフォーディズム）。しかしながら，これらの「解決」は，グローバルエコノミーにおける過剰蓄積を誘発し（Hung 2008），国民経済に不安定性をもたらし（Glassman 2007），都市スケールでの構造的不均衡を再生産するかもしれない（Bartelt 1997; Wyly *et al.* 2004），といったような犠牲を払うものなのである。

応用と拡張

資本主義的危機とその空間的「回避」の理論への貢献を超えて，資本循環の分析は，特定の産業がいかに，どこで，なぜ成長するのか，商品の生産と消費の諸段階が国際的な資本フローによっていかに形づくられるのかといった理解に適用されてきた（Foot and Webber 1990; Christophers 2006）。資本循環はまた，南北戦争前後での奴隷制の史的発展と人種差別の助長を分析するためにも用いられてきた（McMichael 1991; Wilson 2005）。世界経済における貨幣の流動は，循環概念によって論じられてきた。このことはとくにオフショアバンキングの中心（ケイマン諸島やパナマなど）の研究についていうことができ，それはグローバルな競争優位をもたらす緩やかな規制的枠組みを通じて資本の大規模なフローを引きつけてきた（Robert 1995; Leyshon and Thrift 1996; Warf 2002）（☞6.2 経済の金融化）。また，諸都市，諸地域への労働力供給への貢献という点でも，本国へと還流される送金のサポートという観点でも，労働力移動が循環というフレームワークで分析されてきた（Peterson 2003; King *et al.* 2006）（☞1.1 労働）。

近年の研究は社会的・文化的関心を，資本循環概念の政治経済的な土台と結び付けようとしている（☞5.1 文化）。Hudson（2004）は，唯物論的なアプローチが，主体，社会的諸関係，そして制度化された実践がいかに，知識・商品・文化が流動し，資本の第一次，第二次，第三次の循環が実現する空間を生み出すのかを議論している。Lee（2002; 2006）は，資本循環概念はかなり限定的なものだとしている。価値というものがしばしば資本主義的な理想をいかに越えるのか，また，その多様な意味が社会的にいかに戦わされ，地理的に歴史的に埋め込まれているか（☞5.4 埋め込み）といった理解を犠牲にして，もっぱら経済的ないし資本主義的使用価値にのみ焦点があてられているとして，彼は，この概念が，経済的組織化のオルタナティブもしくは多様な形態を説明するのに適するように，より包括的でかつ場所に敏感であるべきだと提案している（例えば，通貨，交換，協同の局地的な形態，Gibson-Graham 2008）。

KEY POINTS

- マルクスは、貨幣資本循環、生産資本循環、商品資本循環の3段階で機能するシステムとして資本循環を概念化した．
- デヴィッド・ハーヴェイは資本循環の空間的局面を考慮し、資本家が蓄積された資本をインフラや産業発展、適切な労働供給の維持に必要な社会プログラムへの投資へと振り向ける異なった循環の必要を認識することによって、マルクスの考えを拡張した．
- 空間的回避は資本や国家が取り入れる戦略である。資本フローを内的もしくは外的につなぎ変えることによって資本循環を手直しして、危機の回避もしくは緩和を図ろうとする．
- 資本循環概念の近年の拡張は、産業研究、金融市場研究、労働・人口流動研究、そして、世界経済の循環・流動・価値が、いかに社会的に構築されいかに場所とその歴史に応じて特徴的に形づくられているかといった議論のなかに発見することができる．

FURTHER READING

Jones and Ward (2004) は、資本主義的危機の原因に関する理論を拡張するという目標を掲げて、ハーヴェイの『資本の限界』を再検討している．Bello (2006) は、資本のグローバルな循環が合衆国政府の新自由主義的戦略を通じて1980年代、90年代にいかに再組織化されたのか、また、それらが世界経済の、完全統合を見通しを運命付ける経済危機・金融危機をいかに生じさせたのかを検討している．

4.4 グローバル価値連鎖

　グローバル価値連鎖（Global Value Chain: GVC）は，先進国の製造者・消費者と途上国を基盤とする生産者とを結び付けるサプライチェーンがいかに多国籍ネットワークを通じて支配されているのかということを説明するものである。グローバルな商品と価値の流動の地図化を越えて，GVC は，先進工業経済を基盤とする多国籍企業がなぜ力を残しているのかということを説明する。このことは途上国のサプライヤー企業が価値連鎖の階層のなかで自らの地位を向上させる際に大きな困難を伴っていることからも明らかである。近年の研究は，グローバル化した製品スタンダードや製品認証の図式がいかに価値連鎖の構造をつくりだしているのかということに焦点がおかれている。一部の経済地理学者は，GVC の枠組みを用いた，より場所や地域にセンシティブな分析を発展させようとしてきた。

グローバル商品連鎖からグローバル価値連鎖へ

　世界システム論（☞ 4.1 中心・周辺）に起源をもつ商品連鎖という用語は，世界経済の拡張と収縮といういくつかの時期を通じて，グローバルな貿易が歴史的に空間的にいかに組織化され，進化してきたかということを記述している（すなわち，シュンペーター波動ないしコンドラチェフ波動）(Hopkins and Wallerstein 1986)。しかしながら，今日，世界システム論に言及する商品連鎖研究はほとんどなく，その概念は Gereffi and Korzeniewicz (1994) によって，より産業ないし企業中心の枠組みへと転形された。ジェレフィら（Gereffi et al. 1994: p.2）にとって，グローバル商品連鎖（Global Commodity Chain: GCC）とは，「その終端の結果が最終製品であるところの労働・生産過程のネットワーク」であり，その連鎖は，原料供給地と最終市場を結ぶ線形上に連なる結節点から成り立っている[1]。GCC 概念は新国際分業（NIDL）（☞ 4.2 グローバル化）の概念とは関係しているのではあるが異なっている。新国際分業の概念が企業内（すなわち，多国籍企業の）の諸関係に焦点を当てるのであるが，GCC の概念は国際市場における供給者と買い手を結ぶ企業間のネットワークを強調している（☞ 5.5 ネットワーク）。

　GCC は 4 つの特性，すなわち，投入・産出構造，地理的分布，ガバナンス構造，制度的フレームワークよりなっており，これらは GCC 自体の発展に必要な条件であ

---

[1] 迂回生産の拡大とは，製品を市場にもたらされるまでに必要とされる労働過程における時間と複雑性の増大を意味する．

る (Gereffi 1994; 1995)。投入・産出構造は，原料供給者を生産者や消費者と結び付ける交換関係である。これらの交換関係は，新しい主導的企業や消費市場の出現に伴って周期的に変化する地理的分布に反映している。ガバナンス構造というのは，GCC で企業がいかに相互作用するかを決定付ける，ルール，規制，権力関係である。これらは，低次層の供給者がいかにして連鎖内において自らの地位を向上させるのか否かということに影響を及ぼす点でとりわけ重要なものである。制度的フレームワークは，影響という点ではガバナンス構造と類似している。しかし，制度化されたルール，規準，規制（例えば，通商政策，製品安全基準，知的財産権規制など）のような幅広い構造的環境への言及という点においては独自性がある。これらは，企業が市場や情報へのアクセスを制御することを通じて，他の企業を下位におくことを可能とするのである（Raikes et al. 2000）。

経験的には，GCC 研究は主導企業（しばしば多国籍企業）がグローバル産業の構造化に果たす役割の強調を伴って商品連鎖の諸関係のガバナンスに主要な焦点を当ててきている。ジェレフィ（Gereffi 1994）の初期の GCC 研究の貢献は，一般的に前提とされている生産者牽引型商品連鎖とは対照的に，買い手牽引型商品連鎖としてアパレル産業を性格付けたことであった。図 4.4.1 は，それぞれのタイプの連鎖を図示している。生産者牽引型連鎖は高い参入障壁が，集約的な資本投資や先進的な製造技術（例えば，自動車産業や先進的な電子機器）の必要に帰されているような産業と関係している。主導的な製造業者（例えばトヨタ自動車）は，生産過程上での完全かつ直接的な制御力を有しており，コンポーネント・部品サプライヤーを厳しく管理している。買い手牽引型の関係性においては，ジェレフィがより一般的だと議論したのであるが，主導的企業の役割を果たす小売業者や流通業者に製造業者が従属する形態である。買い手牽引型のガバナンスは，低い参入障壁，成熟した生産技術，固定資本の必要性の低さ（例えば，アパレル，玩具，農産食料）によって性格付けられる産業に典型的である。結果として，買い手牽引型の連鎖における生産活動は，独立企業ないし農業者へのアウトソーシングが比較的容易であり，権限はブランディング，デザイン，マーケティングを制御する小売業や流通業に存している。

生産者牽引型産業と買い手牽引型産業の区別は，主導的企業が双方のタイプのガバナンスと結び付いた混成の戦略をとると曖昧になる（Raikes et. al. 2000）。こうした複雑さを認識することは，買い手牽引型連鎖と生産者牽引型連鎖という異なった種別でのより微妙な相違を提供する手段としてグローバル価値連鎖（GVC）の枠組みの発展を導くものである（Humphrey and Schmitz 2000; 2002）。Greffi et al. (2005) の議論によれば，GVC におけるガバナンスの様式は本質的には商品によって決定されるのでは

生産者牽引型商品連鎖

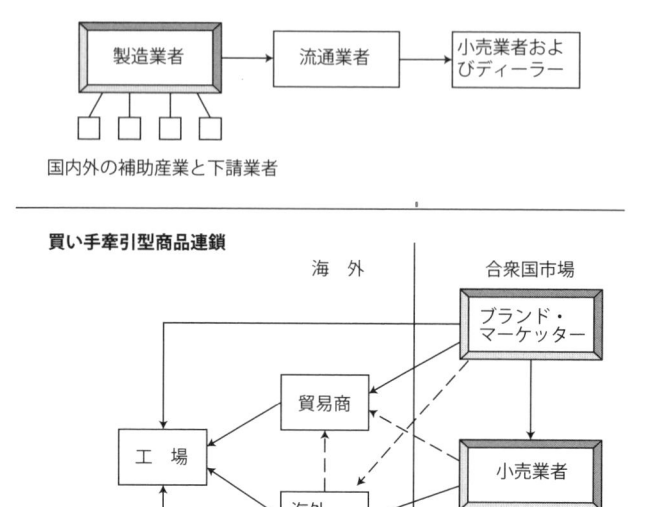

製造業者 → 流通業者 → 小売業者およびディーラー

国内外の補助産業と下請業者

買い手牽引型商品連鎖

海外 / 合衆国市場

ブランド・マーケッター、貿易商、工場、海外買付業者、小売業者、ブランド製造業者

図 4.4.1 生産者牽引型および買い手牽引型のグローバル商品連鎖についてのジェレフィの概念化

注：実線の矢印は1次的関係，破線矢印は2次的関係を示す．小売業者，ブランド販売業者，貿易商は海外の工場からのフルパッケージでの供給を必要とする．ブランド製造業者は通常は海外組立のための部品を輸出して，本国市場に向けて再輸入する．

なく，むしろ，取引の地理に現れてくる供給者・買い手の関係性の本質（例えば，取引交渉に対面接触による打ち合わせが不可欠あるか否か），高い水準での相互信頼，そして，供給者の技術的な能力によって決定付けられるものである．

Greffi *et al.* (2005) は，GVC のガバナンスの5つの様式を確認した（図 4.4.2）。ここで示されている構造のうち3つは共通して買い手牽引型（市場型，モジュラー型，関係特殊型）と結び付いており，2つは生産者牽引型産業（専属型，階層型）により特化している。まず，市場型のガバナンス形態というのは，価格が非常に重要な要素で，取引に適度な距離があり（低度の信頼），参入に必要なテクノロジーは相対的に標準化されており広く受容されるという，最も基本的なレベルのものである。買い手牽引型

の産業が主導企業とサプライヤーとのより深い相互作用を必要とする時，ガバナンスは関係特殊型ないしモジュラー型の形態をとって，主導的企業とサプライヤーは高度の信頼を伴って緊密かつ相互に依存し合う関係を発達させる。スペクトラムの対極は，専属型・階層型の GVC であるが，双方の形態とも生産者牽引型の形態で企業が生産や調達をめぐってよりタイトな統括を維持できる。専属的な価値連鎖は部品やコンポーネントのサプライヤーが主導的企業に強く依存するところに成立し，一方で，階層的な GVC とはサプライヤーが主導的企業の生産構造の中に垂直的に統合されたた形態である。しかしながら，Sturgeon *et al*. (2008) が観察する限り，ガバナンスのこれらのカテゴリーは，特定の企業，特定の産業にあてはめる際に，相互に排他的なものというわけではない。むしろ，現代の GVC は，競争力や組織的柔軟性を改良すべく，多様な戦略を通じて組織されている。

近年の GVC 研究は，価値連鎖の統合がとりわけ南側世界（グローバルサウス）においての地域発展にいかに影響するのかといったことへの理解を求めてきている。これらの研究は，ブラジルやインドの自動車産業（Humphrey 2003），インドネシアのコーヒー産業（Neilson

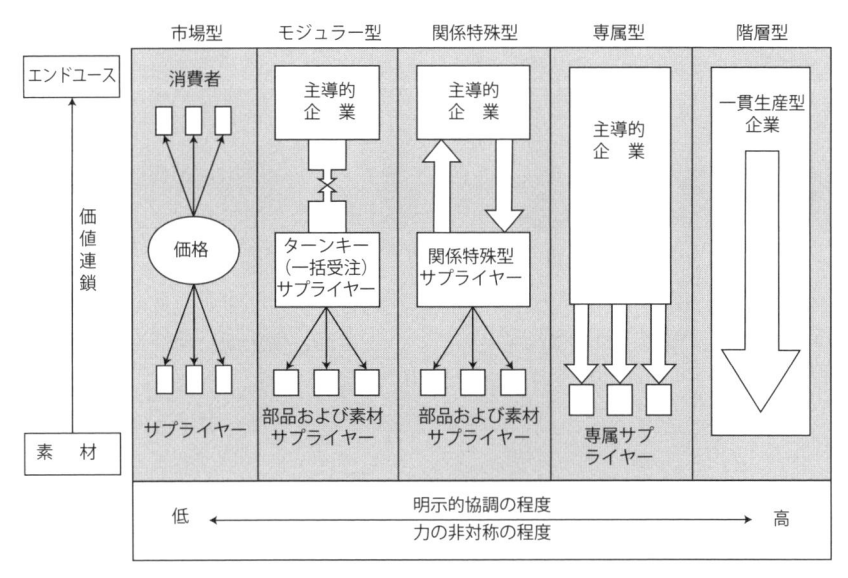

図 4.4.2 グローバル価値連鎖のガバナンスの 5 類型

Copyright © 2005 by G. Gereffi, J. Humphrey and T. Sturgeon (2005) 'The governance of global value chains', Review of international Political Economy, 12 (1), 78-104. Reproduced with permission from Taylor and Francis from STM permission guidelines c/o Copyright Clearance Center,Inc., Danvers through Tuttle-Mori Agency,Inc.,Tokyo.

2008), アフリカの食料品産業, アパレル産業 (Gibbon 2003; Ouma 2010) のように産業の幅広い領域をカバーしており, 規制の多国籍システム (ネオリベラルな経済再編, 製品標準化など) が途上国経済が GVC への紐帯を通じて利益を引き出す見通しにどのように影響しているのかを分析している。それらの発見が示すことは, GVC の統合が不確実かつ複雑な競争的プロセスで, その結果というのは問題としている商品や主導的な企業のガバナンス戦略, そして, 途上国おける政府や労働者の, 労働条件, 賃金, それらが GVC に貢献する付加価値に関してどこまで譲歩できるかということに左右されているということである (Gibbon and Ponte 2005)。

グルーバル価値連鎖におけるアップグレード

GVC 研究は, 価値連鎖の諸関係がいかにサプライヤーにその技術的能力を改善させ得るかといったことにも焦点を当てている。サプライヤーの技術的能力の変化は産業上のアップグレードとして概念化されており, ①製品の設計や品質の改良, ②生産効率・生産性の向上, ③価値連鎖における自らの役割の変化 (例えば, 部品製造業者が部品設計者になるというような), ④新たな部門や産業への多様化, といった多様な形態をとっている (Gereffi 1999, Humphrey and Schmitz 2002)。アップグレード研究が分析することは, サプライヤーが, より高い付加価値を獲得する目的でのアップグレードを通じて, GVC における技術的能力や地位の向上にいかに成功するのか, いかに失敗するのかということである。熟練技能や効率性, インフラストラクチャーを発展させる必要を越えて, アップグレードの見込みはガバナンスの形態のいかんにかかっている (Greffi et al. 2005)。ある場合においては, 主導的な企業がサプライヤーの労働に関して脱熟練化を促したり価値を下げるような技術進歩を通じてアップグレードを阻むかもしれない (例えば, ココアや綿加工産業において原材料の品質の重要性を減じるテクノロジーの出現)。また, 別のケースとしては, 安全面, 衛生面, 環境面, 労働面での規制がアップグレードに対する障壁をつくりだす場合もある (例えば, 園芸加工産業において)。その上, サプライヤーにわずかな報酬のみをもたらす見込みでの価格設定においてこそ, (例えばアパレル生産のような) 大量生産・低付加価値市場で競争することが可能になるのであり, それゆえにアップグレードが阻まれるのである (Fold 2002; Barrientos et al. 2003)。

アップグレード研究は, GVC とクラスターの結び付きがいかに製品の性能, 競争力, 地域産業や技術者集団のしたたかさを向上させ得るのかということも示してきた (Humphrey and Schmitz 2000) (☞ 3.2 産業クラスター)。例えば, Giuliani et al. (2005) は, クラスター化した産業 (例えば, 靴製造や食品加工) から仕入れを行うグルーバルなバイ

ヤーが，自らのコスト要求や品質基準に見合うように，工程および製品性能をアップグレードするようサプライヤーをいかに仕向けてきたのかを示している。しかしながら，重要なことはクラスターだけではアップグレードは困難だろうという点である（Izushi 1997; Schmitz 1999）。政府や，産業支援機関，業界関係者は，クラスター化した企業の良好なアップグレードにふさわしい制度的状況の創出を支援していかなければならない（Okada 2004）（☞ 5.3 制度）。

近年の議論と展開

経済地理学者は GVC 概念を 2 つの方向へ拡張してきた。その一つは新しい規制や品質認証システム（ISO9000 や 14001 など）が GVC の諸関係にいかなる影響をもたらすのかを理解する方向での努力である。とくに重要なことは，途上国や新興国での企業に対して生み出される GVC の参入障壁における規制上の構造へと接近する研究（Neumayer and Perkins 2005）や，フェアトレードや持続可能な発展への貢献における品質認証プログラム（FSC 認証など）の有効性を分析する研究である（☞ 6.3 消費，6.4 持続可能な発展）。これらの規制上のフレームワークに関わるサプライヤーや労働者が，より適切な価格や労働条件を期待するにも関わらず，これらは実際には達成が困難である。なぜなら，モニタリングはしばしば高コストな上，実現には諸般の問題を伴っているからである（Morris and Dunne 2004; Hilson 2008）。

第 2 の領域は，グローバル生産ネットワーク（GPN）の枠組みの発展である。経済地理学者によって発展をみた GPN の概念は，主導的な企業とサプライヤー，さらには消費者を結び付ける，線形で単一方向の垂直的な諸関係を強調する（Dicken *et al.* 2001; Henderson *et al.* 2002）。業種の発展を強調する GVC アプローチとは違って，GPN 研究は地域発展プロセスの理解のために領域的な観点をとり，生産活動の埋め込みにおける地域に特殊な性格の役割を強調する（Coe *et al.* 2004）（☞ 5.4 埋め込み）。GPN の際立った特徴は，企業間同盟を組み入れるだけではなく，企業と，環境保護グループや労働組合のような市民社会の諸組織との間での諸関係のような公と民のパートナーシップを組み入れていることを強調するところにある。これらの企業外の諸関係は，ローカル，トランス・ローカルの双方であり，「伝統的な組織上の境界」をあいまいにする付加的な複雑さをしばしば導入している（Henderson *et al.* 2002: p.445）。GPN の枠組みの経験的研究への適用は比較的新しい取り組みであり，この概念が GVC アプローチの有意義な改良に結び付くのか否か，議論が重ねられている（Coe *et al.* 2008; Sturgeon *et al.* 2008）。

KEY POINTS

- グローバル価値連鎖（GVC）概念は、新興・途上地域を基盤とするサプライヤーが、先進国にむけて製品（例えば自動車）を製造したり、小売消費財を販売する主導的な多国籍企業といかに結び付いているかを検討するために用いられる．
- GVC の研究は、多くの場合、そのガバナンス、すなわち、価値連鎖の諸関係を制御するルール・制度・慣習に焦点を当てる．主として途上国を基盤とするサプライヤーが、自らの技術的能力をアップグレードして GVC における付加価値を獲得する見通しについて検討している．
- 近年の研究は、調整システムの変化（例えば、品質認証）がいかに GVC を再構築しているのかについて分析している．また、グローバル生産ネットワーク（GPN）の概念は GVC 分析の延長として発展し、グローバルな市場統合プロセスへの場所や地域に特殊な要因を強調している．

FURTHER READING

グルーバル価値連鎖の入門的ウェブサイト（http://www.globalvaluechains.org）は、GVC に関わる有用でたいへん馴染みやすい素材を提供している．Riisgaard (2009) は東アフリカの切り花産業を調査して、労働条件のための民間の社会的基準を活用することが労働と経営主の間の関係性の質をいかに向上させるかを詳らかにしている．Hudson (2008) は、グローバル生産ネットワークの先行研究をレビューして、それが文化的政治経済の研究と関わりをもつことがベターかもしれないとしている．

第5章
経済的変化の社会・文化的文脈

　経済地理学者は現代の環境において、いかに'経済'を概念化するのだろうか。経済は経済地理学における分析の中心にあり続けているにも関わらず、経済地理学者らは、地域的なダイナミクスというものが多面的であるという認識、そして、その経済プロセスは社会的なプロセス、文化的な変質、制度上の変化と深く結び付いているという認識をますます深めている。第5章は、重要な地理的決定要因としての機能を果たすだけでなく経済の社会文化的文脈を理解するための分析的ツールにもなる主要な諸概念を含んでいる。

　文化に関する節では、経済地理学者が経済変化の文化的局面にいかに関与するかを検討する。地域格差についての節（第3章）が過去の中心的な思想的議論を表していたとするならば、文化の節は支配的な思想に相違が生じつつある現代的な領域を描き出すものである。われわれは文化の新たなる重要性をレビューする。こうした重要性はポストモダニズムやポスト構造主義の特徴や批評に加えて、学際的な「文化論的転回」によって促進されたものである。われわれはまた、グローバルな収束性、慣習、規範についての研究、そして文化経済を含む、近年の文化的に方向付けられた研究を概観する。読者は、今日の斯学において、相容れないはずのパラダイムの併存だけでなく、文化の名にもとで経済地理学者が関与したテーマにある多様性にもふれることになるだろう。

　続いて、ジェンダーという名称のもとで、経済的な機会への接近や地域的多様性をつくりだす経済的プロセスにおける変動をより深く理解するために、フェミニスト経済地理学がいかなる貢献をしてきたのかについて検討する。同節での我々の焦点は、ジェンダー、とくに労働市場のプロセスと関係したジェンダーへの注視が、経済地理学における解釈にいかに改良を施したのかということである。我々は同節を通じて、経済的リストラクチャリングやグローバル化のような経済的・地理的なプロセスにジェンダーがいかに強く関係付けられているのか、また、そのようなプロセスが今度はいかにジェンダーを形づくるかを示すことにしたい。

　制度というものは、経済的アクターを導いてそれらの行動を調整する構造的な形態（例えば、組織、ルール、行動のパターンや規範）を提供することによって、経済地理的な状況をつくりだすことにおいて中心的な役割を果たしている。グローバル資本主義の歴史的な発展は、市場や企業、財産権といった共通の制度的諸形態の進化によってもっぱら牽引されてきたのではあるが、一方でまた、これらの構造の社会的、文化的、政治的な特徴が地理的に多様であるということを認識することも重要である。制度的相違の存在は、相互に別の場所に位置する企業どうしが、取引や資本投下の関係を通じて結び付くことを困難にする。しかし同時に、このような相違こそが、諸地域にとっての競争優位性（ないし競争劣位性）の創造において中心的な役割を果たしているのである。そしてまた、地域発展やグローバル化における制度の役割につい

ての研究を越えて、経済地理学者は、ジェンダー上の差別もしくは人種差別とも関係するような諸制度が、いかに地域的・社会的不均衡の創造ないし再生産を可能にするかをも証明してきた。

埋め込みに関する節においては、我々は、経済活動の領域化におけるパーソナル・ネットワークおよび社会的ネットワークの重要な役割を示す。カール・ポランニーやマーク・グラノヴェッターの成果を最初に引き寄せて、経済地理学者は3つの主要な視点から埋め込みやその意義を研究してきた。第1に、国民経済や地域経済は、現代世界経済における資本主義の多様性をつくりだしている特徴ある文化や政治経済のなかに埋め込まれているものとして理解されている。第2に、産業的・社会的ネットワークへの経済活動の埋め込みないし固着性という捉え方は、文化、学習および知識移転プロセス、生活戦略に対する我々の理解を大幅に改良してきた。第3には、地域の停滞の原因は、場所特有の諸制度へのある種の経済的埋め込みによって部分的には説明され得る。諸制度への埋め込みが、特定の産業部門を「ロックイン」したり、経済発展についての考え方を「ロックイン」することによって、イノベーションないし進歩的な産業変化を阻む可能性があるのである。経済地理学者らは、こうした概念の建設的適用に加えて、埋め込み概念の有用性・拡張性・応用性を議論してきた。

第5節は、経済理解への何らかの新しいアプローチを説明する、ネットワークに関する章で結ばれる。ネットワークとは、経済的な諸行為主体を結び付け、資本・情報・商品の流動を促進する社会経済的構造である。1990年代以降、経済的・社会的組織の形態としてのネットワークは、経済地理学や経済社会学における中心的な分析対象であり続けてきた。ネットワークは経済的には、集積の経済やクラスターの維持、情報資本主義の促進、そして、そこにおいて金融市場、生産者サービス、輸送システム、企業機能が制御される都市階層を通じての世界経済の組織化を助けるものである。社会的にみると、人種や階級、ジェンダーなどを基盤とした個人間の関係性、相互信頼、および社会関係資本（例えば、学閥ネットワークやエスニック・ネットワークなど）は、経済活動をつくりだす役割を果たすものと認識されてきた。より、最近において、経済地理学者はミクロな社会的プロセス、そしてとくに（環境のような）人間以外の営力に関係する社会的プロセスを分析するために、アクターネットワーク理論を援用してきた。

5.1 文 化

　文化の本質は，コード化された局面と暗黙的な局面の双方を含んだ一つの知識体系である。文化は，おそらく特定の場所（「地域文化」）ないし特定の経済的行為主体（「企業文化」）と結び付いている。現代の経済地理学者にとって，文化は経済において多面的な役割を果たすものととらえられている。多面的な役割というのは，資源，賦存，要素投入，介在する変数，そして，製品やこれらがもたらす結果といった多様な局面における役割である。文化は，場所に個性をもたらし，ある場所と他の場所とを結び付ける（すなわちネットワークの）根源をなすものである。文化とは，一種の組織原理であり，意思決定の一基準でもある。

　スリフト（Thrift 2000a）によれば，文化論的転回は，多様な学問領域のなかで発生したのであるが，多様な学問領域が，「いかに文化的形態としての経済を研究するかという問題に取り組んできた（p.689）」のである。経済地理学では，「文化論的転回」はパラダイムシフトと関わっている。これは，文化研究や文化論的研究への関心が成長した結果として，1980年代後半に生じた動きである。このシフトは，認識論的なものと主題論的なものという2つの主要な構成要素を有していた。認識論的なシフトは，定量的な手法や準科学主義的なアプローチから質的手法や人文主義的アプローチへという，当時すでに進行していた経済地理学の方向転換に追随したものであった。そこでは，フェミニズムや文化地理学からくる主観性やアイデンティティに関する議論に加えて，文化論的研究や批判的／社会的理論（ポスト・モダニズムおよびポスト構造主義）から複合的な影響がもたらされていた。対照的に，主題論的なシフトは，産業競争力，制度的な有効性や地域成長の基盤としての文化的多様性の根強い意義を強調し，そして経済的立地の意思決定における文化的要素の役割を新たに際立たせている。現代の文化に関する研究は多様な他の伝統と連関しており，そしてそこには，①経済的なグローバル化の文化的な局面，②制度およびその経済発展における役割，③文化産業および文化の生産，という3つの主要な傾向が見出せる。

「文化論的転回」：認識論的議論

　フーコー（Foucault 1981）の知識体系ないし「言説」分析やデリダ（Derrida 1967）の脱構築分析のような批判的な理論は，文化論的転回の間，地理学者の研究に影響を与えた（Yapa 1998; Barnes 2001など）。とりわけ，文化に関しての経済地理学における認識

論的な議論は，1970年代の文化論的研究や批判的/社会的理論において影響力を高めたポストモダニズムやポスト構造主義，そしてフェミニズムや文化地理学から影響を受けた。

ポストモダン主義者は，「モダン」の一部とみなされている理論，例えば科学的，合理的，機械的な理論を非難した（Dear 1988）。ポストモダニズムはまた一つには，マルクスやフロイトを含む構造主義に関する批判をなしていた。ハーヴェイはポストモダニズムのことを「『大きな物語』（普遍的に適用できるといわれる大がかりな理論的解釈）の拒否（Harvey 1989a: p.9, 吉原監訳: p.21）」と表現している。ソジャ（Soja 1989）は，批判的社会理論を取り入れてそれ空間化することによってポストモダニズムを受容して一つの地理学的パラダイムを発展させた。彼はより「解釈的な人文地理学」を確立するために，それらを「空間解釈学」と呼んだ。

ポスト構造主義は，ポストモダニズムの一部として登場して，「知識・社会への理論的アプローチの一つであって，意味というものの根本的な論証不能性，言説というものの構成力，理論および研究の政治的有効性を受け入れた（Graham-Gibson 2000: p.95）」ものであることを強調した。ポスト構造主義は，知識の進化的な遷移を拒絶し，その代わりにモダニズムの下で確立した認識論的カテゴリーを再構築した。そのような試みは，認識論的なカテゴリーや知識の境界部分での暗黙的なバイアスを明らかにしていくという目標をもたらした。両者ともに，主に現状というものを再強化する働きを有する社会的な力関係の現われとみられる（Dixon and Jones 1996）。しかしながら，ポスト構造主義は，「科学的地理学（Dixon and Jones 1996）」とその実証主義的な前提に配慮し続けようとする経済地理学派によって幅広い認知はなされなかった。その代わりに観察されたものは，アクターネットワーク理論を通じて地理学者の一派に影響を与えた現象学や社会心理学の伝統であった（☞5.5 ネットワーク）。

フェミニズムもまた，多様な現実の生成におけるアイデンティティと主観性の役割を明らかにすることによって（Butler 1990; McDowell and Court 1994; Pratt 1999 など），そして，階級還元主義[1]の危険性を指摘することによって，影響力を発揮してきた（☞5.2 ジェンダー）。同時に文化地理学者は1990年代に文化の意味に疑問をもちはじめた。そこでは，存在論的に所与のものとして文化をみることに対して議論がなされ，代わりに文化のイデオロギーの研究が提唱された（Mitchell, D. 1995; Castree 2004）。これらの理論的発展は，現実というものが多面的でかつ多様であるという見方に貢献し，経済地理学における支配的でかつ暗黙のうちに受け入れられたパラダイムであるところの実証

---

[1] 一部のマルクス主義の論文において，あらゆる説明を階級上の違いに還元してしまう，過度な決定論的傾向.

主義の長い歴史に疑問を呼び起こした（Dear 1988; Dixon and Jones 1996 参照）。

「大いに不安定であって潜在的に無秩序（Dear 1988, p.266）」であるポストモダニズムおよびポスト構造主義のまさにそうした特徴は，その主要な弱点であることがわかった。ハーヴェイが記すように，「ポストモダニズムはあたかもそれで終わりであるかのように断片的なものや変化のカオス的な潮流の中を遊泳し，もがきさえしているのである(Harvey 1989a: p.44, 吉原監訳：p.69)」。Martin (2001) は，彼の言葉でいう「『セクシーな』哲学的，言語的，理論的アプローチ（p.189）」を強調する「文化論的転回」に関心を示した。Markusen (1999) は，「ファジーな概念」や実体的な明晰さを欠く概念を学生たちが追い求めることを奨励すべきではないと地理学者に警告を発し，Ray and Sayer (1999) は，「大部分が学究の世界に内因する（p.2）」ものとして「文化論的転回」を性格付けることを非難しつつ，文化論的転回のみで少なくともある程度までは他の多くの重要な学問分野上の目標から研究者たちの気をそらしているのだということを提起した。例えば，Martin (2001) は政策立案者に対する経済地理学の研究の信頼性が揺らいでいることに関心を示した。Ray and Sayer (1999) は，ジェンダーの経済的諸相からフェミニズムが後退していることを嘆き，経済的諸問題に男性よりも女性が苦しんでいるというように傾向がとりわけ複雑であることを発見した。

2010年という眺望地点から振り返ってみると，それが表明した目的にも関わらず，「文化論的転回」は，その影響力や言語において，先行する時代のフランスのレギュラシオン学派（☞ポストフォーディズム）と同様に，一世を風靡した一時的流行であったのかもしれない。「文化論的転回」は多くの経済地理学者が真剣にポスト実証主義[2]をとることを促したのであるが，この観点を迎え入れた研究者グループも，大方，解散してしまい，個々人の興味あるトピックを追い求めるようになり，このことは斯学のいっそうの細分化を助長することになるかもしれない。

「文化論的転回」：主題論的議論

経済地理学において，文化は長い間ただなんとなく存在しているだけであった。その文化との関わりは，マーシャル（Marshall 1920 [1890]）による「産業上の雰囲気（industrial atmosphere）」の描写にまで遡ることができる（☞3.2 産業クラスター）。文化は長い間，空間的多様性を導く重要なプロセスとして認識されてきた。経済地理学の主流を占めた産業組織に関する議論は1970年代後半に始まり，例えば，アメリカの科学的経営

---

[2] ポスト実証主義は，実証主義者の見解が基本的に有効性を保持しているという考えに立脚しつつも，自らの特有の主観性を認めるものである．ポスト実証主義者は実証主義者と違って，科学的プロセスを成り立たせるオルタナティブな説明を受け入れる．

に代わり得る諸モデルを認識した。レギュラシオン学派や柔軟な専門化に関する議論は，サードイタリーにおける産業地域や日本のトヨタ自動車によって実践されたリーン生産の文化的基盤の存在を認めた。これらは，地域や産業の競争力の維持に重要な役割を果した（☞3.4 ポストフォーディズム）。より最近では，Schoenberger (1997) や Thrift (2000b) は，企業文化や企業内の管理者の文化がいかなるものかを研究した。Ettlinger (2003) は，複合的な合理性やさまざまなタイプの信頼を内包する労働現場の実践を調査し，社会的相互作用の関係論的・微視的な本質を描き出した。

この「文化論的転回」は，文化と経済を明確に扱う研究に正当性を授けた。学際的研究の発展の影響を受け，とくに経済地理学者らは「経済的」であるという実証主義的な前提を疑問視し始めた（Thrift and Olds 1996; Thrift 2000a; O'Nell and Gibson-Graham 1999）。スリフトによれば，1990 年代において徐々に，経済というものがつかみどころのない現象ないしレトリックの一形態としてみなされるようになってきた（Thrift 2000a: pp.690-691）。このように，経済地理学における「文化論的転回」は，文化的プロセスと経済的プロセスとは相互に構成し合っているという視点に支えられており，われわれが以下の各項で示すように，そうした視点がいくつかの研究の潮流を生み出している（Thrift 2000a）。

以下では，文化と交わる経済地理学の3つの新しい研究領域——①文化的収束，文化的相違ないし根強い不均質性といったことを経済のグローバル化の文化的局面，②文化および，企業文化・地域文化として表現される規範や慣習のようなインフォーマルな制度の役割，③文化経済，文化の生産，文化産業ないしクリエイティブ産業——について議論していく。

グローバル化の下での文化

グローバル化は，ビジネス規範，慣習や物の見方の平準化といった，文化のグローバルな収束と同一視されてきた（☞4.2 グローバル化）。経済地理学者らは，地球上で地域による相違が存在することを挙げて，こういった考え方に疑問を差し挟む。Rutherford (2004) はカナダやイギリスやドイツにおけるリーン生産の事例を例に挙げ，日本を起源にして世界中で導入されたこの生産方式が必ずしも職場体制の同一化を招いておらず，むしろ国によって相違を増加させる可能性を伴っていることを分析している。Christopherson (2002) は国の経済上の慣習が根強い違いをみせる理由に着目し，っとくに労働市場の面での慣行を研究した。

---

3) Appadurai (1996) は，5つの区分の「スケープ（風景）」（＝エスノスケープ，テクノスケープ，フィナンスケープ，メディアスケープ，イデオスケープ）としてグローバル化を概念化した．

5.1 文化

　国際的な移住は，文化伝播や文化移転の原動力である。Appadurai (1996) による万華鏡のようなグローバル化の解釈の一側面として認識されているように[3]，現代の国際移住は新しいエスニック料理を紹介するだけでなく，特徴的な都市景観を形成し起業家の文化を維持する。例えば，Mitchell, K. (1995) は，バンクーバー市街の景観変化における香港移民の役割を議論している。サクセニアン（Saxenian 2006）は，世界の諸地域におけるリスクキャピタルの発展，またそれが起業家のグローバルな流動性と結び付いたことが，スタートアップ文化のグローバルな伝播をいかにして促進したのかを描いた。過去において，高学歴の人々の途上国から先進国への流動（頭脳流出）は，途上国の未来にとって有害であるとみなされていた。これに対して，サクセニアンは「頭脳流出」はグローバルな流動性の新たな傾向を象徴していると提起した。シリコンバレーの事例を取り上げて彼女が提起することは，台湾・中国・インドの出身で科学技術の上級学位を得るために合衆国の大学院に通う起業家は，シリコンバレーへダイナミズムを注入すること，また，科学的な知識やビジネスのノウハウを新興経済群に移転させることによってシリコンバレーと新興経済群を結び付けることに大きな役割を果たしているということである。

　文化やグローバル化の下で新しく現れてきている別の研究領域はツーリズム研究であり，生産と消費がグローバル・ローカルな相互関係を伴って，いかに複雑に結び付いているのかの一例である。従来から続けられている太陽とビーチのツーリズムから，文化的ツーリズム（歴史的遺産に関するツーリズムなど）やエコツーリズムまで，今日のツーリズムには，注目に値する多様性が認められる。文化的ツーリズム，それは現代における巡礼の一形態であるが，特定の場所のみが，文化，アート，音楽におけるオーセンティシティ（真正性）を提示できるという信念によって動かされている。例えば，メンフィスのグレースランドにおけるエルビス・プレスリーのマンション，リバプールのビートルズにゆかりのあるスポット，ジャマイカのボブ・マーレイ博物館はすべて，オーセンティシティの追求を最大限に利用することをねらった，場所のマーケティングが成功した結果である（Connel and Gibson 2003）。

　文化に及ぼすツーリストの影響は，しばしば文化帝国主義として説明される。しかし，ツーリズムによって生み出される需要は，地域的なアートコンプレックスの繁栄を可能としよう。例えば，インドネシアのバリでは，音楽およびダンスが単独でというより，国際的なツーリズムと結び付いて，また国際的なツーリズムの結果として発展した。南スペインでは，ツーリズムの共同制作者として機能する州の存在を伴って，フラメンコ音楽とダンスがツーリズムの高まりとともに発展した（Aoyama 2007; 2009b）。ツーリズムは本質的に，調整的なフレームワークやインフラ開発，地域開発

政策をつかさどる国家・州と関わっている。シンガポールでは，ツーリズムから生じる需要に対処するためにローカルな文化資産が有する価値の再評価に国家が重要な役割を果たした (Chang and Yeoh 1999)。最後に，ツーリズムの発展は労働条件や労働者の権利擁護に対する含意を有している。例えば，テリー (Terry 2009) は，クルーズ船業におけるフィリピン人船員の法的地位の変化を調査し，同産業がいかにしてクルーズ船労働者の人権を脅かす国際法上の空間を生み出したのかを示している。

制度としての文化

周知のように，文化は分析的な扱いや定量的な測定が困難なものである。経済学者は一般に文化の評価基準としての信頼といった指標を用い，ゲーム理論を通して人間行動を説明してきたが，経済地理学者が一般的に主張するには，概念を量的に扱おうとする時に文化に関する分析上の有効性は大幅に制限される。それでありながら，文化の系統的な分析は依然として行われている。文化の分析的な扱いを可能にするために，一部の経済地理学者は，経済的変化における社会・文化的文脈の役割を理解する目的で制度を分析することを選んでいる。なぜなら経済活動の文化的・社会的な土台は，経済的アクターの行動に影響を与えるインフォーマルな制度として機能するからである (☞5.3 制度)。例えば，ストーパー (Storper 2000) は，文化が分析ツールとしての特性に欠けていることを議論しつつ，「3つの局面の同時的存在，すなわち，①自然発生的な個々の行動の規則性，②個人間での合意の構築，③集団行動の多側面における制度 (p.87)」の現れとなっている慣習へ焦点を当てることを好む。

ホールら (Hall and Soskice 2001) によって構築された，資本主義の多様性理論は，経済の動きに影響を与える制約条件やインセンティブから生じる各国民経済間での制度的な類似性や相違を認識するものである (☞1.3 国家)。企業間の戦略的な相互作用，市場経済のタイプ，制度や組織の形態，文化，ルールや歴史はすべて，異なった形態の資本主義を構成する一因となる。自分たちが国の「制度的比較優位」と呼ぶものに対して，彼らは特段の関心を寄せているが，それは政策立案への含意をもつものである。ガートラー (Gertler 2004) は，ドイツや北米における先進的機械のユーザーの産業上の慣習や企業行動の文化的土台を分析し，暗黙知の創造や伝達の複雑さを示した。

地域的スケールでの制度に関する研究はたいていの場合，地方政府機関，地域コンソーシアム，有志組織，法令や規制といったフォーマルな制度の有効性を検証している (Lawton-Smith 2003)。しかしながら，社会的規範，共同体の習慣や誘因に対する反応といったような地域文化の要は，暗黙的で無形なものとして残されている (☞5.4 埋め込み)。ノース (North 1990) によると，これらのような地域諸制度におけるインフォー

マルな局面は，フォーマルな諸制度が変わったとしても，その後の長い間，存続する傾向がある。サクセニアン（Saxenian 1994）は，シリコンバレーとボストンのルート 128 を比較し，両地域には大学や主導的企業のような比較し得るフォーマルな諸制度があるにも関わらず，2 地域の文化的相違が，起業家のリスクを冒す行動に影響を与え，このことがシリコンバレーの成長を促したことを示した（☞2.2 起業家精神）。

文化産業と文化の生産

アートや文化といったものが 1960 年代以来，経済調査の対象であったのではあるが，経済地理学者らが主要大都市圏における雇用機会として文化産業の重要性を認識し始めたのは 1990 年代後半になってからのことであった（Pratt 1997; Scott 1997; Power 2002）。文学やビジュアルアーツ，工芸品や音楽の学習，展示，販売を包括する文化産業は，場所に固有な文化的伝統に根ざしている。文化産業におけるスキルはしばしば，暗黙的でコード化されない知識に基づいており，その結果，近接性と集積は依然として文化産業にとって重要なものになっている。文化産業に関する研究は，文化的労働者の重要性（Christopherson 2004）や都市成長に果たすアメニティの役割（Florida 2002b; Markusen and Schrock 2006）といった多様なテーマから成り立っている。産業地域（industrial district）論のアプローチをとる研究者は，ハリウッド（Scott 2005）やバンクーバー（Coe 2001）の映画産業，バーミンガムの宝飾品製造街区（Pollard 2004），トロントやモントリオール（Leslie and Rantisi 2006; Vinodrai 2006）のデザイン業種などを強調してきた。その他，商品連鎖のアプローチをとる家具産業の研究（Leslie and Reimer 2003），進化経済学のアプローチをとるファッション産業やビデオゲーム産業の研究（Rantisi 2004; Izushi and Aoyama 2006）などが挙げられる。

これらの研究は，現在「文化経済」として知られているものについての研究領域を拡大させてきた。アミンとスリフト（Amin and Thrift 2004）の『文化経済読本』は，経済・文化地理学者および社会学者によるこうした研究に関する学際的な概観を提供した。同書は，生産や消費から「情念の経済学」までにわたるテーマを内包している。確かに，文化産業や経済的変化における創造性の役割に関する研究は，文化地理学や社会学の最も近くを横切っている（☞6.3 消費）。ロンドンにおけるレストランの事例をとりあげた「遂行性」に関する Crang（1994）の研究，英国の古物商に関する Gregson and Crewe（2003）の研究のような文化地理学者らの成果は，経済地理学者が，現代の文化的トレンドに密接に従う新産業の分析を行うことを促進した。Molotch（2002）は産業デザインに焦点をおいて製品と場所の間の関係についての独自の観点で提起した。

さらに，Bourdieu（1984），Latour（1987），Urry（1995）といった社会学者からきっかけ

がもたらされて、文化への注目は経済地理学における文化を伴った消費研究の出現へと道を開いてきた。そのなかでは文化的なものと経済的なものとの収束に焦点をあてた研究もあり (Jackson 2002)、一方、文化の商品化を考察した研究もあった (Sayer 2003)。世界的な消費者主義の勃興、すなわち、とりわけ先進工業社会における独特な文化的経験に対する需要は、文化的商品の市場拡大へと寄与している。ホールは、『文明における都市』(Hall 1998) において、1950年代におけるシカゴ・ブルースの伝播を促進したような富裕な新世代の消費者の重要性について言及した。音楽はおそらく、人々の地理的流動性に最も直結した文化的産物であろう。先進世界において娯楽やエンターテイメントを探し求めている消費者は、時間や金銭を費やしてでも、固有・独特で、時に個人的な「経験」を次第に重要視するようになっている（☞6.3 消費）。

今日、音楽の伝播や流行もまた、ラジオからインターネットへの技術変革によって促進されている。イギリスやアメリカの若者の間で人気のインディーロック（独立性の高いロックンロールバンド）、多様な非西洋音楽を新たな製品につめ直したワールドミュージック、もしくは、かつては日本人の観客の間でまったく知られていなかった韓流俳優の人気は、「舶来の」、「エキゾチックな」、「土着の」、「昔のままの」、「独自なもの」などとみなされるアートの形態の人気を例示している。現代の文化的変容は、ローカル文化が生き残りのために抵抗や保存という手段を講じており、グローバル文化がローカル文化を侵略するという一方的なプロセスではないことは明らかである。

KEY POINTS
- 「文化論的転回」は学際的な現象であり、多様な社会科学分野におけるポストモダニズム、ポスト構造主義、フェミニズムや文化論的研究からの強い影響と結び付いている.
- 「文化論的転回」は、経済地理学における文化の研究の正当化へ寄与した. それに対してはまた、曖昧なコンセプト、漠然とした理論、説得力のない経験主義などとして厳しい批判もあった.
- 経済地理学者らは今日、多角的な方法で文化の研究に関わっている。グローバル化の文化的特徴を強調するものもいれば、一方で多様な地理的スケールにおいて創造・移転される慣習や規範へ言及することを好むものもいる. 加えて、経済成長における制度の役割を研究する系譜や、文化経済的アプローチとして知られる文化産業研究という系譜もある.

FURTHER READING
近年における文化経済的な視点のレビューについては、Amin and Trift (2007) を参照.
文化経済的な研究に対する論評としては、Gibson and Kong (2005) を参照.

5.2 ジェンダー

　ジェンダーとは，女性と男性との間での認識されている違い自体や，それらの認識されている違いを基礎とする不平等な力関係の理解を示すものである（Scott 1986）。ジェンダーについての考え方，そしてジェンダーの実践は日常生活を通してつくりだされ，日々の諸活動，そして幅広い社会と経済プロセスを構造化する手助けとなる。結果として，ジェンダーの具体的な意味や実践は場所によって変化し，経済地理的状況の創出に重要な役割を果たしている（McDowell 1999）。本節は，ジェンダーが経済的リストラクチャリングやグローバル化といった経済地理的なプロセスにいかに関わっているか，そしてそのようなプロセスが今度は逆にジェンダーをいかに形づくるのか考えてみたい。ジェンダー概念が経済地理学のなかでどのようにに変化してきたかを分析した後，われわれはジェンダーへの注目，とりわけ労働市場プロセスとの関係におけるジェンダーへの注目が経済地理学における説明をいかに改良してきたのかを検討する。

経済地理学におけるジェンダー概念の変化

　比較的最近に至るまで経済地理学は，経済地理的なプロセスに影響するエスニシティ，人種，階級や性別といったアイデンティティに関わる他の諸局面と同様に，ジェンダーを無視してきた。1950年代および1960年代の計量革命期に，経済地理学の諸モデルを作用させるカギとなるアクターは経済人であった。経済人というのは，情報を完全に有し，常に合理的で効用を極大化するやり方で行動する，実際にはありそうにない人間である（☞1.2 企業）。したがって，経済人の重要な特徴の一つは，生活経験もアイデンティティも意思決定へ影響を与えないということである。

　1970年代における行動地理学の出現に伴って，すべての意思決定者がまったく同じ行動するわけではないことが認識されるようになった。意思決定者は，多様な量の情報と，多様な背景・目標・制約条件を有しており，これらすべては意思決定に影響を与えるものである。こうした多様性の認識は，経済地理学者が差異の重要性に入り込むことを許す発端となった。ジェンダーの役割について疑問を呈してきたほとんどの経済地理学者は女性であったということを軽視してはならない。実際，本分野において女性の数が増加するにつれて，経済地理学においてジェンダーは注目を集めてきた。換言すると，研究者らの生活経験は，彼女ら／彼らが重要視するものや彼女ら／

彼らの説明枠組みに影響を与える[1]。フェミニストの経済地理学者は，ジェンダーを組み入れることで経済地理学の理論強化を追い求めるにとどまらず，自らの研究を通して人類，とくに女性や子供の健康・幸福を向上させようと努力している。研究者のなかにはフェミニストが明確に受け入れている社会的正義という到達点を追及せずに自らの研究のフレームワークにジェンダーを取り入れているものもいる[2]。

　まさに経済地理学者らは，ごく最近までジェンダーを配慮しておらず，研究者らのジェンダーの見つめ方は時間とともに変化してきた。一般的に，この変化は，生物学的で普遍的で変化することのない男性/女性の二分法に根ざした存在としてのジェンダーの見方から，社会的に構築され，ひいては高度に文脈化され，変更可能な存在としてのジェンダーの見方への動きを伴ってきた。後者の視点においては，ジェンダーの意味付けや実践は，時間や場所，社会階級・人種・エスニシティ・年齢・性別といった他の相違軸に依存して特有なものになっている（McDowell 1993）。そこには理論的な対立（一つの視点は自然に従った固定的なものとしてジェンダーをみなし，もう一つは固定的なものではなく文脈依存的なものとしてみている）があるにも関わらず，ジェンダーに関わる2つの見方は依然として有効性を保っている，したがって，両方が認識され，ジェンダー研究において相互の緊張が維持されることが求められている。

　初期の研究はジェンダーが重要な問題だとする急進的な考え方を紹介した。例えば，空間的行動においてジェンダーの相違を探究すると，女性と男性の日々の行動パターンには明瞭なジェンダーの役割に従って大きく異なっていることが示される（Hanson and Hanson 1980; Tivers 1985）。ジェンダーに関する初期の研究は，女性の間でのいくつかの相違（例えば，子供を伴わない既婚なのか，子供を伴う既婚なのか，独身なのか）を認識したにも関わらず，注目されたことはあくまでもジェンダーの違いに対してであり，そこでは分類上の女性の分類が問題とされたわけでもなければ，女性の多様性とジェンダーポリティクスとの間の関係性が探索されたわけでもなかった。

　ジェンダーの男性－女性の二分法的な視点は長い間，公共の場・領域とプライベートな場・領域との間の区分に関連付けられてきた。そこにおいては，プライベートな領域（自宅や近隣）が女性の領域と認識されているのに対して，公共の領域（例えば，職場や都心）は男性の領域として扱われる。経済活動はもっぱら公共の領域と関連しているので，女性の家庭内労働は経済の一部とは認識されず，経済地理学においては

---

[1] しかし，この分野における全ての女性が，彼女らの仕事においてジェンダーに対して明示的に注目しているわけではない．
[2] フェミニスト経済地理学者らは，生活に影響を与える家庭やコミュニティの日常的活動への興味をフェミニスト経済学者ら（例えば，Nelson 1993）と共有してきた．

不可視的なものであった．フェミニスト経済地理学者の一つの貢献は，公共とプライベートという範疇を開拓し，それぞれにおける不均質な成り立ち，そして，両者の間の多種多様な結び付きや相互依存性を明らかにしてきたことである（Hanson and Pratt 1988）．

ジェンダーの視点が変化してきたのに伴って，近年の研究はジェンダーを人々の間での相違をもたらす多くの源の一つとして扱うに過ぎなくになっている．すなわち，ある個人の絶えず変化するアイデンティティや習慣性の多くの局面の一つである（そして常に最も際立ったものではない）．例えば，プラット（Pratt 2004）によるバンクーバーにおけるフィリピン人ベビーシッターに関する研究では，彼女らが経験し生み出す経済地理的状況にベビーシッターのわずかな期間の在留資格がいかなる意味を思っているのかを示している．ジェンダーがアイデンティティの他の諸局面と交差すると認識することで，男性・女性ということ自体を究極のカテゴリーとしてしまうことに問題があることが浮かび上がる．こうしたカテゴリーそれぞれの内部での相違は，ジェンダーというアイデンティティが共有されているのと同程度に，もしくはそれ以上に重要となり得るのである．プラットの研究においてベビーシッターやその雇い主は全員女性であったにも関わらず，彼女たちの政治的な興味は大幅に異なっていた．

プラットの研究は，地理学者によるジェンダー概念の別の重要な変化を描き出している．すなわち，多様な地理的スケールにおいて言説[3]がジェンダーの意味付けや実践に影響を与えるという認識が深まってきたということである．プラット（Pratt 1999）は，バンクーバーにおけるフィリピン人ベビーシッターについての言説がいかに効果的に，彼女たちをマージナルな労働者としての地位におき，彼女たちの職業的な移動性の制約を揺るぎがたいものにするよう作用するかを示した．同様に，ライト（Wright 1997）の，マキラドーラで働くメキシコ人女性労働者に関する研究は，労働者のジェンダー，国籍，エスニシティに基づく明示的なカテゴリーを創造・強化する言説の威力を明らかにしている．ライトはまた，労働現場での地位向上のためには，メキシコ人女性が，彼女らを従順で非熟練な労働力だと決めてかかってきた言説を意識的に打ち消さなければならないし，そうすることができるのだということを示している．言説の重要性を実証することに加えて，これらの研究はジェンダーに関する経済地理学

---

3) Fairclough（1992: p.62）が言及しているように，「言説というものは単に世界を表現する実践であるばかりではなく，世界のあらわれとなり，意味において世界を構成・構築する実践である」．換言すれば，情報のやり取りし，社会的行動を導くために用いられる，言語，文章，物質的なものは，社会的アイデンティティ，社会的関係，知識の広く認知された信念と形態の構築を助けるのである．ジェンダーの事例においては，これらの社会的構築物—職業上の規範，製品広告，職場における行動のようなものにおける現れであるが—は，不均衡やステレオタイプを恒久化する際の中心的な役割を果たすことができる．

研究における，個人・世帯レベルでの力関係にのみ照準を合わせることから，他の空間的スケールにおける性差を表す権力構造の重要性をみる方向へと変化していることを示した。

ジェンダー概念の変化は，認識論・方法論的な内省を迫ってきた。フェミニストの研究者らは，他者の経験を疑うことなく汲み取ったり発掘したりするよりも，研究参加者との共同プロジェクトとして知識創造に思いを巡らしつつ，研究対象との思慮深い関わりを徐々に求めるようになってきた（Gibson-Graham 1994）（☞5.1 文化）。加えて，フェミニストの経済地理学者らは，積極的な変化をもたらすべく，自らの調査対象との自覚的な関与を求めるようになってきた。例えばナガー（Nagar 2000）は，インドにおける女性グループとの彼女らの生存と生活の質を高めるための複雑で時に相反する共同作業のプロセスを記述している。

すべての人が時や場所とともに変化する多面的なアイデンティティを有しているという事実は，ジェンダーの構築における地理の重要性のみならず，経済地理的な諸プロセスへのジェンダーの重要性を指し示している。次節では，ジェンダーはいかに経済地理的プロセスの理解を変えてきたかの，いくつかの例をみてみることにしたい。

ジェンダーと労働

経済地理学において長い間ジェンダーが無視されてきたということによって，現代世界を形づくる多くの重要なプロセスが単純には認識されないという，深刻な結果がもたらされていた。ジェンダーが労働の世界——有給のもの，無給のものを含めて——をすっかり満たしているのであり，あまり理解されていなかった重要なプロセスのほとんどは，世界の経済地理的状況を形づくる労働のジェンダー化と関係するものだったのである。実際，大勢の女性が有給の労働力として加わり，公式に認められた経済的な領域に参画することによって，女性労働はより経済地理学者の目に見えるようになった（☞1.1 労働）。

しかしながら，労働市場の最も永続的な姿の一つは，女性と男性とで異なる職種への分離であったため，女性は，男性と同等には労働力として参加していなかった。全ての女性が子供を産み育てるわけではなく，そしてそれを行う女性たちにとって，出産や育児は成人人生の一部の期間であるにも関わらず，また，育児の重い責務を支える男性もいるにも関わらず，女性であることと再生産活動（育児のみならず，世帯や親族，地域社会のメンバーのケアを含む）との強い結び付きが，女性の生産的活動に大きな影響を与え続けてきた。これらの影響の一時的媒介は，その労働が農業的，工業的，ないし商業的なものかの区別なく，工業国で行われるものであっても発展途上国で行わ

れるものであっても，仕事の明確な区分線での女性と男性の分離であった。1997年現在，合衆国の労働力における女性労働力の54%は，男性の職業分類構成とは違う職業分類に従事している（Jacobs 1999: p.130）。労働市場の分化の在り方や，その家庭生活や地域経済への含意には場所によって違いがあるが，職業階層における女性の低い地位や，男性と比較して彼女らの出世の機会が制約されているということは共通のテーマである。性別による賃金差は，職業上の分離に大きな影響を受けて依然として存在しており，例えば，2007年現在，合衆国においてフルタイムで働く女性の年間収入は，男性の80%程度に過ぎない（English and Hegewish 2008）。

経済地理学者らは2つの主要な座標軸に沿ってこのテーマを調査してきた。すなわち，雇用の視点と，家庭やコミュニティに埋め込まれた個人の利益の視点からである。彼女たちの家庭内の責任との関わりがあるために，女性は潜在的な雇用主や彼女たちのパートナー，時には彼女たち自身によって，二番手の賃金の稼ぎ手としてみられてきた。すなわち，その賃金が，男性の基幹的稼ぎ手が得る賃金の補助的な稼ぎ手であるということである。こうした二次的地位は，手先が器用で身体的な強さに欠け，受け身で従順といった伝統的な女性らしさと関連した他の文化的規範に沿って，女性は，とくにある種の繰り返し作業のようなものへの適合や特定の状況において資本をひきつける，安価で従順な労働力として特徴付けられてきた。

経済地理学者らは，女性を未分化で同質な大衆として扱う女性労働力に関する視点が，異なる地理的背景において生じる実に多様なプロセスを覆い隠してしまうことを示した。工業国における研究事例として，ネルソン（Nelson 1986）は，サンフランシスコ・ベイエリアの中間層の郊外にルーティンなバックオフィス機能が立地したことを示した。これは雇用主が，家から遠く離れた場所へ行きたがらない，よく教育された白人女性のパートタイム労働力を引きつけるためであった。イングランド（England 1993）はオハイオ州コロンバスにおける類似したプロセスを報告した。同様に，ハンソンら（Hanson and Pratt 1992）は，マサチューセッツ州のウースターにおける製造業や生産者サービス業の雇用主が，特定の種類の女性労働者が家を構えている住宅地域に近接して事業所を立地させたことを発見した（例えば，中心市のクリーニング工場でのラテンアメリカ系移民の女性の労働，都市の外側の街の繊維工場でのブルーカラー男性の妻たちの労働）。こうした研究におけるジェンダーへの注目によって，従来みていたよりもより精密なスケールで，ジェンダーおよびエスニシティによる空間的分業の重要性を浮かび上がり，地域労働市場のエリアというものがいくつかの人々のグループにとって，とくに女性にとっては，従来，実現されていたものよりもはるかに小さい地理的拡がりであることが示された。通勤，すなわち雇用機会への空間的アクセスの手段におけるジェ

ンダー間や人種間の違いについては，本書ですでに議論されている（☞ 2.3 アクセシビリティ）。

　国際スケールにおいて作用する同様のプロセスが——これもまた異なる場所では異なる展開をするのであるが——，資本流動のグローバル化（☞ 4.2 グローバル化）や南側世界（グローバルサウス）における開発戦略（☞ 3.1 産業立地）を解き明かすヒントを与えている。合衆国とメキシコの国境に沿って集積しているマキラドーラは，国際資本が低賃金で大人数の女性を雇用するという明確な意図を伴って工場を立地させているという点で有名な事例である。メイザー（Meiser 1999）は，開発戦略として切り花生産を追求したコロンビア政府が前提としたことは，広大なバラ園における難しく時に危険な作業に従事する，低賃金かつ，たいていの場合は女性の労働力を利用できることであったことを明らかにした。一方，マリングス（Mullings 2004）は，カリブ海のツーリズム・観光戦略が，国際資本と低賃金の女性労働者に大きく依存した経済活動によっているという点で，有効な制度的構造を欠いているために，効果的な開発戦略になり得ていないことを警告した。

　フェミニストの地理学者らは，職場や家庭におけるジェンダーの関係が，このようなジェンダーを基礎にした労働市場の不平等の維持をいかに助けるのかを記録してきた。マクドウェル（McDowell 1997）とジョン（Jone 1998）は，ロンドンの金融サービス業の職場においての男性優位で男性指向の日々の社会的行為が，女性に敵対的で女性を低く評価する文化を創造するということを示した。グレイら（Gray and James 2007）は，イギリス・ケンブリッジの IT 企業における実践を調査して，企業の学習・イノベーションプロセス，ひいては企業の競争力に貢献する女性の能力と男性の能力に企業が差別的な影響を与えていることを学びとった。これらの研究は，高度に教育された専門的労働者の分野に対して行われたものであるが，労働時間や服装のマナーからスピーチのパターンまでにわたる職場での無数の行為を明らかにしている。これらのことは，意図せざるとも，労働における女性の機会を制約しているのである。

　家庭やコミュニティ内におけるジェンダーの諸関係もまた，多くの女性を二次的な労働者として仕立て上げる働きをする。女性が家庭やコミュニティでの世話に一次的な責務を果たしている限り，彼女らは不均衡なパートタイム雇用において働くことになりやすい。このパートタイム労働は，グレイら（Gray and James 2007）が指摘するように，職場内の相互交流に十分に関わることを困難にする。アフリカの農業地域を背景にした研究（Carney 1993; Schroeder 1999）では，ガンビアの家庭やコミュニティにおけるジェンダー化された社会的関係が，いかにその場所での農業的実践を形成してきたかが明らかにされた。カーニーの研究事例では，女性は自給作物で男性は換金作物に

取り組むべきであるという規範があったため，灌漑の導入がコメの商品作物化を導いた際，従来，女性によってリードされていたコメ生産を男性がコントロールするようになるという結果をもたらされた．

　これらの研究の多くは，生産活動と再生産活動の間の境界線が，双方での労働領域が多様な形で相互に影響を及ぼすことによって，いかに実際上不鮮明なものになるのかを示してきたといえる[4]．人々の日常的な労働生活のなかでの，生産と再生産（もしくは家庭と仕事）の相互依存性というものがこうして取り上げられるということ——このことはジェンダーへの注目の結果である——は，多くの経済地理的状況が生活と関係があることを示唆している（Sheppard 2006）．フェミニスト経済地理学者らによる多くの地理的背景を伴った調査は，人々の生活戦略というものは生産と再生産の境界部分にさまざまな方法で常に関っているということを詳らかにしてきた．こうした点では，社会主義から資本主義へ変遷する間のモスクワ経済に関する研究（Provlovskaya 2004），南インドにおける漁師と水産業者に関する調査（Hapke and Ayyankeril 2004），カナダ・トロントにおけるガーナからの移民による母国の家族への送金についての詳細な調査（Wong 2006），カリフォルニア州・サンディエゴにおけるラテンアメリカ系の女性家庭内労働者に関する研究（Mattingly 2001）も共通している．これらの研究が提起していることは，生産活動の理解は，生産の領域と再生産の領域との結び付きの理解に根ざし，そうした理解が伴っていない限り，不毛で誤解されやすいものであるということである．

　経済地理的プロセスへのこれらの結び付きの重要性は，多くのフェミニスト経済地理学者を，日常生活（家，職場，コミュニティ，国家）の多様な側面を相互に編み合わせる社会関係のネットワークへの関心へと導いた（☞5.5 ネットワーク）．社会関係は大いにジェンダー化されているので，ネットワークは対女性と対男性とでは異なった形で機能する（加えて，もちろん，女性の属性や男性の属性によっても異なる）．例えば，シルヴェイら（Silvey and Elmhirst 2003）は，インドネシアにおける都市の女性労働者に関する研究において，若年層の女性の生活に対するジェンダー化された期待がもたらす影響を示した．都市に居住する女性を娘として農村地域の家族に結び付けるネットワークを通じて，家族構成員は農村世帯に利益をもたらす彼女らの賃金を要求するのであり，こうしたことが都市における女性の賃金稼ぎ手にとっての不利益となる．同

---

[4] 生産的な領域と再生産の領域との間の密接なつながりが，おそらく，自給的な農業コミュニティにおける規範として受け入れられてきたにも関わらず（アフリカの自給的生活戦略の議論として，Seppala 1998およびBryceson 2002 参照），工業化社会に関する研究者からは認識されていなかった．そうした研究者の前提は家と仕事ととの空間的分離に基づいたものであった．

様に，ウォン（Wong 2006）は，ジェンダー化された期待をガーナからカナダへと伝達する国境を越えたネットワークの力を説明した．ネットワークがジェンダー化される別の道筋は，女性がより強力なネットワークから，もしくは，ネットワークにおける有力な人物から自らが排斥されていることに気づくということである（McDowell 1997; Silvery and Elmhirst 2003; Gray and James 2007）．

これらの研究のそれぞれは，ジェンダー化された力が文脈特殊な言説や実践を通していかに作用しているかを考察している．いかにジェンダーが異なる時・場所において異なって作用しているかを記録することによって，これらの研究は，同時にジェンダー構造は十分に転換の能力があるということを強調している．現在注目されている転換は，男性性（masculinity）や男性性アイデンティティの転換である．例えばマクドウェル（McDowell 2005）は英国における製造業からサービス経済への再編成が，サービス雇用における男性に，伝統的には女性性と結び付いてきた特性（例えば，敬意を払ったり身だしなみに気をつけること）を取り入れるよう要求することによって，男性性の伝統的な捉え方に影響を与えていることを検討した．

KEY POINTS

- ジェンダー研究は、女性と男性の間にみられる違いや、これらの違いから出てくる不平等な力関係について言及するものである．ジェンダーの重要性や実践は日々の相互作用を通して表出するので、それらは場所によって多様である．それゆえ、地理的文脈はジェンダーの理解にとって核心に位置するものであり、ジェンダーはまさに経済地理的プロセスの理解の核心に位置しているのである．
- 研究者らのジェンダーについての考え方は、普遍的な男性・女性の二分法からジェンダーをみる視点から、社会的構築物としてジェンダーをみる視点へと移行してきた．後者の視点はジェンダーに対する地理の重要性を強調している．
- ジェンダーの概念は、当初、労働研究を通じて経済地理学にもたらされた．これらの研究、すなわち異なった地理的文脈における生産活動と再生産活動の間の関わりを調査することの重要性を示した研究の多くは、経済的再構築や地理的変化に関する説明に変化をもたらしてきた．

FURTHER READING

Lawson (2007) は育児や介護、奉仕的な仕事を概観し、Schroeder (1999) はガンビアにおけるジェンダー化された世帯・地域社会の諸関係が農業実践の変化をいかにもたらし、農業実践の変化にいかに影響されるのかを分析している．

5.3 制　度

　制度とは，社会を構造化し，日々の生活をより着実なものに，より予測可能なものにする一連の行動パターンである。それらは組織（例えば，世界銀行），法と規則，社会的・文化的伝統（例えば，婚姻）として，そして，社会経済活動をつかさどるフォーマル・インフォーマルなルール・規範・慣習のなかに現われてくるものである。制度は，個人や企業，国家アクターの特定の行動パターンを促したり妨げたりすることによって経済活動を調整するものであって，制度に関する研究は，地域経済や国民経済の通時的な発展に対する重要な視点を提供している。経済地理学者にとって，制度分析は，制度が地域の成長・革新をいかに促進もしくは阻止するのか，制度が社会経済的な機会に関する不平等な地理的状況をいかに創造・維持するのか，そして，グローバル経済統合に随伴する制度的課題について焦点を当てるものである。

制度と資本主義の史的発展

　制度的な理論は，20世紀初頭に起源を有しており，マックス・ヴェーバーやソースティン・ヴェブレンといった研究者らが近代資本主義の組織的構造（例えば，企業，市場，財産権）の進化や力について批判的に研究したのが始まりである。ヴェーバー（Weber 1998[1905]; 2003[1923]）は，資本主義の西洋的形態の歴史的勃興を検討して，経済的，政治的，宗教的な諸制度の変革が，経済の近代化プロセスを推進したことを論じた。会計，通貨，生産技術，会社形態，財産権といった部面における経済的な革新は，レント（地代）指向の経済から利益指向の経済への移行を可能にした。政治上の変革，すなわち，典礼国家（liturgical state，すなわち，服従的な市民ないし臣民を伴った封建制度）から，合理的な法と産業資本家によって支配される租税国家（税収源として機能する自由な被支配者を伴った体制）への変化は，政治的な力から経済的な力を切り離すことへと結び付いた。これらの政治的な変化は，宗教的な諸制度（例えば，プロテスタントには倫理的価値観，仕事は神から与えられたものと考える概念が働く）の変化によって支援されてきた。このような変化は，社会的階層構造を支え，外部との貿易に対してコミュニティがより開放的となるのを促した（Weber 1998[1905]）。全体として，これらの変化は，経済合理的な利己心に従って個人に報酬を与える制度的状況を生み出した。

　ヴェブレン（Veblen 1925）にとって，資本主義の諸制度は文化的・地理的に多様で

あって，世界経済を統治する普遍的なルールや規範の体系への到達を困難にするものであった。彼は，諸制度は一つの社会において時を越えて進化もしくは「漂う」精神的な習慣であって，歴史や文化的伝統，社会的価値といった文脈上に介在する複合的要因を通じてもたらされるものだと主張した。例えば，日本に関する彼の分析に目を向けると，ヴェブレン（Veblen 1915）が議論していることは，伝統主義と企業ビジネスシステムの論理（モダニティ）との間の葛藤が，独自の「半封建的な」一連の経済的諸制度を創造し，近代的な工業技術を借用して統合するのによい位置取りをもたらしたのだということである。ヴェブレンはさらに，この独特な諸制度の融合が日本を強靭な国民国家につくりあげたのだという議論を行っている。

制度と地域発展

経済地理学における制度的な考えは，1990年代における新制度派経済学（例えば，Williamson 1985；North 1990）や進化経済学（例えば，Nelson and Winter 1982），経済社会学（Powell and Dimaggio 1991）の研究へ応えるなかで出現した。精神的習慣としてのヴェブレンによる制度の視点を越えて，これらの研究者は，諸制度を，ビジネスの関係性のなかでアクターがいかに行動するかといったことを左右するルールやガイドラインの提供によって諸経済を組織する構造として概念化した。これらのパターンは行為主体（例えば，個人，企業，労働者，国家アクター）によって構成され「支え」られていて，こうした行為主体の日常的なアイデンティティ，知覚，意思決定，権力関係はそのパターンに埋め込まれたものである（Jessop 2001; Scott 1995）（☞ 5.4 埋め込み）。効果的な制度が市場の失敗（例えば，公害）を防止し，イノベーションを促進し，リスクに報い，起業家精神で高めるよう作用するのに対して，発展を妨害する制度もあり，このことは社会に制度を絶えず修正していくよう仕向ける。経済地理学における制度研究はもともと，公的制度（例えば，産業促進システム，州機関）を重要視していたのであり，成長の連携や組織化された労働のような制度がイノベーションの育成や産業の再構築プロセスの方向付けにおいて主要な役割を果たすということを認識していた（Amin 1999）。より最近の研究者らは，特定の文化と一体化した制度やその産業・地域発展における役割といった，インフォーマルな諸制度に焦点を当ててきた（☞ 5.1 文化）。

制度は地域発展にとって必須のものであり，経済地理学者は制度的変化，とくに国々がいかに自らの制度を経済のグローバル化の要求や結果に見合うように適合させるかを研究してきた（☞ 4.2 グローバル化）。フロリダとケニー（Florida and Kenney 1994a）による戦後日本の産業再編に関する研究では，自動車生産システムの事例を取り上げ，組織的なイノベーションに結合した諸制度がいかに日本企業がヨーロッパ企業やアメ

リカ企業を打ち破ることを可能にしたのかについて示した。この事例では，管理者や労働者，政府の必死の努力を通じて制度的な進化がなされ，フレキシビリティやジャストインタイム生産および技術革新といった産業組織の新たな形態が導かれた。

アミンとスリフト（Amin and Thrift 1993）によれば，地域はイノベーション力や成長のポテンシャルを極大化するために制度的厚みの創造を求めている。制度的厚みとは，地域の諸制度が①効果的に多様な役割を提供し（例えば，職業訓練組織，投資促進機関），②政治家やビジネスパーソン，労働者らを通じて共同で認知され，③成長を妨げる行動（汚職や不正など）を思いとどまらせ，④経済的アクターのなかでの社会関係の密なネットワークの創造を促す時に達成されるものである。制度的な「厚み」をもった地域が地域的に専門化した知識——ここでの知識は別の場所に立地する産業に相対して長期にわたる競争優位性を提供するものである——を埋め込むのは，多様性や効率性，上記のような関係性を通じてである。イギリスのモータースポーツバレーの研究にこのような概念を適応したヘンリーら（Henry and Pinch 2001）は，インフォーマルな制度が，クラスターにおける労働の回転を高めたり，小規模企業の間での情報共有を推進して，特化した技術的な専門知識の形成を助け，同地域がモータースポーツ産業におけるイノベーションのグローバル中心としての地位を維持する上で重要な役割を担っていることを発見した（☞2.1 イノベーション）。

以上のような研究が示していることは，関係性資産を発展させることが，なぜ地域にとって重要なのかということである。関係性資産は，効果的で柔軟にイノベーションを操る制度の進化をサポートすることができる。関係性資産は，経済的要素と結び付いたネットワークに埋め込まれ，信頼・協同・相互関係が前提となって，場所における取引外の相互依存性の創造を導くことができる（Stoper 1995; 1997）。こうした「人的インフラストラクチャー」は，相応の交通通信・物流・製造のインフラ，効果的な資本配分，そして，イノベーション牽引型の産業ガバナンスと結び付いた時，地域経済を知識集約型の産業組織を伴った学習地域へと転換することができる（Florida1995: p.534）。しかしながら，学習地域概念をめぐっては論争中であり，研究において検証することは困難であるといわなければならない。一例をあげれば，制度が「正しい」と認識されるのは，このような地域が新しい知識にアクセスし，それを吸収し，さらなる新しい知識を創造し，それを伝播させ，地域の企業や労働者の間での学習能力を構築できた時だと考えられている（Morgan 1997）。

制度と空間的不平等

制度は，地域内・地域間において経済的機会の不平等な分布をつくりだしていく。

地域的な制度は，起業家的な行動の費用と知覚リスクの増大によって，イノベーションや投資を抑制する（Yeung 2000）。例えば，パットナム（Putnam 1993）によるイタリアの地域開発に関する研究は，カラブリア地域（イタリア南部）における融通性がなく，堕落して，過剰に階層的な制度がいかに発展を阻んだのか，その一方で，エミリア・ロマーニャ北部地域では，信頼や相互関係，イノベーションのリスクを厭わない気質を促進する地域的制度からの重要なサポートを通じて連続的に工業化が認められたことを示した。言い換えると北イタリアの制度は，地域の社会関係資本（ソーシャルキャピタル）に寄与することを通じてイノベーションや産業発展を促進したのである（☞ 5.5 ネットワーク）。

地域のなかで，諸制度はまた，社会経済的な不平等を生み出し，それを持続させることができる。Hudson（2004）がみるように，諸経済は行動や行為に関する固有のルールや理解によって社会的に構造化され制度化されているものである。個人が既存のルールに応じることに挑戦ないし失敗した時，彼ら／彼女らはおそらく'正当な市民'ではなくなるのであり，制度はしばしば社会の構成員に対して，ジェンダー，階級，人種ないしエスニシティに基づく差別をもたらすのである。こうした差別はおそらく，今度は，経済的機会の高度に不平等な景観に結び付いてくるだろう。例えば，グレイとジェームズ（Gray and James 2007）によるケンブリッジシャーのハイテククラスターに関する研究では，成功を収めた地域経済における諸制度がジェンダー上の不平等をいかに生産・再生産し得るかを示した。また，ブレークとハンソン（Blake and Hanson 2005）は合衆国の金融制度が女性起業家を差別しているため，彼女らが自身の企業を発展させる能力が限られていることを示した（☞ 5.2 ジェンダー）。

制度的多様性とグローバル経済統合への挑戦

世界経済における制度の多様性は，地域間の貿易，投資，知識のフローに対する障壁となっている。世界銀行や国際通貨基金（IMF）のような国際金融機関（IFI）はそういった制度の多様性を経済のグローバル化に対する脅威とみており，多国籍ビジネスの複雑さやコストを減じることを目的とした一連の共通の市場制度を行うことを国々に促している。そして，これらの方針は，市場に適した新自由主義な制度的状況の創出に焦点を合わせている。その状況とは，個人の所有権（土地，投資，知的所有権など）を守り，フォーマルなビジネス契約を促し，社会問題・環境問題に対して市場指向の解決を促進し，情報フローを改善し，汚職・腐敗を減らし，自由な企業や起業家精神に報いるものである（World Bank 2001）（☞ 1.3 政府）。しかしながら，それらの拡散にも関わらず，これらのグローバルな制度的手段は世界経済の一部を統合しているに過ぎず，多くの研究者は，それらが，周辺地域や非欧米人，貧しいコミュニティを犠牲にして，不均

等にも中核地域や権力中心（ワシントンDCなど）を優先していると考えている（Peet 2007）（☞4.1 中心・周辺）。

　場所と場所との間の制度的な差異は，知識の交換や移転にとっても重要な問題となる。国際的な技術移転プログラムの成功は，技術の受け手の国々における制度的フレームワークが技術の送り出し国における技術指向の諸制度とどの程度相性がよいかにかかっている（Munir 2002）。換言すれば，制度的近接性や制度的収束は，国境を超えた知識フローの広がりや質を決定付ける重要な役割を果たしている（Gertler 2001）。ガートラーら（Gertler et al. 2000）によるカナダのハイテク産業に関する研究は，制度的障壁の存在によってカナダにおける外国企業がカナダの地元企業と学習・知識移転関係を構築することが難しくなっていることを明らかにした。こうした相互の遊離は，カナダの各州における対内直接投資に由来する知識の伝播やスピルオーバー効果の減少をもたらしている。

制度の考え方の新しい発展と幅広い関連性

　経済地理学における最近の2つの理論的パースペクティブが，諸制度や，地域・産業発展プロセスにおける制度の役割の検討と関わっている。まず，関係論的アプローチは，制度的変化の牽引や，制度が経済的アクションにもたらす影響の決定における行為主体や権力の役割に焦点をあてている。このフレームワークにおいては，経済活動を条件付けるだけはなく，労働者，起業家，ビジネスエリートといったような個人がアイデンティティを形づくる際にも重要な役割を果たしている（Jessop 2001）。その上，制度は時間とともに進化するダイナックな構造と認識されており，そのペースは，経済的アクター，その実体的な実践，地理的文脈，権力構造の間の相互作用によって決まってくる（Bathelt 2003; 2006）。地域の文化・歴史，支配的な政治的イデオロギーといったような文脈的要因は，制度変化の方向と特徴を決定付ける際に，とりわけ重要な役割を果たしている。これらのアクター，実践，要因がいかに，文脈特殊な制度を正当化して安定させるのかを理解することによって，関係論的な経済地理学者は，地域発展と経済のグローバル化のダイナミックな理論をさらに発展させようと望んでいる（Yeung 2005a）。

　もう一つの関連する新たな方向性は，地域的な経済制度の発展や経済発展の軌跡に対する進化的なパースペクティブである（Boschma and Frenken 2006）。進化アプローチは，経済行動の誘導，技術変化の牽引，労働力・起業家・産業上の指導者・政府の間の相互関係の構造化，といったことに対する制度の役割に焦点を当てている（Nelson and Winter 1982; Essletzbichler and Rigby 2007; Truffer 2008）。制度は，これらの習慣やノウハウ，

レジームを形成し，産業上・技術上の進化を導く際に重要な役割を果たしている．

見落としてはならないこととして，制度は地域や場所，産業の経済地理に関する他の側面の形成においても重要な役割を果たすことが広く認識されていることを指摘しておきたい．制度は，ジェンダー関係，企業内関係，労働関係を構造化し，グローバル価値連鎖やネットワークを組織化し，経済活動が埋め込まれる社会的文脈として機能し，政府が経済活動を統治する中心的なメカニズムとして作用する．こうした形での制度概念の関連性や重要性は，本書の他の各章節において明らかにされている．

KEY POINTS
- 制度とは、社会を構造化し、日常生活をより着実なもの、予測可能なものにする安定化した行動パターンである．制度は、多様な組織（世界銀行など）、法律、規制、社会・文化的伝統（婚姻など）として、また、社会経済活動に影響力をもつフォーマル、インフォーマルな規則・規範・慣習において表出する．
- 制度は、生産活動を組織し、学習やイノベーションを促進ないし妨害することによって、地域発展のプロセスの重要な役割を果たしている．
- 制度は、特定の地域、コミュニティ、社会集団、そして、知識の形態に可能性を与え力付けることによって、空間的不平等をもたらしている．
- 制度をめぐる地域間の差異は、企業内、企業と市場の間での知識、資本、労働のグローバル流動に対する障壁として機能している．

FURTHER READING
Rodriguez-Pose and Stoper (2006) は、コミュニティと社会の制度的補完性を議論し、それを地域発展プロセスに寄与するものと考えている．Sunley (2008) は関係論的経済地理学を批判し、制度分析のいっそうの歴史的・進化的形態を議論している．*Economic Geography* 誌は、近年の進化経済地理学の特集号（第85巻第2号）では、産業経済の進化における制度の役割を分析している．

5.4 埋め込み

埋め込みとは，経済活動が，社会的，文化的，政治的システムと分かちがたく結び付いていることを示す概念である。この概念は当初，社会学者によって用いられるようになったのであるが，経済地理学者は，空間的・歴史的に位置する非経済的要因が，企業や産業，地域の発展にいかに影響しているのかを研究する際に，この概念を積極的に用いてきた。本概念が用いられるようになった最初の頃の焦点は，埋め込みがイノベーションの可能性にいかに影響し，市場の関係性をいかにつくりだし，不平等性をいかに再生産し，地域発展における経路依存性をいかに創出するのかといったことの理解に置かれていた。近年の議論では，この概念がローカルなものに過度に特権を与えていないのか，その概念が経験的研究において果たして適切に検証し得るものなのか，といった関心が高まってきている。

埋め込み概念の形成

埋め込みはもともと，カール・ポランニーとマーク・グラノヴェッターの 2 人の研究者の成果によるものであった。両者は異なったパースペクティブからこの概念をみていた。ポランニー（Polanyi 1944）の記念碑的研究『大転換』は，埋め込み概念をはっきりと示し世に知らしめた最初の著作である。ポランニーが議論するところによれば，19 世紀半ばのイギリスでは，経済的自由主義者が，保護貿易主義の国家中心の経済から，レッセフェールの原則に基づいた自由市場の社会への転換を求めたことによって，急激な再組織化が進行することになった。その目標は，市場を文化的・社会的・政治的システムから解放し，これらのシステムを自己調整的な市場と市場社会へと再構築することであった（Krippner and Alvarez 2007）。ポランニーは，こうした改革が必然的に社会問題（労働搾取，貧困，不平等など）を生起させ，そしてそうした社会問題は自由な市場システムに政府が干渉することを強いることになったのではないかと考えたのである。ポランニーの影響は，現代の研究にも看取することができる。それは，経済危機に対応すべく政府が社会政策をいかに調整したのかを検討した研究（Kus 2006 など），政府が経済活動からの自律性を維持しつつもいかに経済活動を導くことができるのかということを分析した研究（Evans 1995），そして，市場の自由度に照らして政治経済的な体制がいかに特殊化できるのかということを多少なりとも示した資本主義の多様性研究（Crouch and Streek 1997）（☞ 1.3 政府）などである。

ポランニー以上に多くの経済地理学者に大きな影響力をもったのがマーク・グラノヴェッターの業績である。彼は，人々，企業と企業，場所と場所を結び付ける個人の関係のネットワークに着目し，すべての経済的行為がネットワークのなかに埋め込まれていることを論じた。これらのネットワークはよりマクロなレベルでの制度によって形づくられているのであるが，その目的，構造，価値は，第一義的には，個人の社会的相互作用によって決定付けられている。すべての経済活動はいくつかの種類のネットワークに埋め込まれているため，企業・産業・経済の進化はネットワーク分析を通じて最もよく理解できる（☞5.5 ネットワーク）。ネットワークに焦点を当てて議論するなかで，グラノヴェッターは，社会学者（Parsons and Smelser 1956 など）によって提起され，経済行為の過剰社会化された説明と彼が考えるものと，制度の経済学（Williamson 1985 など）において好まれる過小社会化された合理的選択の説明との間の中道をみつけようとしていた。

グラノヴェッターが提起した論点は，組織内や産業内におけるパフォーマンスやイノベーションについての企業内・企業間のネットワークの影響を分析する社会学的な研究を通じて拡張された。ネットワークの紐帯の埋め込みもしくは結束は，信頼性があり安定したビジネスの関係性をつくるための，本質的な要素である。しかし，起業家や企業は，あるいは個人もまた，新たな情報の起源へのアクセスを誘導する弱い紐帯をも望んでいる[1]（Granovetter 1973; Burt 1992; Uzzi 1966）。埋め込みはまた，消費者選択（Dimaggio and Lounch 1998）や，移民の生活戦略（Portes and Sensenbrenner 1993），グローバルな貿易のフローに影響を与える政府間の関係性に対しても影響を及ぼす（Ingram et al. 2005）。

埋め込みと経済地理学

埋め込み概念への経済地理学者のアプローチは，社会学者のそれと類似しているにも関わらず，埋め込みに関する場所ないし地域に特殊な形態を強調している点で差別化されている。ある場所における埋め込みは，居住の長さ，個人間ないし企業間のネットワークの密度，関係性における信頼のレベルなど，多数の方法において評価されうるものであり，業務活動を構造化ないし誘導する地域の文化的・社会的・政治的な諸制度を基礎にしている。個人や企業，産業が「場所に根ざすこと（rootedness）」は，a) 産業地域や産業クラスターの発展，b) 地域経済の進化，c) イノベーションにおける社会・空間的ダイナミクス，d) 対外貿易や対外投資のパターン，e) 労働市場の空間構造に影響を与えている。

密なネットワークに埋め込まれた小企業によって構成されている産業は大企業に対

してよりよく競い得るであろうというグラノヴェッター (Granovetter 1985) の議論の延長上に，ハリソン (Harrison 1992) は，柔軟な生産システムや産業地域の発展における埋め込みの役割を検討した。彼の議論によれば，埋め込みは産業地域の成功において中心的な役割を果たしたのであるが（シリコンバレー，北イタリアなど），こうした埋め込みは，企業間ネットワークを通じた経験の共有や信頼，協同的競争（'コーペティション'）を通して達成されたものだという。このようなネットワークや相互信頼の関係性は，取引費用を減じ，知識のスピルオーバーや専門化された労働力のプールといったようなマーシャル的な外部経済をつくりだすことが可能である (☞ 3.2 **産業クラスター**)。それらのイノベーションの潜在能力にも関わらず，ハリソンはネットワークや産業地域の力を美化して描くことに対しては警告を発した。なぜならば，産業地域の関係性というものは，民族上，階級上，文化上の同質性，女性や移民労働力からの「スーパー搾取」によって支えられているからである。加えて，産業地域に位置する小規模サプライヤー間の熾烈な費用引き下げ競争が，かなりの程度，大企業の利益になり得ているからである (Harrison 1992; 1994)。

地域発展はまた，局地化した社会的，文化的，政治的制度への経済的アクターの埋め込みによって形づくられている。グラバー (Grabher 1993) は，ドイツのルール地域において，埋め込みが異なった種類の「ロックイン」をいかに引き起こしたのかを示している。機能的ロックインは，企業がサプライチェーンや市場の関係性の高度な構造化された一連の状況に埋め込まれ，それらの変化が困難な際に発生する。認識的ロックインは，新しいアイディアがその正当性や能力を獲得することを阻むようなパースペクティブに産業や地域のリーダーの考え方が過度に埋め込まれている時に発生する。政治的ロックインは,仮に産業を統治・支援する業界組織や諸制度が，新たな部門や'成長'産業を犠牲にして伝統的ないし'衰退'産業を過度に手助けした場合に発生する (☞ 1.3 **国家**)。ロックイン状況は，他の場所でも認識されてきており (Eich-Born and Hassink 2005; Hassink 2007 など)，これらは，政策立案者が新たな産業部門の開発に努めるという非常に重要な挑戦を引き起こしているのである。

埋め込みはまた，暗黙的形態での知識を企業がいかに生み出し，活用し，伝播させるのかということにも影響を与えている。暗黙知は，地理的な文脈，文化，産業コミュニティに埋め込まれている。それは，行動や経験を通して具象化されるもので，

---

1) 埋め込まれた紐帯というのは，信頼，社会経済的な相互依存性，文化的一体性，権力関係，経験の共有を通じてつくりあげられる個人間の強い関係性である．弱い紐帯には通常，このような性格はほとんどないが，異なった属性の人々，組織，場所との新しいいままでにないつながりをもたらすことができる（すなわちブリッジング）．

空間的に近接した関係性を通じて最大限に伝達され，クラスターや地域が「局地化の経済」やグローバルな競争優位性を発達させる上で重要な手段になるものなのである（Polanyi 1967; Gertler 2003; Morgan 2005）（☞2.1 イノベーション，3.2 産業クラスター）。こうした研究のとくに重要な鎖が焦点をあてるのは，実践コミュニティ（CoP），すなわち，特定の産業部門（例えばバイオテクノロジー）ないし管理上の活動（例えば保険の支払い請求への対応）と結び付いたものなどの企業内や企業間における「多様な学習コミュニティの集まり」に埋め込まれた暗黙知である（Wenger 1998; Amin and Cohendet 2004; Amin and Roberts 2008）。これらのコミュニティの参加者は，自分たちの日々の活動を構造化するフォーマルな関係性（取引を媒介としたものなど）とインフォーマルな関係性（偶発的なもの，社会的なもの）の両方を通じて，知識を創造し分配しているのである。

　埋め込み研究の第 4 の方向性は，国際貿易や対外直接投資（FDI）に対する埋め込みの影響を検討するものである。ベランディ（Bellandi 2001）は，企業が外国のある場所に進出した状況を次のように観察している。企業は進出先の地域経済に埋め込まれないままでいることもできるのであるが，この場合には，本国からその地域経済に移転される知識や資源はわずかなものである。逆に，企業が現地での強度な社会経済的相互作用を維持し得る「埋め込まれた組織」をつくりあげられれば，当該地域により豊富な知識や資源をもたらそう。ある程度の距離を置いて埋め込みを達成するということは，投資企業と投資先地域の双方にとって難問を引き起こす。なぜならば，双方とも相手のニーズを汲み取って支援することで，企業を優先するのか，地域を優先するのかということに折り合いをつけなければならないからである。その上，どちらが主体となって埋め込みのプロセスを制御するのかという権力関係の問題がある。例えば，バンクーバーの映画産業は，歴史的に合衆国からの対内直接投資（FDI）に依存してきており，したがって，合衆国の生産基準や実践にある程度埋め込まれたものである（Coe 2000）。対照的に，中国政府は自動車産業における外国からの対内投資に対して，もし中国市場にアクセスしたい場合にはローカルサプライチェーンのネットワークにその活動を埋め込むように義務付けてきた（Liu and Dicken 2006）。

　最後に，経済地理学者らは埋め込みという語を，個人が社会 - 空間的に根差していりることが，彼ないし彼女の雇用機会，起業家の競争力，もしくは生活行動に果たす役割を評価するために使用してきた。個人は，長い期間の居住や，個人的交流の広がりや質（信頼性など）を通じて場所に埋め込まれるようになった。そして，家族，文化，階級，あるいはジェンダーを基盤とする社会的関係が個人に有用なように職業上・経営上のネットワークを構造化するというやり方でこのような埋め込みはなされる（Hanson and Pratt 1991; Hanson and Blake 2009）。このような埋め込みの形態は，特定の社会

的グループ（例えば，女性，移民）の諸機会へのアクセスが構造的な不平等にいかに制約されているかということを左右するという点で重要な役割を果たすものである（☞ 2.3 アクセシビリティ）。

埋め込み概念に対する批判

埋め込みは，経済地理学における重要な概念として広く受け入れられているにも関わらず，近年においては重要な方法論的・理論的な批判が多数提起されてきた。これらの関心や議論は，いかにしたら経験的研究において埋め込み概念が検証できるのか，埋め込み研究が一般的に行われるスケール，そして最も大局的な指摘として，埋め込み概念は経済地理学の理論に有用であり続けているのか，といったことに焦点があてられてきた。方法論的には，MacKinnon et al.(2002)が埋め込みと経済的な結果（学習，イノベーション，集積など）の間に明瞭な実証的つながりが欠如していることを批判している。個人は，多元的に重なり合った社会的関係に埋め込まれているため，インタビューを通じて埋め込みに関するデータの収集を成し遂げるのは困難である（Oinas 1999; Ettlinger 2003）。このように，研究者にとっての重要な課題は，経済活動における埋め込みの役割を正確に測定する尺度や指標を開発することである。

2つ目の批判は埋め込み研究のスケールと関連している。埋め込みに関する研究は，一般にローカルな活動にばかり焦点を当てており，その役割や成り立ちに関して部分的な理解しか提供していないとヘス（Hess 2004）は主張している。一方，このような埋め込みの地域的形態——すなわち，アクター（企業や起業家など）の特定の場所や地域への繋がり——は，一つの重要な局面であり，また埋め込みの社会的ネットワーク上の形態がいかに経済活動に影響するのかといったこと理解する上でもまた地理学にとって重要である。社会的埋め込みは，より大きなスケールでの文化的・政治的・社会的な制度や，アクターのアイデンティティ，世界に関する理解を作り上げる諸属性と関連している。ネットワーク状の埋め込みとは，アクターがそれによって形づくられ，そこに埋め込まれる社会的関係性を示す表現である（☞ 5.5 ネットワーク）。ヘスは，すべての経済的アクター（例えば，企業，労働者，消費者）は多元的スケールにおける制度ないし構造に独自に埋め込まれ，そしその不均質性は，地域的発展プロセスやグローバルな貿易・投資の関係に，重要な役割を果たしていることを論じている。例えば，多国籍小売業の本国で抱かれるイメージ（すなわちその社会的埋め込み）という関心は，児童労働が平然となされているような地域・場所への投資を控えさせることもあろう（Hughes et al. 2008）。あるいは，出石（Izushi 1997）が日本のセラミクス産業の事例で示しているように，ローカルな企業の活動が主としてキーをなす外部バイヤーと

の関係性に埋め込まれているならば，このことは企業が知識のスピルオーバーや地域経済に外部性をもたらすこと妨げるであろう．

　最後に，埋め込み概念が有効性を維持しているのか否かといった大局的な疑問を発する論者もいることを紹介しておきたい．ペック（Peck 2005）は，埋め込み研究が，階級関係のような構造的要素を犠牲にして中間的な社会的文脈を過剰に強調しているということを論じている．ジョーンズ（Jones 2008）によれば，埋め込み概念では，発展の原動力となる空間的プロセスの理解がよくいえば限定されており，経済的プロセス（ネットワーキング）と経済的結果（成長）とが合成されてしまっているという．さらに彼は，経済地理学者が取り組まなければならないことは，単なる文脈上の現実というよりは，経済的結果を牽引する社会・空間的な実践を分析することだということを論じている．これらのような批判にも関わらず，埋め込み概念は，地理学者が場所・地域・空間に位置している経済的アクションを検討する際の重要な概念的なレンズであり続けている．

KEY POINTS

- 埋め込みは、経済活動が、社会的、文化的、政治的システムと分ちがたく結び付いていることを示す概念である。この概念は当初、社会学者によって用いられるようになったのであるが、経済地理学者は、空間的・歴史的に位置する非経済的要因が、企業や産業、地域の発展にいかに影響しているのかを研究する際に、この概念を積極的に用いてきた．
- 個人・企業・産業は、空間的な定着、個人間・企業間の関係性、相互信頼、経験の共有、文化的均質性、構造的相互依存性を通じて、あるいは、経済的機会・可能性を制約する制度的諸力を通じて、場所やネットワークに埋め込まれるようになる．
- 埋め込みについての研究は、それが産業地域や産業クラスターを形づくる役割、地域経済成長に対するネガティヴな影響、対外的な貿易・投資の関係への影響、そして、それが特定の社会集団（女性や移民者など）に有効な経済的機会をいかに構造化するのか、といったことに焦点を当ててきた．

FURTHER READING

Gertler et al. (2000) は、多国籍企業を地域経済に上手く埋め込む際の諸課題を検討している。Glückler (2005) は、埋め込まれた社会的実践がいかに国際的なコンサルタント市場の形態をつくりだすかを考察している．James (2007) は合衆国のハイテク産業の文化的埋め込みの詳細を明らかにしている．埋め込みを通じた地域的ロックインの近年の分析としては、メキシコのアパレル産業についての Lowe (2009) 参照．埋め込み概念の限界についての近年の議論としては、一つの産業クラスター内でいかにイノベーションが生ずるかを分析した Hervas-Oliver and Albors-Garrigos (2009) を参照のこと．

5.5 ネットワーク

　ネットワークとは，人々や企業群，さまざまな場所を相互に結び付ける社会経済的な構造であり，地域内や地域間での知識や資本，商品が流動することを可能とするものである。この概念は，経済活動が空間をまたいでいかに組織化され，経済的な関係性（例えば，企業間やビジネスピープル間）が場所における成長や発展へいかに影響するかという説明を助ける。経済地理学者は，主に2つの視点からネットワークを研究してきた。その第1は，ネットワークが産業クラスターやグローバルな取引，投資の関係性をいかに組織するかを強調している。第2には，諸個人や諸企業が経済的領域における社会的ネットワークをいかに構築しいかに活用しているのか，そして，ネットワークへのアクセスが，ジェンダーや階級，もしくはエスニシティと関連した社会的不平等によっていかに方向付けられるのかといったことに焦点が当てられている。

経済的組織としてのネットワーク

　ネットワークとは，市場や階層性とは異なった観点である。すなわち，ネットワークは，価格設定メカニズム（市場）を通じてでも権力の強制（階層性）を通じてでもなく，社会経済的な関係性を通じて経済の組織化を助けるのである（Powell 1990; Powell and Smith-Doerr 1994）。価格や権力といったものは，あるネットワークのなかで，誰がいかに参加するのかを決定付けるのであるが，ネットワーク研究が強調するものは，企業間・地域間の関係性がいかに発展し，ネットワークの紐帯の構造的性格（すなわち紐帯の強度や不同）が地域発展やイノベーションプロセスをいかに形づくるのかという点である。地理学者らは主に，地域的スケールとグローバルスケールの，2つのスケールにおいて，ネットワークの形態や機能，影響について研究してきた。

　地域的なスケールでのネットワーク研究は，ネットワークがいかに集積の経済やクラスターの形成に貢献するかに焦点を当ててきた（☞ 3.2 産業クラスター）。学習は成功したクラスターの一つの重要な性質であり，そこにおいて企業間ネットワークは新たな知識の創造や伝播に中心的な役割を果たしている（Camagni 1991）。ネットワークは2つのメカニズムを通して新たな知識の創造や伝播に貢献する。一つは，従業者や企業，国・州の機関の間の空間的に近接した関係性を通じてクラスター内部に「バズ」や情報の流動を創造するネットワークのメカニズムである（Bathelt et al. 2004）。もう一つは，ローカル企業と非ローカル企業との間で情報や知識を交換する「パイプラ

イン」をつくりあげるというネットワークのメカニズムである。アミンとスリフト (Amin and Thrift 1992) による，サンタクローチェスッラルノ (イタリア・トスカーナ州) やロンドンの産業地域のような「ネオ・マーシャル的な結節点（ノード）」の分析は，グローバル企業のネットワークへリンクする能力にいかに大きく依存してこれらの地域の成功があったのかを示している。これらの地域に紐帯を構築するためには，地域政策の立案者は知識・資源・資本の流動を改良する制度的状況を生み出す必要があった (Amin 1994; Coe et al. 2004) (☞ 5.3 制度)。発展途上国においても，上記のようなグローバルとローカルのリンケージが発展への見通しに大きく影響しており，ネットワーク分析によっては，いかに，なぜ，不平等にも一部の場所や人々のみが，多国間の貿易・投資の関係性[1]から利益を享受できるのかを説明できる。例えば，ベクら (Bek et al. 2007) は，イギリスのワイン消費者を南アフリカにおけるワイン生産者と結び付けるネットワーク形成を多様な産業や発展のアクターがいかに支援するのかということを示した。

カステル (Castell 1996) によれば，グローバル経済とは「ネットワークのネットワーク」であって，そこにおいては，場所や地域が最も生産的で競争力があるかを左右する上で情報創造や情報アクセス，情報活用が中心的な役割を果たしている。情報資本主義の時代において，企業や地域の競争力の大部分は，資本や（価格やイノベーション，市場などの）情報が流動するグローバルネットワークへ繋がる能力に基づいている。こうしたグローバルな「フローの空間」は，新たな情報技術 (IT) やポスト冷戦期の政治上の再編成（例えば，多国間貿易協定），海外への生産移管やアウトソーシング，多国籍企業の OEM の実践を通じて新しい国際分業 (NIDL) が発展した結果としてもたらされた (☞ 4.2 グローバル化，6.1 知識経済，4.4 グローバル価値連鎖)。

重要なこととして，新国際分業は，都市のグローバルなネットワークを通じて構成されているのであって，企業の業務機能，国際的な金融企業，生産者サービス，交通・通信システムがグローバル・ネットワーク上の都市群に集中し，それらをコントロールしている。フリードマン (Friedmann 1986) が述べているように，これらの諸都市は，不均衡なグローバル発展を牽引する上で重要な役割を果たしており，また，これらの諸都市は，グローバルな経済活動を調整するという点での機能的な役割や力に基づいて，一つの空間的な階層構造のなかに組織されている (☞ 4.1 中心・周辺)。最も力強い都市——第一級の世界都市（ロンドン，ニューヨーク，東京など）——は資本蓄積の中心としてだけでなく，グローバルな取引や多国籍企業の投資活動の中心としても機能

---

[1] 開発地理学者もまた，発展途上経済が，労働移民，外国援助関係，社会運動と関係した取引ネットワークにいかに影響されているのかを研究する際にネットワーク分析を援用するようになってきている (Bebbington 2003; Henry et al. 2004)。

している。第一級の世界都市は，第二級・第三級の世界都市（例えば，サンパウロ，香港，ヒューストンなど）とともにネットワーク化されているのであるが，これら下位の世界都市は，特定の産業，すなわち先進的生産者にサービスを提供する産業（法律事務所，会計事務所，保険業，物流業など），当該都市地域で操業する多国籍企業に対する金融サービス業の中心として機能している（Knox and Taylor 1995; Beaverstock *et al.* 1999; Taylor and Aranya 2008）。例えば，香港は中国内外への資本流動の組織化に中心的な役割を果たしており，ヒューストンは石油産業の世界的な中心地である（Rossi and Taylor 2006）。

社会的組織としてのネットワーク

ネットワーク研究における2つめの系譜は，個人や企業の社会的性質に焦点を当てる。本領域の研究は，経済社会学や組織理論で進行してきた研究と大いに通じるものがあった（Granovetter 1985; Powell and Smith-Doerr 2005）。経済地理学者らは，こうした考えを拡張して，社会的ネットワークがいかに小規模企業や地域の発展プロセスへ影響するか，ネットワーク構造がいかに社会的不平等を反映するか，ネットワークが個人間の社会的相互作用を通していかに展開するかのを理解しようとしてきた。

個人間や企業間のネットワークは，それらが社会関係資本（ソーシャルキャピタル）を結集する能力を通じて地域発展に重要な役割を果たしている。社会関係資本とは，ウルコックが「一個人ないし一企業の社会的ネットワークに内在する互酬的な情報や信頼，規範（Woolcock 1998: p.153）」と定義するところのものである。社会関係資本の創造や結集が効果的になされる時，ネットワークは企業内・企業間における情報・資源の交換を向上させ，起業家精神を発展させる（Anderson and Jack 2002; Nijkamp 2003; Yeung 2005b）（☞ 2.2 起業家精神）。ネットワーク・ゲートキーパー（大企業や「コミュニティ企業」）が多様な企業や政策立案者と相互に作用し，これらに知識を拡散させることが可能なように，都市や地域の制度が信頼の一般的形態を醸成する場合，ネットワークはより広い規模の発展に貢献する（Malecki and Tootle 1997）。例えば，マーフィーら（Murphy 2002; Mackinnon *et al.* 2004）は，タンザニアやスコットランドにおける中小企業のインフォーマルなネットワークが，いかにイノベーションや情報伝播，市場アクセスを形成しているかを提示している。ネットワーク化された地域ないし「連携の経済（associational economies）」が時間の経過とともに出現して，イノベーションや学習を促進するというのが理想的である（Cooke and Morgan 1998; Malecki 2000）。

社会関係資本はまた，すべての社会に存在する制度的，文化的，民族的，社会的なバイアスを反映したネットワーク状の構築物としての暗い側面を有している（Hanson 2000）。これらのバイアスは，ジェンダーや人種，エスニシティ，社会階級の結果と

して，有効な社会関係資本を既に有している個人や企業を特権化させる一方で，産業もしくは労働のネットワークから，資質があって競争的ないしはイノベーティブな個人や企業が排斥される結果を導く可能性がある。例えば，ハリソン（Harrison 1992）は，成功を収めた産業地域を編成する企業内ネットワークが文化的同質性に立脚していると主張し，ターナー（Turner 2007）は，インドネシアにおいて文化的なファクターがいかに生活のネットワークを形成するかを証明しており，また，ハンソンら（Hanson and Blake 2009）は起業家のネットワークが，ジェンダーという線引きによって，いかにセグメント化され，このことが女性の情報や金融，その他の形態の支援へのアクセスを制約してしまうのかを示した。

アクターネットワーク理論

アクターネットワーク理論（ANT）は，経済地理学者によるネットワークの理論化に重大な影響を与えてきた。ANTは科学技術論研究（とりわけ人類学者や社会学者による研究）に端を発し，その初期の提唱者は，科学的発見や研究の原動力となる社会的，技術的，物質的なプロセスをよりよく理解することに興味を抱いていた。ANTは，主にブルーノ・ラトゥール，ミシェル・カロン，ジョン・ローらによって主たる発展をみたものであったが，トマス・クーン（Kuhn 1962）の科学革命研究，ミシェル・セールの科学哲学，そして，現象学，ポスト構造主義，社会心理学，エスノメソドロジーを始めとする多様な哲学的伝統からも重要な着想や影響を得ている（Callon 1986; Latour 1991; Law 1992; 2008; Knorr Cetina and Bruegger 2002）。

ANT研究者は，経済的な諸アクターをそれらのアクションから切り離して理解するのは不可能であると主張している。なぜなら，そうしたアクションは多様な形態で多様な重みをもった関係性に埋め込まれているからである。ANTアプローチのもとでは，孤立したアクター（すなわち行為者）もしくはネットワーク（すなわち構造）といったものがあるわけではなく，代わりにあるものはアクターネットワークで，それは諸個人，その多様な過去や現在における他者との多様な関係性，物質的な生成物（例えば，技術，文章，貨幣，物理的空間）から構成され，特定の経済活動へと結び付いている。アクターらが（交換，投資，研究ないし知識コミュニケーションのような）相互作用に関与する時，アクターは，関係性において信頼を構築したり，物質的な生成物を参照することによってそれらの認識理解を結集する（Murdoch 1995; Murphy 2006b）[2]。彼女ないし

---

[2] 多くの研究者がANTのなかでも極端な例を拒否しているのではあるが，無生物ないし動物が人間と対等の行為者性を有しているといわれている状況では，物質的な人工物が社会的接触とその結果を形づくるという考え方は，多くの人に認識される重要な見識である。

彼のアクターネットワークへの他者の効果的な取り込み（enrolling）という目標を伴って，これらの関係性を通じて力は発揮される。翻訳（translastion）は，取り込みのプロセスにおいてアイディアが伝達される手段である。取り込みは諸アクターの視点の整合化（alignment）を導き，ひいてはこのことが，ローカルおよびトランスローカルの双方で経済的アクション（取引，学習など）を促進する。これらのミクロな社会的相互作用や交渉が，経済空間や相互関係，相互依存性を築くのである（Murdoch 1998）。

カロン（Callon 1986）は，フランス漁業における科学者と漁師，ホタテ貝の関係性の分析を通じて，取り込み・整合化・翻訳プロセスに関する研究が，経済的およびエコロジカルな結果をもたらす原動力となる社会的ダイナミクスや力関係に関する重要な洞察を提供し得ることを最初に示した。一部の経済地理学者にとっては，このような研究は，特定の文脈に依存した詳細に注目するものであること，経済・産業・技術の発展プロセスを形づくる個々の行為者の役割に敏感であることから，ある程度魅力的なものであった。より最近においては，カロンら（Callon 1999; Callon and Muniesa 2005）は，コスト計算や価格査定，交換の関係性の実行においてアクターによって用いられる認識枠組みを通じて，市場が社会的・空間的に秩序立てられていると主張している（Berndt and Boeckler 2009）。また別の経済地理学者にとって，ANTアプローチは，ネットワークの関係性が空間と時のなかでいかに形成され，維持され，拡張されたのかという議論に意義深く貢献してきたものととらえられている（Grabher 2006）。関係論的な近接性はこれらの研究において共通のテーマであり，そこでは，空間的近接性の概念だけでは，現代の経済活動の地理を理解するには不十分であると考えられているのである（Bathelt and Glückler 2003）。「翻訳」や「取り込み」を受け入れやすい社会空間を創造することによって，諸アクターは，多元的な空間スケールの内部，スケール間での安定した紐帯を構築することが可能で，効果的に「距離を隔てて作用」するのである（Dicken et al. 2001; Hess 2004）。シェパード（Sheppard 2002）が指摘するように，ANTアプローチは，グローバルネットワークがいかに構築され，諸個人や諸企業，場所を非平等な力関係のもとに位置付けるものか理解する上で有効な枠組みを提示している。ANTアプローチに由来する発想は，スロバキアにおける衣服生産者と欧州のアパレル市場との関係性の分析（Smith 2003），技術，社会，地域発展の間の結び付きに関する概念的議論（Truffer 2008），韓国の種苗産業へと他国の多国籍企業を結び付けるネットワークの研究（Kim 2006）など，多様な経済地理学研究に適用されてきた。

ネットワーク概念に対する批判

ネットワーク概念は経済地理学に広く影響を与えてきたのではあるが，これに対し

て重要な批判がいくつか存在する。第1に，ネットワークは過度にポジティブに表現されており，ネットワーク研究は，構造的な形態の権力やそれを永続化させ，もしくは再生産する不平等に取り込むことを怠っているという主張がある（Peck 2005a）。第2に，ネットワーク研究，とりわけANTから応用された考え方は，過度に説明的，事例研究指向的で，ミクロ社会学的ではないかという関心がある。このように焦点が限定されているために，地域経済ないし国民経済において，より大局的な社会経済的現象（例えば，諸制度）がいかに出現するかといったことを厳密に説明するには，そのようなアプローチに限界があるのではないかということが疑問視されている（Sunley 2008）。第3に，空間経済において諸アクターを結び付ける信頼し合える結束（trusting bonds）や強い紐帯（strong ties）に強調点が置かれてきたのではないかということが議論されている。むしろ，これらを超えて弱い紐帯（weak ties）もしくはグラバー（Grabher 2006）が新しく今までにない社会的関係性が発生するつかのまの「共通機会（public moments）」として性格付けたようなものに目を向ける必要がある。第4に，ネットワーク研究は，方法論的に過度にアドホックであって，企業やクラスター，産業地域におけるパフォーマンスの度合いが，ネットワーク構造やその広がり，安定性の程度へと不適切に結び付けられているとの主張がある（Staber 2001）。

KEY POINTS

- ネットワークは、人々や企業群、多様な場所を相互に結び付ける社会経済的な構造であり、地域内や地域間での知識や資本、商品が流動することを可能とする。この概念は、経済活動が空間上でいかに組織化され、（例えば、企業間やビジネスピープル間での）経済的な関係性が場所における成長や発展へいかに影響するのかを説明する一助となっている．
- 経済的ネットワークは、企業間の関係性、グローバル価値連鎖、地域間リンケージを組織し、グローバル経済に不均等発展はなぜ、いかに存続するのかについて有益な視点を提供している．
- 社会的ネットワークは、イノベーション、起業家精神、地域発展に寄与し、人種、ジェンダー、エスニシティ、階級に基づいて個人を排除することもある．信頼、文化的類似性、相互理解に立脚した関係的近接性は、異なった場所に位置するアクターが長距離のネットワークを構築する手助けとなる．

FURTHER READING

Kingsley and Malecki (2004) は、ネットワークが小企業の起業家精神と成功にいかに貢献しているのかに迫っている．Glückler (2007) は、ネットワークの進化を概念化し、ネットワーク構造の地域のイノベーション・発展の見込みへの影響の仕方についての類型論を提示している．Taylor et al. (2009) は、1970年から2005年の間の航空旅客流動の分析を通じて、北側世界と南側世界を結ぶグローバルネットワーク構造を検討している．Hadjimichalis and Hudson (2006) は、権力の不平等を扱うには不十分だとしてネットワーク概念を批判している．

第6章
経済地理学の新しい研究課題

　経済、そして経済地理学という学問分野は今後どのような課題を抱えるだろうか。最終章では21世紀において重要性を増している経済的傾向を表す新しい概念に焦点を当てる。

　知識経済の観念は1960年代に見出されたものであるが、この概念は自然資源から知識を基盤にした資源へとシフトした経済活動の新たな分野における基礎として着々と意義を増している。知識経済は、製造業雇用が減衰しつつあることから、新たな雇用の創出源を求めている先進工業諸国における将来像とみなされている。また、知識の重要性を認識することはブルーカラーからイノベーターへという労働者の再概念化へと導く。これはきちんと記されるべきことであるが、多くの研究者は知識集約的活動と労働集約的活動の間の地理的分離を疑わしいものとしてとらえ、実際には両者が相互依存する関係にあるものとみなしている。ある国の経済は、それが純粋に知識牽引型になることで存立し得るだろうか。

　知識経済と同様、経済の金融化は一夜にして突然訪れたわけではなく、第二次世界大戦以降発展してきたものであるが、2008年の金融危機に伴い今後より一層その重要性を増すであろう。一部の人々はグローバル金融資本主義を、先例のない好機を提供するものとみなしている一方、他の大部分の人々はこのような資本主義を持続不可能で高いリスクを引き起こすものとみなしている。グローバル金融資本主義は新たな形態のガバナンス構造を求めており、それは金融世界の投機的で移ろいやすい側面を完全に組み入れたものである。

　消費は、長年の間、もっぱら生産に目を向けてきた経済地理学者にとって比較的新しい興味対象である。それゆえ、分野横断型の交流と、他分野からの学習は今日の消費に関する研究の中で目立っている。しかし、本章の中で紹介するように、消費は経済地理学において深い歴史的根底を有してきてもいる。消費はますます、国際経済を動かすものとなり、消費者の嗜好において同時に進行する均質化と多様化は、生産に対してだけでなく、階級の概念化においても複合的な影響をもつ。今日における消費者は一つの政治的権力となっており、例を出すならば世界の反対側における人々の労働状況をつくりだすことに影響力をもつようにもなっている。

　最後に、持続可能な発展の概念は1980年代に環境資源の減少に関心が高まるなかで現れた。持続可能な発展が社会、環境、経済の各優先順位上のバランスを必要とするという合意があるなか、どのようにこのバランスを最良に達成するかというところに意見の重大な相違が残されている。「強度の」持続可能性支持者が、政府介入がエネルギーおよび物的フローの調和に必要であり、経済成長には限界があると考えるなか、「弱い」持続可能性支持者は、市場諸力が持続可能な発展形態へと最適に導くことが可能であると考えている。経済地理学者はとりわけ産業システムや都市あるいは地域の発展過程の持続可能性、環境に優しい製品認証システム、世界的気候変動の地域発展戦略や生活戦略への影響、といったことに興味を抱いている。

6.1 知識経済

今日，知識は最重要資源の一つであり，経済成長に寄与する必要不可欠な推進力であると考えられている（☞2.1 イノベーション）。伝統的に，経済地理学者や経済学者は資本や労働の投入を成長の主要な原動力としてみなしている。一方で，周辺（独立後の第三世界）における豊富な資源を抱える貧しい経済の問題は，依然として自然資源はそれだけでは経済成長へ変換されないことを非常に明確に示している（☞4.1 中心・周辺）。多様なオルタナティブな見解が，新植民地主義，産業組織，政府の諸制度や規制，経済成長の重要な担い手としての国家的・地域的文化を強調しつつ，技術革新への注目を伴って現れている。知識経済の概念を強調する研究者は，技術レベルや労働力の創造性(クリエイティビティ)によって表現される知識というものが技術革新や経済成長の主要な原動力であるという見解をとっている。経済学者らは，新しい成長理論に関するローマー（Romer 1986）による影響力の強い研究の発表に至るまで，重大な成果がない中，知識を内生的投入としてモデル化しようと試みていた。ローマーは，内生的な技術変化が長期にわたる経済成長をいかに導くか示すために，知識が収穫逓増を伴う生産への一投入であるものとして考えた。

中心経済における政策立案者は，脱工業化の進行や雇用の創出源としての新たな経済部門の必要性に関心を持っており，政策立案者は知識経済と密接に関係を持つ職業を外国への赴任にほとんど抵抗力が無いものとみなしている（例えば，教育者や医師）。一体となった知識経済の創造は，多数の経済にとって政策目標にとどまらず研究上の焦点でもある。

知識労働者の出現

経済成長における知識の役割に関する研究は経済発展段階の理論の一部分として現れた（☞3.3. 地域格差）。経済的進歩は，次の発展段階についての多様な思索をともなって，農業から製造業への変遷として理解されてきた。経済学者のマハループ（Machlup 1962）は，知識生産の占有率の劇的な増加に関する測定結果より，合衆国経済における知識経済の出現を予測した。マハループは肉体労働者から知識労働者への労働需要の変化を測定したのである。そしてマハループは政府の研究所や大学機関での教育や研究への投資を通じた知識生産における政府の役割の重要性を強調した。

経営学において著名な思索家であるドラッカー（Drucker 1969）は，知識社会の出現

を唱え，そのなかで我々の経済の基盤は肉体労働者から知識労働者へとシフトし，主要な社会的支出は品物から知識へとシフトしたと主張した。同様に，有名な社会学者ら（Touraine 1969; Baudrillard 1970; Bell 1973）はポスト工業化社会の到来を唱え，そこでは，社会が製造業依存の経済からサービス依存の消費社会へ発展していると主張した。三者は北米や西欧において，ブルーカラーの製造業雇用優位からホワイトカラーのサービス業雇用優位へのほぼ普遍的な変化を目にした。今日の多くの製造活動（例えば，エレクトロニクスやバイオ・製薬関連がそうであろう）は知識集約的であり，それらの空間組織が高度に熟練した知識労働者の調達可能性を反映していることは今日広く認識されているにも関わらず，上記のような知的系譜があるために，知識労働者の出現に関する初期の研究は，サービス部門の台頭ということと強く結び付いて行われた（Cooke 2001; 2007）。

サービスから知識集約型サービスへ

製造業からサービス業への雇用のシフトに関する研究は，なぜそのようなシフトがほとんど例外なくみられるのかを説明しようと努めた。フックス（Fuchs 1968）によると，サービス部門における雇用の増加には以下の3つの理由が含まれるという。すなわち，①所得の増大はサービス業における最終需要の増大に寄与する，②製造業に関わるサービスの成長が分業を通じてサービス部門の中間需要を増やす，③なぜならサービス業の生産性の増加は概して工業より小さく，サービス業はより多くの労働を求めるからである。

サービス経済に関する研究は1980年代に大西洋の両岸において興隆した（Stanback 1980; Stanback et al. 1981; Gershuny and Miles 1983; Daniels 1985）。しかしながら，これらの研究もまたかなりの非難に遭遇した。一つはサービスの概念化が非常に疑わしいものであるとわかったからであり（Singelmann 1977; Cohen and Zysman 1987; Sayer and Walker 1993），もう一つの批判は，サービスは製造業の「補助的」なものとしてみられていたので，経済成長の原動力としての役割を果たせないというものであった。クズネッツ（Kuznets 1971）はサービスが地域におけるマクロ経済的な成長により依存する傾向があり，とりわけ，サービスに対する需要は製造部門によって生み出される，と主張した。ハーシュマンはこれらの関係性を部門間補完性と呼び，サービスが金銭的外部経済[1]を生じさせるため，部門間補完性が経済成長に重要なものであるととらえた。コーエンら（Cohen and Zysman 1987）は部門間リンケージにおける地理的局面を強調した。同研究

---

1) 金銭的外部経済とは市場（すなわち，価格）を通じて他に影響を及ぼす外部性の一種である．

によると，製造業とサービス業は密接に連鎖しているため，もっぱらサービス業に特化している成長戦略には効果がないという。研究はまた，製造業からサービス業の雇用のシフトのなされ方やその速度には，相当な多様性があることを最も発達した産業経済において発見した（Castells and Aoyama 1994; Aoyama and Castells 2002）。加えて，先進国から発展途上国への段階的発展理論の適用には疑義が唱えられている（Pandit 1990a; 1990b）。

さらに，多くのサービスは労働集約的で，限定された市場ポテンシャルを伴って非輸出指向であり，革新の欠如や生産性の低成長とも結び付けられてきた（Miles 2000）。しかしながら，近年の論文では特定のサービス部門は輸出指向[2]（Wood 2005）であると主張し，雇用成長のみならず高い生産性をみせている。しばしば，ブランディング，広告や金融のパッケージのような製品を販売する知識・サービスの機能が，製造された商品の決定的な競争優位としてみなされている（Daniels and Bryson 2002; Lundquist et al. 2008）。

結果として，サービス経済における知識の側面を分析することに興味をもつ経済地理学者は，ますます高度の生産者サービスや，知識集約型サービス（KIS）へ研究の範囲を限定することとなっている（Gillespie and Green 1987; Marshall et al.1987; Warf 1989; Daniels and Moulaert 1991; Beyers 1993; Clark 2002）。これらのサービスは概して重要な専門知識を必要とし，消費者よりは企業を主要な顧客にする専門特化したサービスである。これには，会計，広告，ビジネスコンサルティング，エンジニアリング（建築，ソフトウェアプログラミング，バイオ工学），法律事務所，金融サービスなどが含まれる。より最近においては，高度な生産者サービスがグローバル化する側面に研究上の焦点が置かれてきている（Leslie 1995; Jones 2005）。

ニューエコノミー

ITの拡大に関連付けられる1990年代の経済成長は，ニューエコノミー（またはデジタルエコノミー）という用語をつくりだした。概していえば，ニューエコノミーという用語は，1990年代後半の経済状態へ寄与した多様な構造変化に言及するものである。ベイヤーによると，ニューエコノミーとは「トランジスター，半導体，そして私たちの生活の全側面に幅をきかせる無数のアプリケーションの発展に起因する電子コンピューター能力・通信能力における革新（Beyers 2000: p.2）」である。幾らかの人々

---

[2] 輸出可能サービスには，例えば，会計サービス，金融サービス，そして，消費者が事業所の立地点からかなりの距離を隔てて位置されるかもしれない他の種類のサービスを含んでいる．

はITの影響を第二産業革命と同等のものとみている。産業革命という用語を用いるのは，技術が影響を及ぼしたのは部門内に制約されたものではなく，金融部門，製造部門，小売・卸売部門，消費部門において採用されるなど，部門を越えたものであったからである。このように，ITはある経済の生産性を全体的に押し上げることに対して重要な役割を担っている。

カステル（Castells 1989）は，産業化時代の発展様式が情報化時代の発展様式にとって替わられたことを主張した。この時代において，生産や消費，政府の規制において情報処理活動は重要な地位を占めている。新しい機会を有効に活用しようとする活動的な起業家精神が，1990年代後半のドットコムブームを引き起こすことになった新技術をもたらしたのであるが，これらのことは合衆国における証券市場を著しく押し上げることになった。ベンチャーキャピタルはビジネススタートアップ（Florida and Kenney 1988）のための資金の重要源として知られてきたが，ベンチャーキャピタルは，自ら起した会社のIPOs（新規株式公開）からかなりの利益を得ていることによってドットコムブームの間，著しく目立つようになった。ニューエコノミーはまた，合衆国，シリコンバレーに例示されるように，積極的な起業家精神の文化を創造した（Saxenian 1994）（☞5.1文化）。IT起業家を引き付けそれを留める地域的能力は，知識経済において，地域の将来をみる上での重要な指針であるとみなされている（Saxenian 1994; Malecki 1997a; McQuaid 2002）。

生産性上昇の見込みと活動的な起業家精神との複合効果が，資本主義の下での新しい経済論理を成り立たせたという。しかしながら，幾人かの論者が，弁護すべき概念としてのニューエコノミーの妥当性に疑問を抱いているということは，記されるべきことである。例えば，ゴードン（Gordon 2000）はインターネットが経済的インパクトという点で，過去の他の革命的なテクノロジーには及んでいないと主張した。

知識経済における支配階級

スリフト（Thrift 1997）の知識経済に対する興味は，「文化論的転回」という文脈の中で現れた（☞5.1文化）。スリフトにとって，学者と経営コンサルタントは手を組んで特有の知的言説を生み出すのであり，その知的言説はグローバルなビジネスの組織化に影響を及ぼすものである。スリフトは，資本主義において特定の言説が果たす役割を強調しつつ，経営主義的な言説の覇権を「ソフトな資本主義」と呼び，成功のための継続的な監査と測定のように，一定の企業文化から生じる「有害な抽象化」に対して警鐘を発した（Thrift 1998）。こうした新しい経営主義的な言説は，グローバルな経済的不確実性という新しい支配的なメタファーのみならず，永続的に緊急を伝える

言説をも通じて生み出されている（Thrift 1997; 2000b）。結果として，MBA プログラムでのトレーニングや，管理者層の高い流動性によってなされるトレーニングを通じてグローバル規模での「資本の文化的循環」が現れる（Thrift 1998; Hall 2009）。

カステル（Castells 2000）は，「フローの空間」を概念化し，それを「情報社会における支配的な諸過程や諸作用をサポートする物質的な形態」とした (p.442)。彼は，フローの空間を，空間的形態や空間的プロセスを示すものであり，以下の 3 つのレイヤーで構成されていると主張した。それは，電子的やり取りの回路，結節点ないしハブ，そして，支配的な経営上の国際的なエリートの空間的組織である。結果として，空間フローとは「それぞれの社会構造に特殊な支配的利益をめぐって非対称的に組織される」ものである (p.445)。しかしながら，国際的なエリートとは，もはや先進工業諸国出身の人々に制限されるものではない。サクソニアン（Saxenian 2006）によると，インド，台湾，中国からの「現代のアルゴナウテース（訳注）」は，自らの国際ビジネスネットワークやソーシャルネットワークを通じて，地球規模での知識循環の主体としてますます重要となっている。

フロリダ（Florida 2002b）は創造性（クリエイティビティ）が経済成長の主要な源泉となるに伴って，われわれが今まさに新たな資本主義発展の局面に突入していると考えている。フロリダによると，都市の将来的見通しは，今日，彼が「クリエイティブクラス」と表現するような人々を引き寄せ，そこに留めることができるかどうかにかなり依存すると唱えた。クリエイティブクラスとは，アーティスト，ジャーナリスト，大学教授，科学者やエンジニアなどの創造的な仕事に従事する専門的で技術的な職業における幅広い領域を包含する。彼の研究は成長拠点とクリエイティブクラスとの間に強い関連性を見出し，アメニティ（気候，娯楽的，文化的機会）や寛容さ（この場合，その人口におけるゲイのカップル世帯割合によって計られる）の役割にも言及した。フロリダはそれゆえに人々の寛容性や多様性に対する研究が，合衆国における都市の将来的経済見通しを具体化するのだと考えた。

フロリダの論文が都市政策を形づくる上で大きな影響を与えてきたのではあるが，その一方で，それは曖昧さ，とりわけ創造性（クリエイティビティ）と成長の間の因果関係について批判されてきた（Marcuse 2003; Glaeser 2005）。ペック（Peck 2005b）は，支配的な市場イデオロギーにおいて非常に流動性の高い都市エリートへのフロリダの焦点の当て方が，他の関連した論点を犠牲にしていることを指摘している。関連した論点というのは，創造性の

訳注）ギリシャ神話に由来する語．金の羊毛を求めて、アルゴー号に乗り組んだ人々．19 世紀の半ばに合衆国のカリフォルニアに金を求めて渡航してきた人々も同様に表現する．サクセニアンは，新興国からビジネスチャンスを求めて，シリコンバレーなどに渡った人々を同様に形容した．

有無に基づく社会的分極化や，フロリダの創造性という命題の結果としての芸術的・文化的諸資源の商品化を大きく推進する力である。ストーパーとスコット（Storper and Scott 2009）はフロリダの命題が主にアメニティに基づく個人の立地選択を強調しているものと考え，人々が職に追従することで都市発展がなされるのであってその逆ではないという点で長きにわたる都市成長の歴史を度外視することに警告を発した。

知識経済の地理

知識経済の地理は概して知識労働者の地理を追っている。高度な教養のある労働者は，地理的に集中して，イノベーティブミリュー（Aydalot 1985），より近年では，学習地域（Florida 1995），または地域イノベーションシステム（Cooke 2001; Asheim and Coenen 2005）を形づくっている。いくつかは集約的な政府の介入を伴って発展していっており（台湾の新竹科学工業園区や上海の張江高科技園区など），他は明確な政府介入なしに出現している（例えばシリコンバレー）（Castells and Hall 1994; Saxenian 2007）。そして，ニューヨーク，ロンドン，東京のようなグローバルシティが高度な生産者サービス業の主要な集中地域となっている（Sassen 1991）（☞ 2.1 イノベーション）。

情報技術（IT）の出現は，グローバル化とセグメント化の双方をもたらした。後者の例として，フロントオフィス業務とバックオフィス業務の間で分業を行う特定サービス部門の活動を引き合いに出すことができる。バックオフィスは，一般的には航空会社やクレジットカード会社のためのデータ処理や，遠隔顧客サービス部門（例えば，コールセンター）といったルーティン業務を引き受けている。合衆国において，バックオフィスは当初，低賃金で近所のパートタイム労働を喜んでやる高度に教育された主婦層を追いかけて郊外に移転していった（「ピンクカラーゲットー」）（Nelson 1986）。今日，バックオフィスは低賃金であってかつ英語の習得がなされている国々へと徐々に立地するようになってきた（「国際的バックオフィス」）。しかし，いくつかのオフィスは海外の賃金上昇やカスタマーサービスの質に関する問題を受けて，準郊外地域や田園地域に回帰している（例えば，インド）（☞ 4.2 グローバル化）。

ニューエコノミーの地理はサイバースペースの出現によって一層複雑になっている。今日，仮想空間は，ビジネス・コミュニケーション，ピアツーピア通信や社会的ネットワーキングの他にも，小売販売，商品やサービスの消費（エンターテイメントが重要な構成要素になることに伴い），政治上の組織化，コミュニティの組織化のような多様な働きにおいて物理的空間を再現している。ズーク（Zook 2001）はオンラインコンテンツがコンテンツ生産者の地理に密接に従っていることを明示しており，青山とシェパード（Aoyama and Sheppard 2003）は，現実の空間と仮想の空間が弁証法的に結び付い

ており，そこにおいて，地理的空間が仮想空間(ヴァーチャルスペース)の構造を深く形作る決定的原理をもたらすのだということを議論した．地理的な文脈，地域的な調整構造や物的な通信インフラは，大方の場合，サイバースペースでの生産や消費を形づくり，そして，仮想の場所と現実の場所の間の関係性において役割を果たす摩擦を地理的に引き起こすのである．つまり，リーマーとストーパー (Leamer and Storper 2001) が主張したように，インターネットは一方で都市への集中を強め，他方では特定の活動の分散を生じさせるものなのだろう．

KEY POINTS
- 知識経済は経済的セクター理論、そしてサービス経済の台頭と密接に関連しており、高度産業化経済において、知識労働者が重要性を獲得しようとしているという見解に立脚していた．
- インターネットは、一方でニューエコノミーにおいて知識労働の重要性を増幅させ、他方で経済の組織化に新しい可能性をつくりだした．
- 知識経済の地理は、知識労働者が特定の都市や地方内で職住する傾向にあることから、イノベーションの空間的集中を示唆している．

FURTHER READING
経済地理学における近年の知識に関する研究として、Gertler and Levitte（2005）がある．ヨーロッパにおけるクリエイティブクラスに関する研究としては Lorenzen and Andersen（2009）がある．また、サイバースペースの地理学に関するより近年の研究としては Zook and Graham（2007）が挙げられる．

6.2 経済の金融化

　国際金融市場における 1 日の総取引高は 20 世紀後半において飛躍的に成長した。また，金融産業の対総雇用シェアや対 GDP シェアも多くの国々の経済で安定的に増加している。経済の金融化が重要となったにも関わらず，その定義に関してコンセンサスは得られていない。一部の人にとっては，その用語は投機的な投資から生じる利益の重要性が高まっていることに言及するものである。また，一部の論者は，個人，世帯，企業行動における金融の役割が大きくなっていることに焦点を合わせる（Erturk et al. 2007）一方で，他者は資本主義で生起しているシステム変化における金融の役割について検討している（Strange 1986; Boyer 2000）。しかし，経済の金融化を金融市場による経済的投資に対する継続的な評価活動にすぎないとみなす論者も存在する。

起源と原理

　一つの交換媒介物としての通貨の出現は市場経済や国際貿易の発展を可能にした。通貨というものは単に交換を可能とするだけにとどまらず，多くの金融上の核心を導いてきた。一つの決定的な革新は，会計通貨（換言すると，商業信用ないし世帯預金といった蓄積，債権というものの創出，従来の固定資産に対して流動資産が生み出されてきたことなど）の始まりであり，このことが銀行やその他の金融機関の発展を導いた。17 世紀，株式市場，外国為替市場，オプション市場，先物市場などを含む多様な金融市場が確立した。通貨体制は従来優勢であった銀本位制から金本位制へと変革を経験したのであるが，金本位制は 19 世紀に英国や合衆国で公式に導入された。2 つの世界大戦は金本位制の維持を困難にしたのであるが，しかしながら，第二次世界大戦後にはブレトンウッズ協定（1944 〜 71 年）が二大国際金融機関である世界銀行や国際通貨基金の設立に加えて，ドルと他通貨との固定為替相場を伴った US ドルの金兌換を確立した。一時的な為替の安定的持続性の下で国際金融取引は成長し，また「信用供与の脱領域化（Leyshon and Thrift 1997）」の増進がもたらされ，なかでも注目すべきは，お膝元の地域の外で取引される通貨の出現である（すなわち，US ドルが欧州内でのより高い利率から利益が出るために取引された）。

　金融市場は第一次市場と第二次市場に分類され得る。第一次市場において，新しい金融資産は企業のために集められる。通常，これは（銀行のような）中間機関によってなされ，それは有価証券（すなわち企業の株式もしくは債権）を発行し値付けし投資

家へと販売する．これらの新しい金融資産は，投資家の間の証券取引のような第一次市場が成熟するよりも以前から取引されている．金融市場はまた，店頭取引市場（二者間での直接取引）と組織された取引の2つに分けることができる．組織された取引は取引の条項を規格化しており，したがって投資家にとっての参入障壁やリスクは低い．これに対して，非規格化商品はほとんどが店頭取引（OTC）市場内で取引されている．さらに金融市場は多様な証券化商品が取引される市場（例えば，株式市場や商品市場，商業不動産市場，住宅ローン市場）と，債券市場，通貨市場，貨幣市場やデリバティブ市場のような商品と直接の結び付きなしに金融取引を行う場合とに分類できる．金融市場の一部では既述したように，とりわけ株式や通貨市場において，非常に不安定な状況になりやすい．

経済地理学の中で金融の研究は，1970年代から1980年代にかけて最も顕著であった斯学の「生産偏重主義」に対して取り組む一つの方法として着手された．今日，金融地理学は，斯学における活発な構成要素の一つであり，グローバルシティの研究から年金基金業界におけるガバナンスの諸形態まで研究が及んでいる．金融経済の一つの重要な地理学的側面は，実物資産から財務流動性への転換プロセスと関係している．このプロセスは資本に高い流動性をもたらすこととなる．さらに，実物投資と比較した際に金融でのリターンへの要求は実に短期間である．金融の高度な地理的流動性や短期的という本質は，さらには投機的なグローバル経済を生み出すという結果につながっていく．資本の流動性が高まることによって，地域経済の実際上の文脈から資金というものが遊離してきている．

金融における規制

金融市場は政府の政策と直接結び付いている．それはとりわけ金融政策であり，一般的に中央銀行によって管理されている[1]．欧州通貨同盟の設立は単一の欧州市場実現の手段となる重要な規制変化を意味しており，USドルや日本円のような支配的通貨，そしてそれらの通貨制度により効果的な対抗力を結集するための一つの戦略として現れた．金融市場はシステム危機を防ぎ，一般投資家や銀行顧客を守るという，基本的に2つの一般目標を伴って数え切れないほどの規制の影響下にある．

金融の歴史は，とりわけ最近20～30年進行してきた，金融流動の国境を跨いだ管理の急進的かつ大規模な規制緩和に特徴付けられる（Laulajainen 2003）．合衆国では1970年代中盤以降，進行する規制緩和が例えば，預金利率の上限や競争に対する制

---

[1] 合衆国では，連邦準備制度（略称'The Fred'，1913年設立）が中央銀行として機能し，ワシントンDCにある連邦準備制度理事会が金融政策を定める．

約の撤廃，そして新しい金融商品の導入や国を越えた金融取引の解禁によって，さらなる競争を促した．規制緩和は1990年にピークに達した民間金融機関の失敗を助長することになったようである（Warf and Cox 1995）．そして，政府の関与を極小化する急進的な規制緩和は，経済の金融化のプロセスを加速させたように看取できる．政府はまた，金融証券の重要な保証人（例えば，通貨を発行すること）としての役割を果たす．しかし，不正行為や規制の抜け穴を利用することは依然として起こる．ストレンジ（Strange 1986）は現代の金融システムを「国際的な巨額資金の賭博場（またはカジノ資本主義）」と呼んで，農家や小売店主，工場労働者を含んだすべての人々に影響を与え得る深刻な結果に懸念を示した．とくに1970年代以降，貨幣市場や金利の不安定さは，さまざまな国の経済を金融危機へと至らしめる脆弱なものにした．

投機的擬制資本

金融資本がこれから生産される価値に対する前払い債権であって，現実投資に転化するまでは価値が生じないために，マルクス（Marx 1894）は金融資本を擬制的と表現した．既述したように，二次的市場の発展は金融資本を擬制的にすることに対して大きな役割を担っている．金融資産は無形で抽象的で根本的には黙約であり，したがって本質的にリスクをはらんでいる（Laulajainen 2003）．金融リスクは利回りの変動性を反映しており，投資家はたいがい投資を分散することによってリスクに対応する．専門的な投資家は，一般的にファンドマネージャーと呼ばれるのであるが，機関投資家（最も多いのは，投資銀行や保険会社，年金機構である）を代表して資金運用を行う．そのような投資家は単に，株式を取得し，売買し，裁定取引[2]を行い，保険契約を結び，そして多種類のリスクに対してヘッジするだけでなく，リスクをさらに分散するために保険やデリバリティブのような極めて投機的な金融派生商品の取引にも携わる．投機は金融市場が機能するために不可欠なものである（Clark 1998）．

金融経済はまた「実体」経済と対比される．実体経済というのは，経済成長上，有形の財やサービスの生産や分配に依存する経済である．これに対し，金融経済は資産のポートフォリオを管理することを軸として展開するものである（Markowitz 1959）．金融資産は一般的に株式（すなわち，企業などの財産や生産力の所有権），債権（すなわち，貸付金），そして銀行預金（すなわち，企業貯蓄と家計貯蓄）により査定される．金融市場は，さまざまな国・経済を横断する投資を可能とする資本のグローバル循環（☞4.3

---

[2] 裁定取引とは，市場間における価格差を巧みに利用する目的で，2つ以上の市場で，有価証券，債券，通貨，または先物取引のような金融商品を同時に売買する行為を意味するものである．

資本の循環) の形成を促進してきた。

経済発展のなかでの金融

　新興企業の資金調達は高利回りの可能性に対して高いリスクに耐え得るリスクキャピタルを必要とする。ベンチャーキャピタルやビジネスエンジェル[3]は新興企業の鍵となる大規模な投資家である。したがって，起業家精神やイノベーションを支援することに重要な役割を果たしている（☞ 2.2 起業家精神，2.1 イノベーション）。1940 年代末の合衆国に初めて現れたベンチャーキャピタル市場は，戦後の起業家精神の発揚の手段となってきた（Leinbach and Amrhein 1987; Florida and Kenney 1988）。1990 年代末のドットコムブームでは，シリコンバレー周辺の主要なベンチャーキャピタルが多くの新規事業に対する初期の資本金供給において重要な役割を演じた（Zook 2004）。同様に，南アジアでは，バングラデシュのグラミン銀行や他の小規模融資機関が低所得者に対する小規模な貸付を提供し，その貸付のほとんどはささやかな金銭的自立を通じて日常生活を過ごさせるための一手段として女性に向けられている。

　金融に対する興味は国内経済における投資家としての年金基金の重要性の増大（部分的には政府出資による）にも示されている。年金の再構築における規制緩和（Clark et al. 2001; Engelen 2003; Clark and Wojcik 2005）は，投資家としての年金基金の大きな関与を意味している。高利回りを動機とする過程はリスク増大に年金基金をさらしている。クラーク（Clark 2000）はアングロアメリカの金融市場の際立った特徴として年金基金の規模や役割の重要性に言及している（年金基金資本主義）。彼はまた，都市的インフラやコミュニティ経済開発計画のような公共資産的な部面における投資家としての年金基金の新たなる役割をも強調する。さらに，長寿化，人口学的変化，そして退職後の人生に対して期待されるものの変化は，金融市場における利益とリスクを調和させる上で，年金基金が直面するいっそう複雑な課題をもたらしている。

世帯と個人

　個人や世帯はここ数十年，金融市場への関与を深めてきている。消費者信用のような金融革新（例えば，個人のクレジットカード）は家計消費活動を刺激し，その一層の促進に一役かったものと考えられている（☞ 6.3 消費）。金融市場における主要な顧客は銀行，保険会社，年金基金，そして企業のような機関の投資家であるが，個人投資家は，直接的にも，間接的にも徐々に関与を深めてきた。

---

3) ビジネス・エンジェルとは，投資家の役割を担う裕福な個人であり，フォーマルな市場ベースの取引なしに，見込みのあるビジネスアイディアを伴ったベンチャー起業家のための初期資本を提供している。

一連の規制緩和やインターネット利用の普及は，一般個人が株式，通貨，そして先物の売買に参加することを可能にした（すなわち，オンライン取引）。2008年の金融危機まで，日本の主婦をはじめ中間階級の個人のオンライントレーダーは金融市場において多様な金融商品を活発に取引していた（Fackler 2007; McLaughlin 2008）。その上，世帯貯蓄の大部分は今日，投資信託や年金基金に集められている。年金基金への依存は，世帯の経済的福利が金融市場における価格変動にますます影響されやすくなることを意味している（Langley 2006）。

金融危機

金融危機は銀行の破綻を生じさせる。相互に関連しているのではあるが，金融危機は大きく以下の2つの要因に区分することができる。一つは，支払い能力の危機（資産を超える債務）により生じる金融危機であり，もう一つは，流動性危機（期限内における手形支払い）から生じる金融危機である。金融危機が起こる際，一般的に最終的な頼みの綱の貸し手（通常は政府）は救済を求められる。合衆国では，1980年代の民間金融機関の破綻は，全国的な商業用不動産の過供給やテキサスでの石油過供給が誘発した景気後退により刺激されて，劇的に拡大した（Warf and Cox 1995）。この結果，アメリカ政府が多くの貯蓄貸付機関を救済することになり，1990年代に一定程度の政府赤字が引き起こされた。過去の各金融危機は規制の改革をもたらしたのであるが，そのような改革によって次の金融危機を回避できるようには思われない。政府による金融救済は，単に経営上の決定の悪さのための納税者の資金を費やすという点にとどまらず，政府が最終的には介入するであろうという期待を財界に生み出し，無謀な財務決定を阻止するよりはむしろ奨励してしまう点においても異論がある。

世界の国々でも同様に金融危機が起こり得る。1980年代はじめのメキシコ，アルゼンチン，ブラジルを含めたラテンアメリカ債務危機は，対外債務の返済（利息の返還）を不可能にした。これらの債務は一般的に，輸入代替型産業政策を支援するために制定された金融の基盤事業を動かした。しかしながら，対外債務の多くは頻出する借り換えを要求した短期融資であった。債務危機がひとたび表沙汰になると，債務救済や返済組み直し計画の必要に迫られるとともに，IMFの関与が促され，借り換えが困難になった。レイションら（Leyshon and Thrift 1997）は国内インフレを防ぐ目的での合衆国政府の高金利政策が部分的には当時の金融危機の原因となったことを主張した。

アジア経済危機（1997〜98年）や2008年の世界金融危機は，商業用不動産と住宅用不動産の価格が高騰したことにより始まった。アジア経済危機においては，異常な経済成長がバンコク大都市圏での積極的な商業用不動産投機を促進させた。世界金融

危機においては，ドットコムブーム後の不活発な動きが歴史的低金利と重なった合衆国の株式市場が，金融資本を住宅担保市場へ導いた。このことはサブプライム住宅ローンの急増を通じて経済危機を助長した。破産保護に至った投資銀行リーマンブラザーズの失敗やアメリカ銀行によるメリルリンチの購入は，システム全体の流動性危機を促した2008年9月15日の世界規模での株価暴落を生じさせた。

　金融ツールの複雑性の増加（そして，そういった複雑さに規制機関が対応できないこと）が大なり小なり，2008年の世界金融危機の原因の一つとなったという議論がなされている。多重な取引階層が，金融ツールの複雑さと金融システムの不透明さをつくりあげている。現代の金融部門は膨大な人数の数学者を雇用している。彼ら／彼女らの複雑なモデルや計算はいっそうの金融イノベーションを促進する原動力となり，すでに複雑なシステムであるものをさらに不透明にし，監視官が把握することさえ困難にする。こうした領域において経済地理学者に求められている将来の研究は，金融危機の源泉とその表面化，さらには銀行のパフォーマンスの地理的差異の研究である。

金融の地理

　金融統合が「地理の終焉」を導いたという主張（O'Brien 1992）があるにも関わらず，金融市場の地理にはいくつかの重大な差異がある。例えば，通貨や債券市場に関しては取引がどこでも行われ，真の意味でグローバルであるのに対して，株式は未だに企業の本社の近くで取引される傾向にある（Laulajainen 2003）。集中と分散の双方が金融の地理を特徴付けている。一方において，金融の担い手は大方の場合は，ニューヨーク（Kindleberger 1974; Friedman 1986; Sassen 1991），ロンドン（Pryke 1991; 1994; Thrift 1994），そして東京（Rimmer 1986; Sassen 1991）などのグローバルシティにおいて集中しており，世界経済に対して多大な影響力を発揮する。金融部門は情報の質に最も敏感な部類にあり，したがって対面接触はとりわけ重要である（Agnes 2000）。他方，金融会社は情報技術（IT）の導入に非常に積極的であり，フランクフルト（Grote et al. 2002），アムステルダム（Engelen 2007），ドバイ，香港，そしてシンガポールなどの第2階層の金融センターを維持しつつ，規制から避けるために縁辺部においてオフショア金融センターの発達を導いている。オフショア金融センターのいくつかは，ケイマン諸島，バハマ，ルクセンブルク，リヒテンシュタイン，そしてバーレーンのような，すでにタックスヘブンになっている場所に出現した（Roberts 1995）。

　経済の金融化はローカル経済をグローバル経済へと統合していく過程でもある（Tickell 2000）。主要な都市への金融業務の集中は，周辺的な地域での地域的金融システムの衰退を深刻にして，小規模な地域企業が必要資金を調達する能力に悪影響を及

ぼすかもしれない（Dow and Rodriguez-Fuentes 1997）（☞ 5.5 ネットワーク）。これらの金融センター内では，都心立地の基幹オフィスと郊外立地のバック・オフィスとの間の分離が，1970年代の合衆国において徐々に一般的になった（Nelson 1986; Dicken 1998）（☞ 6.1 知識経済）．

しかし，金融市場におけるグローバル集中が成し遂げられることは困難であった．世界の金融トレーダーは，それらの背景や文化，状況に対する対処などの点で極めて多様なものである（Agnes 2000; Thrift 2000）。例えば，イスラム法や関連する文化的慣習がリスク認識をいかにしてつくりだし，いかにして独自のイスラム金融制度やその産物をもたらすかを示した研究がある（Pollard and Samers 2007）。トレーダーは，その限定された知識の上で，多種多様な金融市場の安定性や信頼性に関して憶測を立てる．タイで1997年に始まったアジア経済危機の間に，トレーダーはタイから撤収するだけでなく，近接性の効果や地理的関連性を単純に考慮して近隣国経済の市場からも撤収したのである。ごく最近の研究傾向として，オルタナティブな金融——例えば，地域通貨運動（Lee 1996）やエシカル投資（倫理的に望ましい投資）——への関心が，金融化したグローバル経済のなかにモラルエコノミーや社会的選択肢を差しはさむ一つの方法として成長してきている点を指摘しておきたい．

KEY POINTS
- 経済の金融化の定義に関する合意は存在しないものの、世界経済のなかで金融経済の規模や重大性を増大させていることは疑いの余地がなく、そのことが資本主義における体系的変化を指し示しているのだとする主張がなされている．
- 規制が経済の金融化において中心的役割を担っており、ベンチャーキャピタル金融を通じてイノベーションを誘発することや世帯向けの投資機会を創出することにより、経済成長を促進することができる．
- 金融産業における地理的近接性の重要性は金融センターを生み出し、このことが製造業の地域特化や不均衡な領域的発展を助長した．

FURTHER READING
2008年の金融危機に関する解説として、Dore (2008) や合衆国におけるサブプライムローン市場の歴史を追った Ashton (2009) がある．国際決済銀行 (BIS) 2008年次報告書には、わかりやすく金融危機を説明する部分がある．加えて、ナショナル・パブリック・ラジオ（合衆国の公共ラジオ局）の番組 "This American Life" はエピソード355において住宅ローン危機を特集した（'The Giant Pool of Money'、2008年5月9日）．この記録は、http://www.thisamericanlife.org/radio-archives/episode/355/the-giant-pool-of-money で入手できる．

6.3 消　費

　消費とは，基本的必要（例えば，食料）を満たすための資源に支出する行為であると同時に，社会的地位，センス，嗜好を表現する一つの方法である。後者が社会学者や文化地理学者に特段の関心をもたれている一方，経済地理学者の消費に対する興味は，人間居住の経済景観を形づくる上での消費の役割に焦点を当てることから始まった。こうした興味は消費に直接関わる一つのサービス部門である小売業の立地と組織に関わる研究をまずは促した。消費，は経済地理学の中心的関心である生産に対して長らく二次的なものであったが（生産主義的なバイアスとして知られる（Wrigley *et al.* 2002）），近年，消費者運動を含む大量消費社会の地理的現れに新たな関心が払われている。

消費の立地論

　小売業の立地特性は，20世紀初頭より幅広く研究されており，当時の理論において発達した基本原理の多くが，今もなお幅広く適用されている。古典的立地論者である，ハロルド・ホテリング（Hotelling 1929）やヴァルター・クリスタラー（Christaller 1966[1933]）は，競争の空間的結果や空間的に散らばった人口に供する小売サービスの最適配置を理論化した。ホテリングのモデルは，小売競争が「寡占」のもとでいかにして地理的に固定されるのか，二者の競合する売り手が二次元の線形の市場で同一の製品を販売すると仮定した状況において検討している。最適な立地をさがして浜辺に沿って移動している2人のアイスクリーム売りのアナロジーで有名となったのであるが，ホテリングは，それぞれの露店商人が自己の販売エリアを極大化して，競合者がさらに大きな販売エリアを獲得することを防ぐべく，最終的には浜辺の真ん中で背中合わせに立つようになることを示した。ホテリングの分析は，なぜ小売機能が空間的に遍在せず，むしろ集積するのかを説明しており，この例を通じて，当時経済理論において，比較的置き去りにされてきた現象，地理的独占と呼ばれる状態，を説明した。しかしながら，このモデルは需要の弾力性を考慮に入れなかった。ここでの需要の弾力性とは，一定価格で一定量を購入する際の消費者の性向である。消費者の視点からは，製品価格には移動費用（自宅から商店に到達する費用）を含んでおり，このことが小売業立地の現実を複雑にするのである。

　ヴァルター・クリスタラー（Christaller 1966[1933]）は，消費者の移動費用を組み込むことで需要の弾力性の問題にいくらか対処した立地論を発展させた。クリスタラー

の中心地論は，南ドイツにおいて観察された集落の六角形状の分布パターンから引き出されたものである（同理論は後に合衆国アイオワ州南西部における Berry 1967 の研究に適用された）。クリスタラーの 2 つの原理，財の到達範囲と財の限界距離とは，それぞれ，消費者がある財やサービスの購買のために訪れようとする最大距離，小売業者が経営を維持するために必要な最小限の市場規模に言及している。これら 2 つの原理を統合して，六角形の市場地域と，各六角形の領域の中心地をめぐって異なった規模の集落からなる階層性によって特徴付けられる最適な空間的パターンが描かれる。クリスタラーは，これらの中心地が，少数の高次階層中心地（より大きな都市）と，多数の低次中心地（より小さな都市や町）の発展を通じて，効率性を促すことを概念化した。高次中心地は，高次財（自動車や宝石などのように少頻度で購買される高価格なアイテム）が取引される場所であるのに対して，低次中心地は輸送費の低減のためにより容易にアクセスができて，低次財（ミルクや卵など多頻度で購買される低価格なアイテム）が取引される場所として機能する。しかしながら，クリスタラーのモデルは，物質的障害（例えば移動費を高める山地の存在など）を抜きにした平面，単一様式の輸送形態，そして距離に比例した輸送費の上で暮らす所得水準が同等な人口が均一に分布するといったような単純化された前提に基づいている。消費者に関しては，費用を極小化し資源を極大化する経済的に合理的な個人であることが前提にされている。これらの前提を忠実に再現できない現実世界は，中心地理論によって置かれている六角形パターンをゆがめることになる（Berry 1967）。

小売業から買い手牽引の商品連鎖へ

　ホテリングやクリスタラーのモデルは小売業立地を理解するための重要な基盤を産み出した。限界距離と財の到達範囲の原理は依然として妥当性を有している。消費の観点から，消費者は需要する財／サービスに応じて移動費用を極小化する。例えば，消費者は一般的にミルクや卵のような生活必需品を購入するために移動費用を最小限にして，母親の 60 歳の誕生日に宝石を購入するためには，好んでより長距離を移動する。しかしながら，消費者選好に関するわずかな事例研究（Clarke *et al.* 2006；Wang and Lo 2007）を除けば，現代の消費における経済地理学研究は，消費の立地上の特性から小売業の組織的特性，消費者と最も直接的に関与する部門に焦点をシフトさせていった。

　今日，経済地理学者は大きく，小売業の再構築における二大側面に関心を寄せる。一つには，小規模小売店を犠牲にした大規模小売業者の卓越であり，もう一つには国内小売業者を圧倒する海外小売業者の卓越がある。こうした関心はとりわけ，消費者

の間に強い感情的な反応を生じさせ，消費者運動の政治目標を形づくる。大規模な小売業の卓越についての関心は，19世紀の後半におけるニューヨーク，ロンドン，パリ，そしてベルリンなどの都市における百貨店の出現と同様に長い（Gellately 1974 など）。同様に，A&P，Sears や J.C.Penney など，1930 年代初頭の合衆国に起源を有するチェーンストアやスーパーマーケットの増殖は，小規模小売業に及ぼす結果についての関心を喚起した。当初の理論が，小規模小売業（例えば，夫婦2人で営むような小売店）は時代遅れ，非効率的であり，近代化が必要であると考えた一方（Goldman 1991），小規模小売業者を，個人ニーズに応じたサービス，起業家精神，コミュニティ・アイデンティティ，労働者階級のための就業機会，そして革新のためのインセンティブを減らす独占的な傾向への対抗勢力といった点で重要な資源とする考え方もある。

　外国小売業者の卓越についての関心は，ウォールマート（合衆国），カルフール（フランス），そしてテスコ（英国）など，1990 年代後半の多国籍小売業（Retail MNCs）の出現に伴って顕著になった。多国籍小売業は，本国市場からのプッシュ要因（同業者間での市場飽和）とプル要因（新たな市場機会を提供するホスト市場での規制緩和）の結果として出現し，多数の小売業が，買い手主導の商品連鎖（☞ 4.4 グローバル価値連鎖）を通じて，その生産のグローバル化をはかってきた。一般的に大規模小売業は，高所得国の消費者に供するべく低所得国の下請け業者を活用してきた。一部の小売業者は，急速に変化するファッショントレンドに応じた手頃な価格の製品を配送するために，高度に洗練されて需要変動に対処しやすいグローバルな物流システムを構築してきた（例えば，スペインのアパレルチェーンストアであるザラなど）。しかし，多くの小売業はグローバルな多店舗展開の一方で，未だに少数の大都市（例えば，パリ，ニューヨーク，ミラノ，トロント，そしてサンフランシスコ）において店舗設計や店舗マーケティングに関する研究を行い，商品差別化や顧客ロイヤルティを促進するためのブランドマーケティングを積極的に手掛けている。

大衆消費社会と消費者行動

　過去2世紀にわたり，高所得国における人々は労働時間の漸進的減少，そして非労働時間の相対的拡大を経験してきた。ヴェブレン（Veblen 1899）が最初に述べたように，こうした変化は消費行動，とりわけ，レジャー，エンターテイメント，そしてツーリズム関連の製品ないしサービスといったものの顕示的消費の成長を形成したライフスタイルの変化を促した。マックス・ヴェーバーは階級とステータスを相互に関係ある明瞭なカテゴリーとみた上で，階級は世帯生産（所得創出）と関係するがステータスは消費と関係すると考えた（Gerth and Mills 1946）。

高度大量消費，すなわちロストウ（Rostow 1953）のいうところの最も先進的な経済発展段階の下においては，主導的産業部門が耐久消費財やサービスを生産するために高度熟練労働者を雇い，労働者やその家族が，単に基礎的な食品，住居や衣服へ費やす以上の高いレベルの可処分所得を有し，多様な家庭用機器が広く採用される。多くの大衆消費社会において，消費は，都市発展・都市再開発の原動力になっており，ジェントリフィケーションのプロセスを促し，港や工場のような従来の生産景観をウォーターフロントの商業地区や居住地区のような消費景観へと転換している。

現代の大衆消費社会における一つの注目すべき傾向として趣向のグローバル化がある。一方においては，リーバイスのジーンズやラップミュージックのグローバルな流行が示すように，文化的趣向の均一化が観察できる。他方，テイストの特殊性（オペラのような「高度な芸術」）からテイストの多様性（例えば，ワールドミュージック）への変化こそが注目に値するものだという主張もある。高所得国では，「消費倦怠感」[1]が国際移民によってもたらされた文化的多様性の増大と一体となって，「外国風」で「エキゾチック」な製品に対する好奇心や需要の増大へと貢献している。例えば，ワールドミュージックの人気は，他者の文化表現に対する寛容さや尊敬を表しているのではあるが，それは特権階級の文化的趣向に従って梱包されたものなのである（Connell and Gibson 2004）。こうした文化的趣向の多様性は，社会の階級上の分断の一つの重要な側面として現れてきており，消費者がツーリズムの目的地も含めてレジャー・エンターテイメント製品を選択する際の動機付けとなっている。

社会の階級上の分化は地理的な含意を有している。それはレジャー・エンターテイメント製品，そしてツーリズムの目的地における消費者の選択の動機付けになっていることからもいえることである。例えば，ツーリズムの目的地は，未知の知られていない場所へとますます多角化してきている。また，ツーリズムはかつて高度産業社会からの旅行者によって独占的に行われていたが，過去十年で旅行者は，東欧，ロシア，そしてアジアからの旅行者数の増加を伴って，より一層多様化した。政策立案者はツーリズムの発展やツーリズムにおけるニッチ（エコツーリズムや文化ツーリズムなど）の多様性の増大に気づいた（☞5.1 文化）。結果として，とりわけ，製造活動に必要な技能，資源そしてテクノロジーが供給不足にある発展途上世界において，ツーリズムは重要な経済成長戦略となっている（Kozul-Wright and Stanbury 1998）。しかしながら，消費牽引型の経済発展モデルに関する意見は分裂した状態が続いている。生産は無視されるにしてはあまりに重要なことだとする主張もあれば，また他の者は消費牽引型の経済

---

1) 市場の飽和や豊かさは，消費者に消費を退屈とさせ，消費におけるユニークな「体験」を探させるようになる（Pine and Gilmore 1999）。

の概念の妥当性を疑問視する意見もある（☞ 6.1 知識経済）。

消費空間

都市計画と用途地域制，店舗規模に関わる法令（住宅地の保護，およびアーバンスプロールの管理のための），競争法（一般に，過当競争から小規模小売業者を保護し不当行為を規制するための反トラスト規制の形態をとる），そして店舗営業時間に関わる取り決め（利己的な利用から労働者を保護するための）などを通じて，規制は消費の多様な局面を形づくる上で重要な役割を担う。一般に，厳格な小売業規制は小規模小売業者に好意的な傾向がある。例えば，ヨーロッパでは消費に関する規制の影響がとりわけ重大であり，国家が他のどこの地域よりも介入主義的に機能しているとみなされている（Marsden and Wrigley 1995; 1996）。同様に，買物習慣（日々対週末の食料品の買物），文化的嗜好やダイエット（生鮮食品対加工食品），家事に関わる男女間分業，利用可能な輸送方法（公共輸送対自動車）などに反映する文化的要因の全要素が小売部門の空間的・組織的構造を形作る。例えば，東・東南アジアにおいて，スーパーマーケットが導入されたにも関わらず，伝統的な「ウェット・マーケット（街市）[2]」の人気が変わらないことは，小売部門において国家間の違いを作り出す重要な文化的要素があることを示している（Goldman 2011）。

経済地理学者は今日，社会・文化地理学者（Crang 1994; Goss 2004; 2006）や社会学者（例えば，Zukin 1995; Bhachu 2004）から消費に関する研究に対しての刺激を受けている。例えば，ジェンダー，階級，人種に基づく社会的不公正は消費の必然的要素であり，各種社会的排除を助長するかもしれない（Domosh 1996; Gregson and Crewe 1997; Williams 2002）（☞ 5.2 ジェンダー）。

現代の消費者文化は，商品を崇拝し，アイデンティティをつくり直し，相違性を商品化し，その結果，象徴となる明瞭な地理的状況をつくりあげる（Jackson 2004）。Sayer（2003）は「モラルエコノミー」のアプローチをとっており，それは文化の商品化を分析していく中で，「象徴価値」やユーザーによる意味連関といった概念などを引き合いに出すことによって，主観性の問題や規範的な局面を俎上に載せている。一方，グローバル商品連鎖のフレームワークを文化と商品の役割を研究するために用いる研究もある。例えば，Leslie and Reimer（2003）は，ファッション産業と家具産業の接点，そして，それらの雑誌上，小売空間，製造空間への現れについて分析した。

経済地理学者は，例えば，セカンドハンド・ショップや地域通貨の流行を研究する

---

[2] 東アジア・東南アジアの一部地域の伝統的な市場。そこでは，野菜，肉類，そして海産物（なかには鶏や亀などの生きている動物も売られている）が，個人商店によって販売されている．

ために文化地理学者にも合流している（Gregson and Crewe 2003; Leyshon 2004）。また，近年の地理学的研究において成長してきている一分野として，オルタナティブな消費空間の出現に関わる研究がある。オルタナティブな交換ネットワークについての研究が強調することは，社会的な支持を得て地域に根ざした，消費・交換・再利用に関わるネットワークが地域経済においていかに重要な構成要素になっているかということである（Gibson-Graham 1996）。

　消費者は以前にもまして創造性（クリエイティビティ）の重要な源泉として認識されるようになってきた。今日，消費者の役割は，受動的もしくはせいぜい市場コンサルタント的と伝統的に考えられてきたものよりもずっと重要なものになっている。消費者は，単に購買決定を行うエンドユーザーとしての境遇にあるというよりはむしろ，ソフトウェアコードの共同制作者として，そして，ファッション，音楽，テレビゲーム，そして映画（MySpaceやYouTubeなどの多様なウェブサイトを通じたインターネット経由で流通する）など多岐にわたる文化的コンテンツの共同制作者として次第にみなされつつある。消費者と制作者の間の境界は，インターネットの開始とともに新たな在り方で再定義されてきており，このことが制作者と消費者との区分をさらに曖昧なものにしている（von Hippel 2001）（☞2.1 イノベーション）。消費者は単にカスタム商品から利益を受けるだけではなく，自己の才能をみせることにより，次第に充足感や満足感を引きだし，そして特定のコミュニティ内での社会的ステータスを実現するようになってきている。

消費者の力

　経済における消費者の役割は20世紀において劇的に変化した（Larner 1997）。労働組合が力を失うに伴って，個人やグループが，企業行動に影響を与え，消費者の福利を擁護する一つの主要な手段として購買力を行使するようになった。

　消費者運動は，個人やグループが資本主義的発展の道筋へ影響を与えるための主要な方法である。製品がグローバル化され，労働基準や環境基準のメカニズムが皆無か不十分とみられる場所へ移転するため，地域を基盤とし大概は国内規模の慣習上のメカニズムがもはやグローバル商品連鎖をコントロールすることができなくなっている。そのため，個人やグループが消費者活動を通じて，長時間労働，低賃金，安全性の確保されない労働環境，労働者保護・人権擁護の不十分性といったことを伴う労働状態を改善しようと試みている。消費者運動がとりわけ顕著な領域として，搾取工場（とくに，衣料，アパレルや靴産業において）に対抗する動き，しばしばグローバル市場（コーヒーのような）における不安定な価格変動に直面，もしくは危険レベルの農薬や化学肥料にさらされる途上国における農業労働者を保護するための動きがある。しかし，

企業やブランドに対しての消費者のキャンペーンやボイコットが，企業の社会的責任（CSR）を確保する手段となると考えられている一方で，このような運動が，賃金低下を招き，劣悪な労働環境にさらすことにもつながって，途上国の農業従事者や工場労働者に損害を与えるという考え方もある。

　消費者は，われわれがさまざまな種類の資源を使用する際に，より積極的な役割を担っている。この生産と消費の間での距離の増大は，農業，農産加工業，林業，そして石油産業を含めた資源依存産業にもみられる（Hughes and Reimer 2004）。環境防衛基金（EDF）は，合衆国を拠点とする非営利の環境擁護団体の一つであるが，例えば，水銀量や漁獲方法の基準などにより海産物をランク付けするシーフードセレクターのポケット版を提示することで，消費者が家庭や外食先で消費する食品に関してよりよい選択ができるようになっている。有機農業運動は農業における化学肥料の使用に対する環境運動に端を発するのであるが，1990年代や2000年代には，有機農業は食の安全性を第一に懸念する消費者運動と結合するようになった（Hughes *et al*.2007）。スローフード運動は，地元農家を支援して，生協運動を通じて地元産の食品を販売促進し，また有機農業など，安全で環境保護の上で持続可能な実践に対しての動機付けを行っている。これらの種類の消費者運動はサプライチェーンが地球規模に拡大したなかで食品生産の透明性を高め，そのうえ，途上国における農業従事者に生活賃金の獲得を保証しようともしている（フェアトレード運動）（Hughes and Reimer 2004）。また今日，ホールフーズ（合衆国）やウェイトローズ（英国）のような新たなニッチ小売業者によって，今日，有機食品が食品流通のメインストリームの一部をなすようになってきており，これに加えて，有機食品が利益を生み出す可能性を認識したウォールマートやテスコなどの大手小売業も参入している。

　その他の新たな動向として，ネット上での活動の台頭がある。インターネットは，さまざまな消費者グループがキャンペーンやボイコットを組織し，起こすことを容易にしたのは疑いの余地がなく，また，個人が企業との不快な経験を発信することも許してきた。こうした現象は，消費者の購入したラップトップ型コンピュータにおけるカスタマーサービス部門の対応への不満から，オンライン販売，ホテル，レストラン，エンターテイメント製品（音楽，書籍，ゲームソフトなど）や旅行先などに対する顧客による多様な格付けウェブサイトの蔓延に至るまで広く看取することができる。

KEY POINTS
- 消費は伝統的に、小売部門の立地や組織を通じて認識されてきた.
- グローバル化やグローバル商品連鎖に関する広範な依存は、小売部門の組織化と消費者の購買選択に根本的な変化をもたらした.
- 経済における消費の役割に関する観点は、受け身の消費から、消費者運動、企業との共同制作、ユーザー主導のイノベーションなどを通じて積極的な関与に変化している.

FURTHER READING

イノベーションにおける消費者の役割に関する議論として、Grabher *et al.*（2008）がある．経済地理学における多国籍小売業に関する現代的問題については、Coe and Wrigley（2007）を参照.

6.4 持続可能な発展

　持続可能な発展の概念は，生態学的，社会的，経済的関心を，物質上，社会上，そして環境上の厚生という点に関する世代間の平等の確保を目指す一つの発展モデルへと結び付けるものである。この概念は幅広い見地から論評されたものの，経済地理学者がローカル，グローバル双方のスケールにおいて，経済活動がいかに環境へ影響を及ぼすのか，より注意深く，そしてより批判的に研究していく動機付けとなってきた。持続可能性に関する以下の3つの視点は，この概念と経済地理学との関わりを示しているであろう。その第1はいかにしたら産業がより持続可能になり得るのか，第2に，いかにしたらコミュニティがより効果的に持続可能な発展を実践できるのか，第3に，グローバルな気候変動が世界経済の至るところの人々や場所の社会経済的な脆弱性をいかに増加させているのかということである。

起源および原理

　持続可能な発展の起源は，アルド・レオポルド（Aldo Leopold），レイチェル・カーソン（Rachel Carson），ドネラ・メドウズ（Donella Meadows），シューマーハー（E.F. Schumacher）など，初期の環境運動家や科学者へとさかのぼって概念をたどった多くの研究者（例えば，Dresner 2008; Adams 2009）によって詳細に記述されている。これらの思想家たちは，産業化や大衆消費主義のペース，スケールおよび結果を考察し，消費の削減，産業活動における環境負荷の低減，人口増加の抑制などを通じて，グローバル社会が自然との物質的な関係により効果的なバランスをつくりあげることよってのみ人類の長期間にわたる生存が可能となることを主張した。持続可能な発展の概念は，1980年代までに主要国政府や開発機関での足掛かりが得られて，環境と開発に関する世界委員会のブルントラントレポート「我ら共通の未来（WCED 1987）」において，はじめて公式に定義付けられた。

　WCEDによって定義付けられた持続可能な発展は，社会が自然資源やエコシステムの質を維持し，またこれらからの恩恵を維持する必要性と，経済・産業発展の利益を最大化しようとする欲望とのバランスを取らなければならないことを意味する。WCEDの定義は，資源利用や社会経済の公平さについて，3つの見解を強調した。第1に，再生可能資源（例えば，ソーラーパワー，動植物性原料など）は，自然の再生の速度よりも遅い速度でのみ消費されるべきである。第2に，再生不能資源（例えば，石油，

鉱物資源など）は，最適な短期間の社会的利益を目的として効率的に使用されるはずであるものの，技術進歩や新たな発見を通じて，代替資源が創出されるであろうという理解にある。第3に，世代間の公平性が，持続可能な政策の原理を導いていかなければならない。現世代における物質的要求が，現世代と同等，あるいはよりよい機会をもつべき将来の世代の能力を犠牲にして満たされてはならないことを意味する。これらの目標を達成するために，WCEDは，すべての国家が持続可能性に貢献しなければならず，多国籍機関や環境保全に関する国際条約（例えば，地球環境ファシリティや京都議定書）への参加を通じて達成されることが可能であると主張する。

　WCEDの定義は，大方において，弱い形態での持続可能な発展として評価されている。弱い持続可能性の支持者は，もし再生可能な資源が可能な限り使用され，環境に優しい技術が開発されるならば，また，（人的資本，自然資本，または物的資本など）あらゆる形態の資本について人類が最低限もしくは生存可能なレベルを維持するなら，経済成長は環境に対して有害な影響を伴わないのだと主張している（World Bank 2003）。市場の諸力は，持続可能な社会への移行を推進するためには最も適合的であり，「弱い持続可能性」の支持者の一部は，経済成長へ短期的に焦点を合わせることは環境クズネッツ曲線として知られる長期的な現象（1人当たりの所得の増加につれて汚染レベルが低下する状況）を導くであろうと主張している（Grossman and Krueger 2005）。「弱い持続可能性」は，世界銀行（2003）などの開発主体によっても推進されてきており，新古典派の経済モデルが環境上の課題や諸問題に応用されている環境経済学の領域と一般的に結び付いている（Tietenberg 2006など）。汚染，土地の劣化や生物種の絶滅などの負の外部性を取り除くことは共通の研究課題であり，環境経済学者は，市場が負の外部性を防ぐ役割を持ち得ることを強調している。一つの鍵となるアイディアとして汚染者負担の原則，すなわち，国家が産業によって生み出された公害に関連するすべての社会的環境費用を企業に負担させると，よりクリーンな産業が発展していくといった考え方がある。

　「弱い持続可能性」の議論は，自然資源，エネルギーの流れや生態系サービスが新古典派の経済発展モデル上に置かれているという根本的制約に注目を向け損なっている点で批判にさらされてきた。「強い持続可能性」の支持者は，果てしなく続く人口増加と資源消費が悲惨な生態学的・社会経済的な結果を導くであろうと議論するマルサス的な立場により忠実である[1]。自然資源の代替や技術革新が克服することができな

---

1) トマス・マルサス（Thomas Malthus, 1766-1834）は，英国の哲学者であり，著書『人口論』のなかで，人口増加というものは，「積極的な」要素（例えば，食料難に起因するより高い死亡率）がない限りは，多数の人口を支持する地球の能力を不可避的にしのぐであろうこと，「予防的な」抑止（例えば，バースコントロール）が持続可能な人口レベルを維持するであろうことを議論した．

い発展の限界があって，地球は安定状態の経済への移行によってよりよい状況になるだろう。安定状態の経済とは，地球の環境収容力によって決定される限度内で人類の生存と生物地球物理学的システムを調和させる経済である（Daly 1977; Daily and Ehrlich 1992）。生態経済学の分野は，このようなオルタナティブな経済システムのモデル化を発展させ，同分野の研究者は地球上の自然・人間に関する諸システム（例えば，大気，水圏，生物圏，そしてグローバル経済）を相互に関連し相互に依存するものとみなしている（Daly and Farley 2004）。こうした相互関連性や相互依存性が意味することは，経済システムの絶え間ない成長がその他の地球上の生命維持システムに対する潜在的に不可逆的なダメージを通じてのみ実現され得ることである。そのため，開発政策は環境科学によって導かれるべきであるが，すべての政策決定には予防原理が適用されなければならない。予防原理とは，地球への不可逆的なダメージを防ぐための行動が，問題の原因や結果に関する科学的確証が得られなくとも行われるべきという考え方である（例えば，たとえ地球温暖化の長期的な意味合いに関する不確実性があろうとも，炭酸ガス放出は，早急に減少させなければならないということである）。

持続可能な発展に対する批判

持続可能な発展は幅広い学問分野において支持を受けてきたものの，この概念については数多くの重要な批評が提起されてきた。Redclift（1993; 2005）によると，持続可能な発展は，矛盾を抱えながらも使われる用語で，しかも多義的であって，そして本質的には，終わりのない成長という新古典派的パラダイムが手をつけなかった経済の近代化の新しい形態の一つである。とりわけ問題となることとして，持続可能性の定義は，誰が決定し，どこで活用されるのか，また将来の世代に望まれるべき要求や権利についての推測に左右されるため，何が基本的人権の構成要素となり，何が基本的な必要性なのかといった論点がある。関連する批判としては，この概念の本質的な意味や精神が，社会平等性や環境保護以上に経済目標を優先させる諸制度（例えば，世界銀行）によって薄められているという関心を軸に据えたものがある（Sneddon et al. 2006）。さらに強行な別の批判もあって，持続可能な発展という考え方は，資本主義の破壊的，搾取的な形態の継続的な拡大を可能にする，単なるとりとめのない道具に過ぎないことが議論されている（Goldman 2004）。

人間と環境の関係をめぐる多数のオルタナティブな展望（例えば,ディープエコロジー，エコ社会主義，そしてエコフェミニズム）（議論のために Adams 2009 参照）がある中，地理学者は，政治生態学（Robbins 2004 など）の分野を通じて，持続可能性概念に向き合ってきた。政治生態学者にとっては，持続可能な発展の含意や可能性は，その概念やポ

リシーがそれらの由来となるところの政治経済的な諸制度（例えば，政府，階級関係や開発主体）との関係で位置付けられたときのみ，完全に理解され得る。このように考えていくと，持続可能な発展の概念は，もはや科学的理論ではなく，特定の場所の出身で，社会経済的権力を維持・強化することに一定の興味を抱くエリート個人の集団により創出された政治的プロジェクトになってしまう（Bryant 1998）。これらの考え方を適用しつつ，政治生態学者は，持続可能な発展という戦略の矛盾や否定的結果のいくつかを強調してきた（McGregor 2004 など）。

経済地理学と持続可能な発展

持続可能な発展についての関心は，環境経済地理学という副次領域の創出を促してきた。環境経済地理学分野の研究者は，経済活動の空間的・地理的特徴がいかに環境の質へ影響を及ぼし，より持続可能なコミュニティ・産業・地域への見通しを形づくるのか懸命に理解しようとしてきた。たいていの研究は，①産業の持続可能性，②都市や農村生活における持続可能性，③グローバル気候変動，経済のグローバル化，社会経済の脆弱性の間の関連性，といった3つのテーマのうちのいずれかに焦点をあてている[2]。

産業システムの発展に関する研究は，いかにして国特有または地域特有のファクターや制度が持続可能性の軌道を形づくっているかに焦点をあわせている。アジアにおける産業変容の研究はとりわけ重要なもので，持続可能な発展のための効果的なガバナンス，政策構築や環境モニタリングの重要性を論証してきた（Angel and Rock 2003; Rock and Angel 2006）。持続可能性の変移が達成される最良のタイミングは，企業が環境パフォーマンスに関してグローバルで最適な実践を採用するために必要とされる可能性を発展させる時や，ローカルな規制当局が尊重されて，自立しており，そして産業汚染レベルを念入りに監視することのできる時である。一つの関連研究領域が，産業エコロジーやエコロジー的近代化（ecological modernization）理論（Frosch 1995; Huber 2000）からアイディアを引き出して，これらを産業クラスターや産業地域に関する理論へと結び付けている。環境産業クラスター，すなわちある企業における廃棄物が別の企業への投入要素となるような企業集積（例えば，ドイツのBASF社における化学コンビナート）は，産業成長がもたらす環境への影響を減じることができ，首尾よい発展の前に立ちはだかる数多くの課題を克服するものとされている（Gibbs 2003; McManus

---

[2] 関連した研究は，グローバル価値連鎖が新たな規制や認証システムを通じていかに「緑濃きもの」になってきているのかいないのかを検討し（Ponte 2008 など）（☞ 4.4 グローバル価値連鎖），グローバル経済へ原材料を供給する周辺資源国の持続可能性（天然資源に恵まれたルーラルな場所）を判断している（Hayter *et al*. 2003 など）（☞ 4.1 中心・周辺）。

and Gibbs 2008)(☞ 3.2 産業クラスター)。

　企業スケールや地域スケールを超えて，産業の持続可能性もまた，グローバルな取引がいかに流動し，消費後の廃棄物がいかに管理・規制されているかに左右される。例えば，不要な電子機器（コンピュータ，携帯電話やオーディオ機器など）から生じた電子廃棄物（e-ウェイスト）は，1970年代以降著しい勢いで増え続けており，グローバルな e-ウェイストのリサイクル産業が出現した。これは，南側世界（グローバルサウス）におけるヒトの健康や環境に関して際立った負の影響をもたらすものであった（Pellow 2007）。このような傾向に対抗するため，ビジネスリーダーや政策立案者，環境活動家は，e-ウェイストの管理や貿易に対して，グローバルスタンダードや規制を発展させている（例えば，バーゼル・アクション・ネットワークの web ページ，www.ban.org 参照）。

　経済地理学者も，さらなる持続可能な都市や農村コミュニティの見通しに関する研究をおこなってきている。都市は，都市内での消費，生産，そして流通活動を通じて多量の廃棄物や汚染を生み出し，そのため非常に高い値のエコロジカル・フットプリントを呈している。エコロジカル・フットプリントとは土地面積当たりで測定される資源（すなわち，エネルギー，食料，林産品，建造環境など）需要のことである（Wackernagel and Rees 1996）。研究者たちは，持続可能性についてのアイディアが，都市計画の戦略や都市のブラウンフィールド（工業跡の遊休地）再開発のイニシアティブにいかにして組み込まれつつあるのか（McCarthy 2002; Counsell and Haughton 2006），そしてこうしたイニシアティブが社会・環境上の公正という課題にいかなる意味を有するのかを検討している（Agyeman and Evans 2004; Pacione 2007）。ハウジング研究も，新たな住宅開発が非持続可能な「消費景観」（例えば，Leichenko and Solecki 2005）をいかに生み出し得るものであり，都市や郊外の持続可能性に影響を与える世帯消費や廃棄物管理の実践をいかに変化させるのかといった双方の観点から重要なテーマとなっている（Barr and Gilg 2006 など）。農村コミュニティに関していえば，地理学者は，工業国における農村コミュニティが農業や「オルタナティブな」フードネットワーク（AFN）の形成をサポートする可能性（Maxey 2006 など），そして，南側世界（グローバルサウス）における農村生活の持続可能性が経済自由化のプログラムによっていかなる課題を突きつけられているのかを検討してきた（Bebbington and Perreault 1999 など）。

　最後に，気候変化は，コミュニティや諸経済が地球温暖化にいかに対応していき，温室効果ガスはいかにしたらより効果的に規制され得るのだろうかということについて経済地理学者が取り組むきっかけを与えている。気候変化はグローバルな現象であるものの，その影響は各地域によって顕著に異なり，多様な社会経済的な適応戦略が要求されるだろう（Yohe and Schlesinger 2002）。貧しいコミュニティや地域はとりわけ脆

弱であって, Leichenko and O'Brien (2008) が「二重被爆」と名付けた状況, すなわち, 人々の生活の安全が経済のグローバル化や地球温暖化による環境影響により同時に脅かされている状況を経験している。ローカルスケールおよびグローバルスケールでの効果的な共同行動は, 温室効果ガス規制や気候変動適応に対して負担しなければならないコストや責任の公平かつ累進的な配分があり得るかどうかを左右するのである (Adger 2003; O'Brien and Leichenko 2006; Bumpus and Liverman 2008)。

KEY POINTS
- 持続可能な発展の概念は、エコロジー的・社会経済的な諸関心事を、物質的・社会的・環境上の幸福に関して、世代間での公平性が確保できることをめざす単一の発展モデルへと統合するものである.
- 持続可能な発展に関する「強い」提唱者が安定状態の経済システムへの根本的な変革を求めるなか、「弱い」提唱者は、成長志向の経済システムが持続可能性と互換性があると主張している.
- とりわけ政治生態研究の立場からの持続可能な発展の概念に対する顕著な批判がなされている. それは、概念の曖昧さ、概念を促進する権力構造、持続可能な政策やプログラムの否定的結果を強調している.
- 環境経済地理学者は、産業の持続可能性、都市および農村生活の持続可能性, そしてグローバルな気候変動、経済のグローバル化、社会経済の脆弱性の間の関連性を研究している.

FURTHER READING

Soyez and Schultz (2008) は、雑誌『ジオフォーラム』の特集号 (5つの別個の論文が所収されている) の巻頭論文であるが、その中で環境経済地理学 (EEG) という副次領域に焦点を合わせている. Krueger and Gibbs (2007) の編書は、持続可能な発展の概念の批判的評価を与えたものであるが、その概念は欧州や合衆国における都市計画問題とも関わっているのである. Bunce (2008) は、バルバドスにおけるツーリズムを基盤とする経済の持続可能性の事例研究であり、小規模な島嶼国家が直面する諸課題についての議論を提起している.

文献一覧

Acs, Z. and Audretsch, A. (2003) 'Introduction', in Acs, Z. and Audretsch, D. (eds) *Handbook of Entrepreneurship Research*. Boston: Kluwer Academic Publishers. 3–20.
Acs, Z., Carlsson, B. and Karlsson, C. (eds) (1999) *Entrepreneurship, Small and Medium-Sized Enterprises and the Macroeconomy*. Cambridge: Cambridge University Press.
Adams, W.M. (2009) *Green Development: Environment and Sustainability in a Developing World*, 3rd edn. London: Routledge.
Adger, W.N. (2003) 'Social capital, collective action, and adaptation to climate change', *Economic Geography* 79(4): 387–404.
Aglietta, M. (1979 [1976]) *A Theory of Capitalist Regulation: The US Experience. An English translation of Régulation et Crises du Capitalisme*. London: New Left Books (originally published in 1976). 〔若森章孝 ほか訳 (1989)『資本主義のレギュラシオン理論：政治経済学の革新』大村書店 (原書 2 版の訳)〕
Agnes, P. (2000) 'The "end of geography" in financial services? Local embeddedness and territorialization in the interest rate swaps industry', *Economic Geography* 76(4): 347–366.
Agyeman, J. and Evans, B. (2004) '"Just sustainability": the emerging discourse of environmental justice in Britain?', *Geographical Journal* 170(2): 155–164.
Albert, M. (1993) *Capitalism Against Capitalism*. London: Whurr.
Alonso, W. (1964) *Location and Land Use*. Cambridge, MA: Harvard University Press. 〔大石泰彦監訳・折下 功訳 (1966)『立地と土地利用：地価の一般理論』朝倉書店〕
Alonso, W. (1968) 'Urban and regional imbalances in economic development', *Economic Development and Cultural Change* 17(1): 1–14.
Amin, A. (1999) 'An institutionalist perspective on regional economic development', *International Journal of Urban and Regional Research* 23(2): 365–378.
Amin, A. (2002) 'Spatialities of globalisation', *Environment and Planning A* 34(3): 385–399.
Amin, A. and Cohendet, P. (2004) *Architecture of knowledge: Firms, Capabilities and Communities*. Oxford: Oxford University Press.
Amin, A. and Graham, S. (1997) 'The ordinary city', *Transactions of the Institute of British Geographers* 22(4): 411–429.
Amin, A. and Roberts, J. (2008) 'Knowing in action: beyond communities of practice', *Research Policy* 37(2): 353–369.
Amin, A. and Robins, K. (1990) 'The re-emergence of regional economies? The mythical geography of flexible accumulation', *Environment and Planning D: Society and Space* 8(1): 7–34.
Amin, A. and Thrift, N. (1992) 'Neo-Marshallian nodes in global networks', *International Journal of Urban and Regional Research* 16: 571–587.
Amin, A. and Thrift, N. (1993) 'Globalization, institutional thickness, and local prospects', *Revue d'Economie Regionale et Urbaine* 3: 405–427.
Amin, A. and Thrift, N. (2004) *Cultural Economy Reader*. Malden, MA and Oxford: Blackwell.
Amin, A. and Thrift, N. (2007) 'Cultural-economy and cities', *Progress in Human Geography* 31(2): 143–161.
Amsden, A.H. (1989) *Asia's Next Giant: South Korea and Late Industrialization*. New York: Oxford University Press.
Anderson, A.R. and Jack, S. (2002) 'The articulation of social capital in entrepreneurial networks: a glue or lubricant?', *Entrepreneurship and Regional Development* 14: 193–210.
Angel, D.P. and Rock, M.T. (2003) 'Engaging economic development agencies in environmental protection: the case for embedded autonomy', *Local Environment* 8(1): 45–59.
Angel, D.P. and Savage, L.A. (1996) 'Global localization? Japanese research and development laboratories in the USA', *Environment and Planning A* 28(5): 819–833.
Aoyama, Y. (2000) 'Keiretsu, networks and locations of Japanese electronics industry in Asia', *Environment and Planning* A 32(2): 223–244.

Aoyama, Y. (2007) 'The role of consumption and globalization in a cultural industry: the case of flamenco', *Geoforum* 38(1): 103–113.

Aoyama, Y. (2009a) 'Entrepreneurship and regional culture: the case of Hamamatsu and Kyoto, Japan', *Regional Studies* 43(3): 495–512.

Aoyama, Y. (2009b) 'Artists, tourists, and the state: cultural tourism and the flamenco industry in Andalusia, spain', *International Journal of Urban and Regional Research* 33(1) : 80–104.

Aoyama, Y. and Castells, M. (2002) 'An empirical assessment of the informational society: Employment and occupational structures of G-7 countries', *International Labour Review* 141: 123–159.

Aoyama, Y. and Ratick, S.J. (2007) 'Trust, transactions, and inter-firm relations in the U.S. logistics industry', *Economic Geography* 83(2): 159–180.

Aoyama, Y. and Sheppard, E. (2003) 'The dialectics of geographic and virtual spaces', *Environment and Planning A* 35(7): 1151–1156.

Aoyama, Y., Ratick, S.J., and Schwarz, G. (2006) 'Organizational dynamics of the U.S. logistics industry from an economic geography perspective', *Professional Geographer* 58(3): 327–340.

Appadurai, A. (1990) 'Disjuncture and difference in the global cultural economy', *Theory, Culture & Society* 7(2): 295–310.

Appadurai, A. (1996) *Modernity at Large: Cultural Dimensions of Globalization*. Minneapolis, MN: University of Minnesota Press. 〔門田健一訳（2004）『さまよえる近代：グローバル化の文化研究』平凡社〕

Arndt, H.W. (1988) '"Market failure" and underdevelopment', *World Development* 16(2): 219–229.

Arrighi, G. (2002) 'The African crisis: world systemic and regional aspects', *New Left Review* 15: 5–36.

Arrighi, G. (2007) *Adam Smith in Beijing: Lineages of the Twenty-first Century*. London: Verso.〔上野友也ほか訳（2011）『北京のアダム・スミス：21世紀の諸系譜』作品社〕

Arrow, K. (1962) 'The economic implications of learning-by-doing', *Review of Economic Studies* 29(3): 155–173.

Arthur, B.W. (1989) 'Competing technologies, increasing returns and lock-in by historical events', *The Economic Journal* 99(394): 116–131.

Asheim, B.T. and Coenen, L. (2005) 'Knowledge bases and regional innovation systems: comparing Nordic clusters', *Research Policy* 34(8): 1173–1190.

Ashton, P. (2009) 'An appetite for yield: the anatomy of the subprime mortgage crisis', *Environment and Planning A* 41(6): 1420–1441.

Atwood, W. W. (1925) 'Economic geography', *Economic Geography* 1: 1.

Audretsch, D. and Feldman, M.P. (1996) 'R&D spillovers and the geography of innovation and production', *American Economic Review* 86(3): 630–640.

Auty, R.M. (1993) *Sustaining Development in Mineral Economies: The Resource Curse Thesis*. London: Routledge.

Aydalot, P. (1985) *High Technology Industry and Innovative Environments*. London: Routledge.

Aydalot, P. (ed.) (1986) *Milieux Innovateurs en Europe*. Paris: GREMI.

Bagnasco, A. (1977) *Tre Italie: La Problematica Territoriale Dello Sviluppo Italiano*. Bologna: Il Mulino.

Baran, P. (1957) *The Political Economy of Growth*. New York: Monthly Review Press.〔浅野栄一・高須賀義博訳（1960）『成長の経済学』東洋経済新報社〕

Bardhan, A.D. and Howe, D.K. (2001) 'Globalization and restructuring during downturns: a case study of California', *Growth and Change* 32(2): 217–235.

Barnes, T.J. (2000a) 'Inventing Anglo-American Economic Geography, 1889–1960', in E. Sheppard and Barnes, T. (eds), *A Companion to Economic Geography*. New York: Blackwell, 11–26.

Barnes, T.J. (2000b) 'The Space-Economy' Entry for Johnston *et al.* (eds), *The Dictionary of Human Geography, 4th Edition*, 773–774.

Barnes, T.J. (2001) 'Retheorizing economic geography: from the quantitative revolution to the "cultural turn"', *Annals of the Association of American Geographers* 91(3): 546–565.

Barnes, T.J. (2004) 'The rise (and decline) of American regional science: lessons for the new economic geography?', *Journal of Economic Geography* 4(2): 107–129.

Barnes, T.J., Sheppard, E., Tickell, A. and Peck, J.(eds) (2007) *Politics and Practice in Economic Geography*. London: Sage Publications.

Barney, J. (1991) 'Firm resources and sustained competitive advantage', *Journal of Management* 17(1): 99–120.
Barney, J., Wright, M., and Ketchen, J. (2001) 'The resource-based view of the firm: ten years after 1991', *Journal of Management* 27(6): 625–641.
Barr, S. and Gilg, A. (2006) 'Sustainable lifestyles: framing environmental action in and around the home', *Geoforum* 37(6): 906–920.
Barrientos, S., Dolan, C. and Tallontire, A. (2003) 'A gendered value chain approach to codes of conduct in African horticulture', *World Development* 31(9): 1511–1526.
Bartelt, D.W. (1997) 'Urban housing in an era of global capital', *Annals of the American Academy of Political and Social Science* 551: 121–136.
Barton, J.R., Gwynne, R.N. and Murray, W.E. (2007) 'Competition and co-operation in the semi-periphery: closer economic partnership and sectoral transformations in Chile and New Zealand', *Geographical Journal* 173(3): 224–241.
Basel Action Network (2009) Basel Action Network webpage: http://www.ban.org. Bebbington, A. and Perreault, T. (1999) 'Social capital, development, and access to resources in highland Ecuador', *Economic Geography* 75(4): 395–418.
Bathelt, H. (2003) 'Geographies of production: growth regimes in spatial perspective 1: innovation, institutions and social systems', *Progress in Human Geography* 27(6): 763–778.
Bathelt, H. (2005) 'Geographies of production: growth regimes in spatial perspective 2: knowledge creation and growth in clusters', *Progress in Human Geography* 29(2): 204–216.
Bathelt, H. (2006) 'Geographies of production: growth regimes in spatial perspective 3: toward a relational view of economic action and policy', *Progress in Human Geography* 30(2): 223–236.
Bathelt, H. and Glückler, J. (2003) 'Toward a relational economic geography', *Journal of Economic Geography* 3(2): 17–144.
Bathelt, H., Malmberg, A. and Maskell, P. (2004) 'Clusters and knowledge: local buzz, global pipelines and the process of knowledge creation', *Progress in Human Geography* 28(1): 31–56.
Baudrillard, J. (1970) *The Consumer Society*. London: Sage Publications.
Beaverstock, J.V., Smith, R.G. and Taylor, P.J. (1999) 'A roster of world cities', *Cities* 16(6): 445–458.
Bebbington, A. (2003) 'Global networks and local developments: agendas for development geography', *Tijdschrift voor Economische en Sociale Geografie* 94(3): 297–309.
Bebbington, A. and Perreault, T. (1999) 'Power, knowledge and political ecology in the Third World: a review', *Economic Geography* 22(1): 79–94.
Bek, D., McEwan, C. and Bek, K.E. (2007) 'Ethical trading and socioeconomic transformation: Critical reflections on the South African wine industry', *Environment and Planning A* 39(2): 301–319.
Bell, D. (1973) *The Coming of Postindustrial Society: A Venture on Social Forecasting*. New York: Basic Books. 〔内田忠夫ほか訳（1975）『脱工業社会の到来』ダイヤモンド社〕
Bellandi, M. (2001) 'Local development and embedded large firms', *Entrepreneurship and Regional Development* 13: 189–210.
Bello, W. (2006) 'The capitalist conjuncture: over-accumulation, financial crises, and the retreat from globalisation', *Third World Quarterly* 27(8): 1345–1367.
Bengtsson, M. and Soderholm, A. (2002) 'Bridging distances: organizing boundaryspanning technology development projects', *Regional Studies* 36(3): 263–274.
Berger, S. and Dore, R. (eds) (1996) *National Diversity and Global Capitalism*. Ithaca, NY: Cornell University Press.
Berndt, C. and Boeckler, M. (2009) 'Geographies of circulation and exchange: constructions of markets', *Progress in Human Geography* 33(4): 535–551.
Berry, B.J.L. (1967) *Geography of Market Centres and Retail Distribution*. Englewood Cliffs, NJ: Prentice-Hall. 〔西岡久雄ほか訳（1972）『小売業・サービス業の立地：市場センターと小売流通』大明堂〕
Berry, B.J.L. and Garrison, W.L. (1958) 'The functional bases of the central place hierarchy', *Economic Geography* 34(2): 145–54.
Best, M. (1990) *The New Competition*. Cambridge, MA: Harvard University Press.
Beugelsdijk, S. (2007) 'The regional environment and a firm's innovative performance: a plea for a multilevel interactionist approach', *Economic Geography* 83(2): 181–199.
Beyers, W. (2002) 'Services and the new economy: elements of a research agenda', *Journal of Economic Geography* 2:

1–29.
Beyers, W.B. (1993) 'Producer services', *Progress in Human Geography* 17(2): 221–231.
Bhachu, P. (2004) *Dangerous Designs: Asian Women Fashion the Diaspora Economies*. London: Routledge.
Bhagwati, J. (2004) *In Defense of Globalization*. New York: Oxford University Press.〔鈴木主税・桃井緑美子訳（2005）『グローバリゼーションを擁護する』日本経済新聞社〕
Birch, D. (1981) 'Who creates jobs?', *The Public Interest* 65: 3–14.
Birley, S. (1985) 'The role of networks in the entrepreneurial process', *Journal of Business Venturing* 1: 107–117.
Black, J. and Conroy, M. (1977) 'Accessibility measures and the social evaluation of urban structure', *Environment and Planning A* 9: 1013–1031.
Blake, M. (2006) 'Gendered lending: gender, context and the rules of business lending', *Venture Capital* 8(2): 183–201.
Blake, M.K. and Hanson, S. (2005) 'Rethinking innovation: context and gender', *Environment and Planning A* 37(4): 681–701.
Bluestone, B. and Harrison, B. (1982) *The Deindustrialization of America: Plant Closings, Community Abandonment, and the Dismantling of Basic Industries*. New York: Basic Books.〔中村 定訳（1984）『アメリカの崩壊』日本コンサルタント・グループ〕
Blumen, O. and Kellerman, A. (1990) 'Gender differences in commuting distance, residence, and employment location: metropolitan Haifa, 1972–1983', *The Professional Geographer* 42: 54–71.
Boschma, R. A. and Frenken, K. (2006) 'Why is economic geography not an evolutionary science? Towards an evolutionary economic geography', *Journal of Economic Geography* 6(3): 273–302.
Boschma, R. A. and Frenken, K. (2009) 'Some notes on institutions in evolutionary economic geography', *Economic Geography* 85(2): 151–158.
Boschma, R. A., Eriksson, R. and Lindgren, U. (2009) 'How does labour mobility affect the performance of plants? The importance of relatedness and geographical proximity', *Journal of Economic Geography* 9(2): 169–190.
Boschma, R.A. and Lambooy, J.G. (1999) 'Evolutionary economics and economic geography', *Journal of Evolutionary Economics* 9: 411–429.
Boschma, R.A. and Martin, R. (2007) 'Constructing an evolutionary economic geography', *Journal of Economic Geography* 7(5): 537–548.
Bosma, N.S. and Schutjens, V. (2007) 'Outlook on Europe: patterns of promising entrepreneurial activity in European regions', *Tijdschrift voor economische en sociale geografie* 98(5): 675–686.
Bosma, N.S. and Schutjens, V. (2009) 'Mapping entrepreneurial activity and entrepreneurial attitudes in European regions', *International Journal of Entrepreneurship and Small Business* 9(2): 191–213.
Bosma, N.S., Acs, Z.J., Autio, E., Coduras, A. and Le, J. (2008) *Global Entrepreneurship Monitor: 2008 Executive Report*. Babson College, Universidad del Desarrollo (Santiago, Chile) and London Business School (London).
Bourdieu, P. (1984) *Distinction: a Social Critique of the Judgment of Taste*. Cambridge, MA: Harvard University Press.
Boyer, R. (1979) 'Wage formation in historical perspective: The French experience', *Cambridge Journal of Economics* 3(2): 99–118.
Boyer, R. (1990[1986]) *The Regulation School: A Critical Introduction*. An English translation of La théorie de la régulation by C. Charney, New York: Columbia University Press (originally published in 1986).〔山田鋭夫訳（1990）『レギュラシオン理論：危機に挑む経済学（新版）』藤原書店〕
Boyer, R. (2000) 'Is finance-led growth regime a viable alternative to Fordism? A preliminary analysis', *Economy and Society* 29(1): 111–145.
Brenner, N. (2000) 'The urban question as a scale question: reflections on Henri Lefebvre, urban theory and the politics of scale', *International Journal of Urban and Regional Research* 24(2): 361–378.
Brenner, N. (2001) 'The limits to scale? Methodological reflections on scalar structuration', *Progress in Human Geography* 25(4): 591–614.
Brenner, N. (2004) *New State Spaces: Urban Governance and the Rescaling of Statehood*. Oxford: Oxford University Press.
Bridge, G. (2002) 'Grounding globalization: the prospects and perils of linking economic processes of globalization to environmental outcomes', *Economic Geography* 78(3): 361–386.
Brohman, J. (1996) *Popular Development: Rethinking the Theory and Practice of Development*. Oxford: Blackwell.

Brown, J. and Duguid, P. (1991) 'Organizational learning and communities of practice: Toward a unified view of working, learning, and innovation', *Organization Science* 2: 40–57.

Brown, L. (1981) *Innovation Diffusion: A New Perspective*. London: Methuen.

Brülhart, M. (1998) 'Economic geography, industry location and trade: The evidence', *The World Economy* 21(6): 775–801.

Brusco, S. (1982) 'The Emilian model: productive decentralisation and local integration', *Cambridge Journal of Economics* 6(2): 167–184.

Bryant, R.L. (1998) 'Power, knowledge and political ecology in the Third World: a review', *Progress in Physical Geography* 22(1): 79–94.

Bryceson, D.F. (2002) 'The scramble in Africa: reorienting rural livelihoods', *World Development* 30(5): 725–739.

Bumpus, A.G. and Liverman, D.M. (2008) 'Accumulation by decarbonization and the governance of carbon offsets', *Economic Geography* 84(2): 127–155.

Bunce, M. (2008) 'The "leisuring" of rural landscapes in Barbados: new spatialities and the implications for sustainability in small island states', *Geoforum* 39(2): 969–979.

Burt, R.S. (1992) *Structural Holes*. Cambridge, MA: Harvard University Press.〔安田　雪訳 (2006)『競争の社会的構造：構造的空隙の理論』新曜社〕

Butler, J. (1990) *Gender Trouble: Feminism and the Subversion of Identity*. New York: Routledge.〔竹村和子訳 (1999)『ジェンダー・トラブル：フェミニズムとアイデンティティの攪乱』青土社〕

Cairncross, F. (2001) T*he Death of Distance: How the Communications Revolution is Changing Our Lives*. Cambridge, MA: Harvard Business School Press.

Callon, M. (1986) 'Some elements of a sociology of translation: domestication of the scallops and fishermen of St Brieuc Bay', in J. Law (ed.) *Power, Acton and Belief: A New Sociology of Knowledge*. London: Routledge & Kegan Paul. 196-233.

Callon, M. (1999) 'Actor-network theory-the market test', in J. Law and J. Hassard (eds) *Actor Network Theory and After*. Oxford: Blackwell. 181–195.

Callon, M. and Muniesa, F. (2005) 'Peripheral vision: economic markets as calculative collective devices', *Organization Studies* 26(8): 1229–1250.

Camagni, R. (ed.) (1991) *Innovation Networks: Spatial Perspectives*. London: Bellhaven.

Carney, J. (1993) 'Converting the wetlands, engendering the environment: the intersection of gender with agrarian change in the Gambia', *Economic Geography* 69: 329–348.

Cass, N., Shove, E. and Urry, J. (2005) 'Social exclusion, mobility and access', *The Sociological Review* 53(3): 539–555.

Castells, M. (1984) *City and the Grassroots: A Cross-cultural Theory of Urban Social Movements*. Berkeley and Los Angeles, CA: University of California Press.〔石川淳志監訳 (1997)『都市とグラスルーツ：都市社会運動の比較文化理論』法政大学出版局〕

Castells, M. (ed) (1985) *High Technology, Economic Restructuring, and the Urban-Regional Process in the United States*. Thousand Oaks, CA: Sage Publications.

Castells, M. (1989) *The Informational City: Information Technology, Economic Restructuring and the Urban-Regional Process*. London: Blackwell.

Castells, M. (1996) *The Rise of the Network Society: The Information Age: Economy, Society and Culture Vol. I*. Cambridge, MA: Blackwell.

Castells, M. (1998) *End of the Millennium: The Information Age: Economy, Society and Culture Vol. III*. Cambridge, MA: Blackwell.

Castells, M. (2000) *The Rise of the Network Society, 2nd edn*. Oxford: Blackwell.

Castells, M. and Aoyama, Y. (1994) 'Paths toward the informational society: employment structure in G-7 Countries, 1920–90', *International Labour Review* 133: 5–33.

Castells, M. and Hall, P.G. (1994) *Technopoles of the World: The Making of Twenty-First-Century Industrial Complexes*. London: Routledge.

Castree, N. (2004) 'Economy and culture are dead! Long live economy and culture!', *Progress in Human Geography* 28(2): 204–226.

Chandler, A.D. Jr. (1962) *Strategy and Structure: Chapters in the History of the American Industrial Enterprise*.

Cambridge, MA: MIT Press.
Chandler, A.D.Jr. (1977) *The Visible Hand: The Managerial Revolution in American Business*. Cambridge, MA: Harvard University Press.〔鳥羽欽一郎・小林袈裟治訳（1979）『経営者の時代：アメリカ産業における近代企業の成立（上・下）』東洋経済新報社〕
Chang, T.C. and Yeoh, B. (1999) '"New Asia – Singapore": Communicating local cultures through global tourism', *Geoforum* 30(2): 101–115.
Chinitz, B. (1961) *Economic Study of the Pittsburgh Region*. Pittsburgh Regional Plan Association, Pittsburgh, Pennsylvania.
Cho, S.K. (1985) 'The labour process and capital mobility: the limits of the new international division of labour', *Politics and Society* 14: 185–222.
Chojnicki, Z. (1970) 'Prediction in economic geography', *Economic Geography*, 46S (Proceedings, International Geographic Union, Commission on Quantitative Methods): 213–22.
Christaller, W. (1966[1933]) *Central Places in Southern Germany. An English translation of Die zentralen Orte in Süddeutschland* by C.W. Baskin, Englewood Cliffs, NJ: Prentice Hall (originally published in 1933).〔江沢譲爾訳（1969）『都市の立地と発展』大明堂〕
Christophers, B. (2006) 'Circuits of capital, genealogy, and television geographies', *Antipode* 38(5): 930–952.
Christopherson, S. (1983) 'The household and class formation: determinants of residential location in Ciudad Juarez', *Environment and Planning D: Society and Space* 1: 323–338.
Christopherson, S. (2002) 'Why do labor market practices continue to diverge in a global economy? The "missing link" of investment rules', *Economic Geography* 78(1): 1–20.
Christopherson, S. (2004) 'The divergent worlds of new media: how policy shapes work in the creative economy', *Review of Policy Research* 21(4): 543–558.
Christopherson, S. and Lillie, N. (2005) 'Neither global nor standard: corporate strategies in the new era of labor standards', *Environment and Planning A* 37: 1919–1938.
Christopherson, S. and Storper, M. (1986) 'The city as studio; the world as back lot: the impact of vertical disintegration on the motion picture industry', *Environment and Planning D: Society and Space* 4(3): 305–320.
Clark, C. (1940) *The Conditions of Economic Progress*. London: Macmillan.〔大川一司ほか訳編（1953-1955）『経済進歩の諸条件（上・下）』勁草書房〕
Clark, G.L. (1986) 'Restructuring the U.S. Economy: The NLRB, the Saturn Project and economic justice', *Economic Geography* 62(4): 289–306.
Clark, G.L. (2002) 'London in the European financial services industry: locational advantage and product complementarities', *Journal of Economic Geography* 2(4): 433–453.
Clark, G.L. (1998) 'Why convention dominates pension fund trustee investment decision-making', *Environment and Planning A* 30(6): 997–1015.
Clark, G.L. (2000) *Pension Fund Capitalism*. Oxford: Oxford University Press.
Clark, G.L. and Dear, M.J. (1984) *State Apparatus: Structures of Language and Legitimacy*. Boston: Allen and Unwin.
Clark, G.L. and Wójcik, D. (2005) 'Path dependence and financial markets: the economic geography of the German model, 1997–2003', *Environment and Planning A* 37: 1769–1791.
Clark, G.L. Mansfield, D. and Tickell, A. (2001) 'Emergent frameworks in global finance: accounting standards and German supplementary pensions', *Economic Geography* 77: 250–271.
Clarke, I., Hallsworth, A., Jackson, P., de Kervenoael, R., del Aguila, R.P. and Kirkup, M. (2006) 'Retail restructuring and consumer choice 1. Long-term local changes in consumer behaviour: Portsmouth, 1980–2002', *Environment and Planning A* 38(1): 25–46.
Coase, R.H. (1937) 'The nature of the firm', *Economica* 4(16): 386–405.〔宮沢健一・後藤 晃・藤垣芳文訳（1992）「企業の本質」，所収『企業・市場・法』東洋経済新報社〕
Coe, N.M. (2000) 'The view from out West: embeddedness, inter-personal relations and the development of an indigenous film industry in Vancouver', *Geoforum* 31(4): 391–407.
Coe, N.M. (2001) 'A hybrid agglomeration? The development of a satellite-Marshallian industrial district in Vancouver's film industry', *Urban Studies* 38(10): 1753–1775.
Coe, N.M. and Wrigley, N. (2007) 'Host economy impacts of transnational retail: the research agenda', *Journal of*

Economic Geography 7(4): 341–371.
Coe, N.M., Dicken, P. and Hess, M. (2008) 'Global production networks: realizing the potential', *Journal of Economic Geography* 8(3): 271–295.
Coe, N.M., Hess, M., Yeung, H.W., Dicken, P. and Henderson, J. (2004) '"Globalizing" regional development: a global production networks perspective', *Transactions of the Institute of British Geographers* 29(4): 468–484.
Cohen, S. and Zysman, J. (1987) *Manufacturing Matters. The Myth of the Postindustrial Economy*. New York: Basic Books.〔大岡 哲・岩田悟志訳（1990）『脱工業化社会の幻想：「製造業」が国を救う』TBS ブリタニカ〕
Combes, P.-P., Mayer, T. and Thisse, J.-F. (2008) *Economic Geography: The Integration of Regions and Nations*. Princeton, NJ: Princeton University Press.
Connell, J. and Gibson, C. (2003) *Sound Tracks: Popular Music, Identity and Place*. London and New York: Routledge.
Connell, J. and Gibson, C. (2004) 'World Music: Deterritorialising place and identity', *Progress in Human Geography* 28(3): 342–361.
Cook, G., Pandit, N., Beaverstock, J., Taylor, P. and Pain, K. (2007) 'The role of location in knowledge creation and diffusion: evidence of centripetal and centrifugal forces in the City of London financial services agglomeration', *Environment and Planning A* 39: 1325–1345.
Cooke, P. (2001) 'Regional innovation systems, clusters, and the knowledge economy', *Industrial and Corporate Change* 10(4): 945–974.
Cooke, P. (2007) *Growth Cultures: The Global Bioeconomy and Its Beoregions*. Abingdon: Routledge.
Cooke, P. and Morgan, K. (1994) 'The regional innovation system in Baden-Württemberg', *International Journal of Technology Management* 9: 394–429.
Cooke, P. and Morgan, K. (1998) *The Associational Economy: Firms, Regions, and Innovation*. Oxford: Oxford University Press.
Coriat, B. (1979) *L'atelier et le chronometer: Essai sur le taylorisme, le fordisme et la production de masse*. Paris: Christian Bourgois Editeur.
Counsell, D. and Haughton, G. (2006) 'Sustainable development in regional planning: the search for new tools and renewed legitimacy', *Geoforum* 37(6): 921–931.
Cox, K.R.(2002) *Political Geography: Territory, State, and Society*. Oxford: Blackwell.
Cox, K.R. (2008) 'Globalization, uneven development and capital: reflections on reading Thomas Friedman's The World Is Flat', *Cambridge Journal of Regions, Economy and Society* 1(3): 389–410.
Crane, R. (2007) 'Is there a quiet revolution in women's travel? Revisiting the gender gap in commuting', *Journal of the American Planning Association* 73: 298–316.
Crang, P. (1994) 'It's showtime: on the workplace geographies of display in a restaurant in southeast England', *Environment and Planning D: Society and Space* 12(6): 675–704.
Crewe, L. (2003) 'Markets in motion: geographies of retailing and consumption III', *Progress in Human Geography* 27(3): 352–362.
Crouch, C. and Streeck, W. (1997) 'The future of capitalist diversity', in C. Crouch and W. Streeck (eds) *Political Economy of Modern Capitalism*. London: Sage. 1–31.〔山田鋭夫訳（2001）「資本主義の多様性の将来」，所収『現代の資本主義制度：グローバリズムと多様性』NTT 出版，7–32〕
Daily, G.C. and Ehrlich, P.R. (1992) 'Population, sustainability, and Earth's carrying capacity', *BioScience* 42: 761–771.
Daly, H.E. (1977) *Steady-State Economics: The Economics of Biophysical Equilibrium and Moral Growth*. San Francisco, CA: W.H. Freeman.
Daly, H.E. and Farley, J. (2004) *Ecological Economics: Principles and Applications*. Washington, DC: Island Press.
Daniels, P.W. (1985) *Service Industries: A Geographical Appraisal*. London: Routledge.
Daniels, P.W. and Bryson, J. (2002) 'Manufacturing services and servicing manufacturing: changing forms of production in advanced capitalist economies', *Urban Studies* 39: 977–991.
Daniels, P.W. and Moulaert, F. (1991) *The Changing Geography of Advanced Producer Services: Theoretical and Empirical Perspectives*. London: Belhaven Press.
Das, R.J. (1998) 'The social and spatial character of the Indian State', *Political Geography* 17(7): 787–808.
David, P.A. (1985) 'Clio and the Economics of QWERTY', *American Economic Review* 75(2): 332–337.
de Soto, H. (1989[1986]) *The Other Path: The Invisible Revolution in the Third World*. An English Translation of *El otro sendero* by J. Abbott, New York: Harper & Row (originally published in 1986).
Dear, M. (1988) 'The postmodern challenge: reconstructing human geography', *Transactions, Institute of British Geographers* 13(3): 262–274.
Denzau, A.T. and North, D.C. (1994) 'Shared mental models: ideologies and institutions', *Kyklos* 47(1): 3–31.

Derrida, J. (1967) *Of Grammatology*. Baltimore, MD: Johns Hopkins University Press.
Desai, M. (1979) *Marxian Economics*. Oxford: Blackwell.
Dicken, P. (1971) 'Some aspects of decision-making behavior of business organizations', *Economic Geography* 47: 426-437.
Dicken, P. (1976) 'The multiplant business enterprise and geographical space', *Regional Studies* 10: 401-412.
Dicken, P. (1994) 'Global-local tensions: firms and states in the global space-economy', *Economic Geography* 70(2): 101-128.
Dicken, P. (1998) *Global Shift: Transforming the World Economy, 3rd edn*. London: Paul Chapman.〔宮町良広監訳(2001)『グローバル・シフト : 変容する世界経済地図』古今書院〕
Dicken, P. (2004) 'Geographers and 'globalization': (yet) another missed boat?', *Transactions of the Institute of British Geographers* 29(1): 5-26.
Dicken, P. (2007) *Global Shift: Mapping the Changing Contours of the World Economy. 5th edn*. London: Sage and New York: Guilford Press.
Dicken, P. and Lloyd, P. (1980) 'Patterns and processes of change in the spatial distribution of foreign-controlled manufacturing employment in the United Kingdom, 1963-1975', *Environment and Planning A* 12: 1405-1426.
Dicken, P. and Malmberg, A. (2001) 'Firms in territories: a relational perspective', *Economic Geography* 77(4): 345-363.
Dicken, P., Kelly, P.F., Olds, K. and Yeung, H.W. (2001) 'Chains and networks, territories and scales: towards a relational framework for analyzing the global economy', *Global Networks* 1(2): 89-112.
DiMaggio, P. and Louch, H. (1998) 'Socially embedded consumer transactions: for what kinds of purchases do people most often use networks?', *American Sociological Review* 63(5): 619-637.
Dixon, D.P. and Jones, J.P. (1996) 'For a supercalifragilisticexpialidocious scientific geography', *Annals of the Association of American Geographers* 86(4): 767-779.
Domar, E. (1946) 'Capital expansion, rate of growth, and employment', *Econometrica* 14(2): 137-147.
Domosh, M. (1996) The feminized retail landscape: gender ideology and consumer culture in nineteenth-century New York City', in N. Wrigley and M. Lowe (eds) *Retailing, Consumption and Capital*. Harlow: Longman. 257-70.
Donaghu, M.T and Barff, R. (1990) 'Nike just did it: international subcontracting and flexibility in athletic footwear production', Regional Studies 24(6): 537-552.
Dore, R. (2008) 'Financialization of the global economy', *Industrial and Corporate Change* 17(6): 1097-1112.
Dosi, G. (1982) 'Technological paradigms and technological trajectories: a suggested interpretation of the determinants and directions of technical change', *Research Policy* 11(3): 147-162.
Dosi, G. (1997) 'Opportunities, incentives and the collective patterns of technical change', *The Economic Journal* 107(444) (September): 1530-1547.
Dow, S.C. and Rodriguez-Fuentes, C.J. (1997) 'Regional finance: a survey', *Regional Studies* 31(9): 903-920.
Dresner, S. (2008) *The Principles of Sustainability, 2nd edn*. London: Earthscan.
Drucker, P. (1969) *The Age of Discontinuity: Guidelines to Our Changing Society*. New York: Harper & Row.
Dunford, M. (1990) 'Theories of regulation', *Environment and Planning D: Society and Space* 8(3): 297-321.
Dunning, J.H. (1977) 'Trade, location of economic activity and the multinational enterprise: A search for an eclectic approach', in Ohlin, B., Hesselborn, P.O. and Wijkman, P.M. (eds), *The International Allocation of Economic Activity*. London: Macmillan, 395-418.
Eich-Born, M. and Hassink, R. (2005) 'On the battle between shipbuilding regions in Germany and South Korea', *Environment and Planning A* 37: 635-656.
Emmanuel, A. (1972[1972]) *Unequal Exchange: A Study of the Imperialism of Trade. An English Translation of L'échange inégal: essai sur les antagonismes dans les rapports économiques internationaux* by B.Pearce, London: New Left Books.
Encarnation, D.J. and Mason, M. (eds) (1994) *Does Ownership Matter?: Japanese Multinationals in Europe*. Oxford: Oxford University Press.
Engelen, E. (2003) 'The logic of funding European pension restructuring and the dangers of financialisation', *Environment and Planning A* 35(8): 1357-1372.
Engelen, E. (2007) '"Amsterdamned"? The uncertain future of a financial centre', *Environment and Planning A* 39(6): 1306-1324.
England, K. (1993) 'Suburban pink-collar ghettos: the spatial entrapment of women?', *Annals of the Association of American Geographers* 83. 225-242.
English, A. and Hegewisch, A. (2008) 'Still a man's labour market: the long-term earnings gap,' Washington, DC: Institute for Women's Policy Research.
Erturk, I., Froud, J., Sukhdev, J., Leaver, A. and Williams, K. (2007) 'The democratization of finance? Promises,

outcomes and conditions', *Review of International Political Economy* 14(4): 553–575.

Essletzbichler, J.(2009) 'Evolutionary economic geography, institutions, and political economy', *Economic Discourse and Social Change.Geography* 85(2):159–165.

Essletzbichler, J. and Rigby, D.L. (2007) 'Exploring evolutionary economic geographies', *Journal of Economic Geography* 7(5): 549–571.

Ettlinger, N. (2003) 'Cultural economic geography and a relational and microspace approach to trusts, rationalities, networks, and change in collaborative workplaces', *Journal of Economic Geography* 3(2): 145–117.

Evans, P.B. (1995) *Embedded Autonomy: States and Industrial Transformation*. Princeton, NJ: Princeton University Press.

Fackler, M. (2007) 'Japanese housewives sweat in secret as markets reel', New York Times, 16 September. Accessed on 2 December 2008 at: http://www.nytimes.com/ 2007/09/16/business/worldbusiness/16housewives.html?em.

Fage, J.D., Roberts, A.D. and Oliver, R.A. (1986) *The Cambridge History of Africa*. Cambridge: Cambridge University Press.

Fairclough, N. (1992) *Discourse and Social Change*. Cambridge: Polity Press.

Feldman, M.P. (1994) 'Knowledge complementarity and innovation', *Small Business Economics* 6(5): 363–372.

Feldman, M.P. and Audretsch, D.B. (1999) 'Innovation in cities: science-based diversity, specialization and localized competition', *European Economic Review* 43: 409–429.

Feldman, M.P. and Massard, N. (eds) (2001) *Institutions and Systems in the Geography of Innovation*. Boston: Kluwer Academic Publishers.

Fields, G. (2006) 'Innovation, time and territory: space and the business organization of Dell computer', *Economic Geography* 82(2): 119–146.

Fisher, C.A. (1948) 'Economic geography for a changing world', *Transactions of the Institute of British Geographers* 14: 71–85.

Flora, J., Sharp, J., Flora, C. and Newlon, B. (1997) 'Entrepreneurial social infrastructure and locally initiated economic development in the nonmetropolitan United States', *Sociological Quarterly* 38(4): 623–645.

Florida, R. (1995) 'Toward the learning region', *Futures* 27(5): 527–536

Florida, R. (2002a) *The Rise of the Creative Class: And How It's Transforming Work, Leisure, Community and Everyday Life*. New York: Basic Books. 〔井口典夫（2008）『クリエイティブ資本論：新たな経済階級の台頭』ダイヤモンド社〕

Florida, R. (2002b) 'The economic geography of talent', *Annals of the Association of American Geographers* 92(4): 743–755.

Florida, R. and Kenney, M. (1988) 'Venture capital, high technology and regional development', *Regional Studies* 22(1): 33–48.

Florida, R. and Kenney, M. (1994a) 'The globalization of Japanese R&D: the economic geography of Japanese R&D investment in the United States', *Economic Geography* 70(4): 344–369.

Florida, R. and Kenney, M. (1994b) 'Institutions and economic transformation: the case of postwar Japanese capitalism', *Growth and Change* 25(2): 247–262.

Fold, N. (2002) 'Lead firms and competition in 'Bi-polar' commodity chains: grinders and branders in the global cocoa-chocolate industry', *Journal of Agrarian Change* 2(2): 228–247.

Foot, S.P.H. and Webber, M. (1990) 'State, class and international capital 2: the development of the Brasilian steel industry', *Antipode* 22(3): 233–251.

Foucault, M. (1981) 'The order of discourse', in R. Young (ed.) *Untying the Text: A Poststructuralist Reader*. Boston: Routledge. 48–78.

Frank, A.G. (1966) 'The development of underdevelopment', *Monthly Review* 18: 17–31.

Frank, A.G. (1967) *Capitalism and Underdevelopment in Latin America*. New York: Monthly Review Press.

Frank, A.G. (1998) *Reorient: Global Economy in the Asian Age*. Berkeley, CA: University of California Press. 〔山下範久訳（2000）『リオリエント：アジア時代のグローバル・エコノミー』藤原書店〕

Freeman, C. (1974) *The Economics of Industrial Innovation*. Harmondsworth: Penguin.

Freeman, C. (1988) *Technical Change and Economic Theory*. London. Pinter.

Freeman, C. (1991) 'Innovation, changes of techno-economic paradigm and biological analogies in economics', *Revue Economique* 42(2): 211–231.

Freeman, C. (1995) 'The "National System of Innovation" in historical perspective', *Cambridge Journal of Economics* 19: 5–24.

Freudenburg, W. (1992) 'Addictive economies: extractive industries and vulnerable localities in a changing world economy', *Rural Sociology* 57: 305–332.

Friedman, T.L. (2005) *The World is Flat: A Brief History of the Twenty-first Century*. New York: Farrar, Straus and Giroux.〔伏見威蕃訳（2006）『フラット化する世界：経済の大転換と人間の未来（上・下）』日本経済新聞社〕

Friedmann, J. (1986) 'The world city hypothesis', *Development and Change* 17(1): 69–84.〔廣松悟訳（1997）「世界都市仮説」，所収，藤田直晴訳編『世界都市の論理』鹿島出版会，191-201〕

Fröbel, F., Heinrichs, J. and Kreye, O. (1978) 'The world market for labour and the world market for industrial sites', *Journal of Economic Issues* 12(4): 843–858.

Frosch, R.A. (1995) 'Industrial ecology: adapting technology for a sustainable world', *Environment* 37(10): 16–28.

Fuchs, V. (1968) *The Services Economy*. New York: Columbia University Press.

Fujita, K. and Hill, R.C. (1993) 'Toyota city: industrial organization and the local state in Japan', in K. Fujita and R.C. Hill (eds) *Japanese Cities in the World Economy*. Philadelphia, NJ: Temple University Press. 175–199.

Garrison, W.L. (ed.) (1959) *Studies in Highway Development and Geographic Change*. New York: Greenwood Press.

Gartner, W. and Shane, S. (1995) 'Measuring entrepreneurship over time', *Journal of Business Venturing* 10: 283–301.

Gellately, R. (1974) *The Politics of Economic Despair: Shopkeepers and German Politics 1890–1914*. London: Sage.

Gereffi, G. (1994) 'The organization of buyer-driven global commodity chains: how U.S. retailers shape overseas production networks', in G. Gereffi and M. Koreniewicz (eds) *Commodity Chains and Global Capitalism*. Westport, CT: Praeger. pp. 95–122.

Gereffi, G. (1995) 'Global production systems and Third World development', in B. Stallings (ed.) *Global Change, Regional Response: The New International Context of Development*. Cambridge: Cambridge University Press. pp. 100–142.

Gereffi, G. (1999) 'International trade and industrial upgrading in the apparel commodity chain', *Journal of International Economics* 48(1): 37–70.

Gereffi, G., Humphrey, J. and Sturgeon, T. (2005) 'The governance of global value chains', *Review of International Political Economy* 12(1): 78–104.

Gereffi, G. and Korzeniewicz, M. (eds) (1994) *Commodity Chains and Global Capitalism*. Westport, CT: Praeger.

Gereffi, G., Koreniewicz, M. and Koreniewicz, R.P. (1994) 'Introduction: global commodity chains', in G. Gereffi and M. Koreniewicz (eds) *Commodity Chains and Global Capitalism*. Westport, CT: Praeger. pp.1–14.

Gershuny, J.I. and Miles, I.D. (1983) *New Service Economy: The Transformation of Employment in Industrial Societies*. London: F. Pinter.〔阿部真也監訳（1987）『現代のサービス経済』ミネルヴァ書房〕

Gerth, H.H. and Mills, C.W. (eds) (1946) *From Max Weber: Essays in Sociology*. New York: Oxford University Press.〔山口和男・犬伏宣宏訳（1962）『マックス・ウェーバー：その人と業績』ミネルヴァ書房〕

Gertler, M.S. (1988) 'The limits to flexibility: comments on the Post-Fordist vision of production and its geography', *Transactions of the Institute of British Geographers* 13(4): 419–432.

Gertler, M.S. (1989) 'Resurrecting flexibility? A reply to Schoenberger', *Transactions of the Institute of British Geographers* 14(1): 109–112.

Gertler, M.S. (2001) 'Best practice? Geography, learning and the institutional limits to strong convergence', *Journal of Economic Geography* 1(1): 5–26.

Gertler, M.S. (2003) 'Tacit knowledge and the economic geography of context, or The undefinable tacitness of being (there)', *Journal of Economic Geography* 3(1): 75–99.

Gertler, M.S. (2004) *Manufacturing Culture: The Institutional Geography of Industrial Practice*. Oxford: Oxford University Press.

Gertler, M.S. and Levitte, Y.M. (2005) 'Local nodes in global networks: the geography of knowledge flows in biotechnology innovation', *Industry & Innovation* 12(4): 487–507.

Gertler, M.S., Wolfe, D.A. and Garkut, D. (2000) 'No place like home? The embeddedness of innovation in a regional economy', *Review of International Political Economy* 7(4): 688–718.

Gibbon, P. (2003) 'The African growth and opportunity act and the global commodity chain for clothing', *World Development* 31(11): 1809–1827.

Gibbon, P. and Ponte, S. (2005) *Trading Down: Africa, Value Chains, and the Global Economy*. Philadelphia, NJ: Temple University Press.

Gibbs, D. (2003) 'Trust and networking in inter-firm relations: the case of eco-industrial development', *Local Economy* 18(3): 222–236.

Gibson-Graham, J.K. (1994) '"Stuffed if I know": reflections on post-modern feminist social research', *Gender, Place, and Culture* 1(2): 205–224.

Gibson-Graham, J.K. (1996) *The End of Capitalism (As We Knew It): A Feminist Critique of Political Economy*. Oxford: Blackwell.

Gibson-Graham, J.K. (2008) 'Diverse economies: Performative practices for "other worlds"', *Progress in Human Geography* 32(5): 613–632.
Gibson, C. and Kong, L. (2005) 'Cultural economy: a critical review', *Progress in Human Geography* 29(5): 541–561.
Giddens, A. (1984) *The Constitution of Society*. Cambridge: Polity Press.
Gilbert, A. (2007) 'Inequality and why it matters', *Geography Compass* 1(3): 422–447.
Gilbert, M.R., Masucci, M., Homko, C. and Bove, A.A. (2008) 'Theorizing the digital divide: information and communication technology use frameworks among poor women using a telemedicine system', *Geoforum* 39(2): 912–925.
Gillespie, A. and Green, A. (1987) 'The changing geography of producer services employment in Britain', *Regional Studies* 21(5): 397–411.
Giuliani, E., Pietrobelli, C. and Rabellotti, R. (2005) 'Upgrading in global value chains: lessons from Latin American clusters', *World Development* 33(4): 549–573.
Glaeser, E. (2005) 'Review of Richard Florida's The Rise of the Creative Class', *Regional Science and Urban Economics* 35: 593–596.
Glaeser, E.L., H.D. Kallal, J.A. Scheinkman and Shleifer, A. (1992) 'Growth of cities', *Journal of Political Economy* 100: 1126–1152.
Glassman, J. (1999) 'State power beyond the "territorial trap": the internationalization of the state', *Political Geography* 18(6): 669–696.
Glassman, J. (2001) 'Economic crisis in Asia: the case of Thailand', *Economic Geography* 77(2): 122–147.
Glassman, J. (2004) 'Transnational hegemony and US labor foreign policy: towards a Gramscian international labour geography', *Environment and Planning D: Society and Space* 22: 573–593.
Glassman, J. (2007) 'Recovering from crisis: the case of Thailand's spatial fix', *Economic Geography* 83(4): 349–370.
Glassman, J. and Samatar. A.I. (1997) 'Development geography and the Third World state', *Progress in Human Geography* 21(2): 164–198.
Glückler, J. (2005) 'Making embeddedness work: social practice institutions in foreign consulting markets', *Environment and Planning A* 37(10): 1727–1750.
Glückler, J. (2007) 'Economic geography and the evolution of networks', *Journal of Economic Geography* 7(5): 619–634.
Goetz, A.R., Vowles, T.M. and Tierney, S. (2009) 'Bridging the qualitative-quantitative divide in transport geography', *The Professional Geographer* 61(3): 323–335.
Goldman, A. (1991) 'Japan distribution system: institutional structure, internal political economy, and modernization', *Journal of Retailing* 67(2): 154–184.
Goldman, A. (2001) 'The transfer of retail formats into developing economies: the example of China', *Journal of Retailing* 77(2): 221–242.
Goldman, M. (2004) 'Eco-governmentality and other transnational practices of a "green" World Bank', in J.R. Peet and M. Watts (eds) *Liberation Ecologies, 2nd edn*. London: Routledge. 166–192.
Gordon, R.J. (2000) 'Does the "new economy" measure up to the great inventions of the past?', NBER Working Paper 7833. Cambridge, MA: National Bureau of Economic Research, August. Available at: http://www.nber.org/papers/w7833.
Goss, J. (2004) 'Geography of Consumption I', *Progress in Human Geography* 28(3): 369–380.
Goss, J. (2006) 'Geographies of consumption: the work of consumption', *Progress in Human Geography* 30(2): 237–249.
Grabher, G. (2002) 'The project ecology of advertising: tasks, talents and teams', *Regional Studies* 36(3): 245–262.
Grabher, G. (2006) 'Trading routes, bypasses, and risky intersections: mapping the travels of "networks" between economic sociology and economic geography', *Progress in Human Geography* 30(2): 163–189.
Grabher, G. (2009) 'Yet another turn? The evolutionary project in economic geography', *Economic Geography* 85(2):119–127.
Grabher, G., Ibert, O. and Floher, S. (2008) 'The neglected king: the customer in the new knowledge ecology of innovation', *Economic Geography* 84(3): 253–280.
Grabher, G.E. (1993) 'The weakness of strong ties. The lock-in of regional development in the Ruhr area', in G. Grabher (ed.) *The Embedded Firm: On the Socioeconomics of Industrial Networks*. London: Routledge. 255–277.
Graham-Gibson, J.K. (2000) 'Poststructural interventions', in E. Sheppard and Barnes, T.J. (eds) *A Companion to Economic Geography*. Oxford: Blackwell. 95–110.
Granovetter, M.S. (1973) 'The strength of weak ties', *American Journal of Sociology* 78(6): 1360–1380.〔大岡栄美訳（2006）「弱い紐帯の強さ」野沢慎司（編・監訳）『リーディングス　ネットワーク論：家族・コミュニティ・社会関係資本』勁草書房〕

Granovetter, M.S. (1985) 'Economic action and social structure: the problem of embeddedness', *American Journal of Sociology* 91(3): 481–510.〔渡辺 深訳 (1998)「経済行為と社会構造」所収『転職』ミネルヴァ書房〕
Grant, R. and Nijman, J. (2004) 'The rescaling of uneven development in Ghana and India', *Tijdschrift voor Economische en Sociale Geografie* 95(5): 467–481.
Gray, M. and James, A. (2007) 'Connecting gender and economic competitiveness: lessons from Cambridge's high-tech regional economy', *Environment and Planning A* 39(2): 417–436.
Greenbaum, R. and Tita, G. (2004)'The impact of violence surges on neighborhood business activity', *Urban Studies* 4(13): 2495–2514.
Gregson, N. and Crewe, L. (2003) *Second-hand Cultures*. New York: Berg.
Gregson, N. and L. Crewe (1997) 'The bargain, the knowledge, and the spectacle: making sense of consumption in the space of the car-boot sale', *Environment and Planning D: Society and Space* 15(1): 87–112.
Grossman, G. and Krueger, A.B. (1995) 'Economic growth and the environment', *Quarterly Journal of Economics* 110(2): 353–377.
Grote, M.H., Lo, V. and Harrschar-Ehrnborg, S. (2002) 'A value chain approach to financial centers: the case of Frankfurt', *Tijdschrift voor Economische en Sociale Geografie* 93(4): 412–423.
Gwynne, R.N., Klak, T. and Shaw, D.J.B. (2003) *Alternative Capitalisms: Geographies of Emerging Regions*. London: Arnold.
Hadjimichalis, C. and Hudson, R. (2006) 'Networks, regional development and democratic control', *International Journal of Urban and Regional Research* 30(4): 858–872.
Hägerstrand, T. (1967[1953]) *Innovation Diffusion as a Spatial Process. An English Translation of Innovationsförloppet ur korologisksypunkt* by A, Pred, Chicago: University of Chicago Press (originally published in 1953).
Hall, P. and Preston, P. (1988) 'The long-wave debate', Chapter 2 in *The Carrier Wave: New Information Technology and the Geography of Innovation, 1846-2003*. London: Unwin Hyman, pp.12–27.
Hall, P.A. and Soskice, D. (eds) (2001) *Varieties of Capitalism: The Institutional Foundations of Comparative Advantage*. Oxford: Oxford University Press.〔遠山弘徳ほか訳（2007）『資本主義の多様性：比較優位の制度的基礎』ナカニシヤ出版〕
Hall, P.G. (1998) *Cities in Civilisation*. London: Fromm.
Hall, S. (2009) 'Ecologies of business education and the geographies of knowledge', *Progress in Human Geography* 33(5): 599–618.
Hall, T.D. (2000) 'World-systems analysis: A small sample from a large universe', in T.D. Hall (ed.) *A World-Systems Reader: New Perspectives on Gender, Urbanism, Cultures, Indigenous Peoples, and Ecology*. Lanham, MD: Rowman & Littlefield. 3–27.
Hamilton, T. (2009) 'Power in numbers: a call for analytical generosity toward new political strategies', *Environment and Planning A* 41: 284–301.
Hanson, S. (2000) 'Networking', *Professional Geographer* 52(4): 751–758.
Hanson, S. and Blake, M. (2009) 'Gender and entrepreneurial networks', *Regional Studies* 43(1): 135–149.
Hanson, S. and Hanson, P. (1980) 'Gender and urban activity patterns in Uppsala, Sweden', *Geographical Review* 70: 291–299.
Hanson, S. and Johnston, I. (1985) 'Gender differences in worktrip length: explanations and implications', *Urban Geography* 6: 193–219.
Hanson, S. and Pratt, G. (1988) 'Reconceptualizing the links between home and work in urban geography', *Economic Geography* 64: 299–321.
Hanson, S. and Pratt, G. (1991) 'Job search and the occupational segregation of women', *Annals of the Association of American Geographers* 81: 229–253.
Hanson, S. and Pratt, G. (1992) 'Dynamic dependencies: a geographic investigation of local labour markets', *Economic Geography* 68: 373–405.
Hapke, H. and Ayyankeril, D. (2004) 'Gender, the work-life course, and livelihood strategies in a South Indian fish market', *Gender, Place, and Culture* 11: 229–256.
Harrison, B. (1992) 'Industrial districts: old wine in new bottles?', *Regional Studies* 26(5): 469–483.
Harrison, B. (1994) *Lean and Mean: The Changing Landscape of Corporate Power in the Age of Flexibility*. New York: Basic Books.
Harrison, B. and Bluestone, B. (1988) *The Great U-Turn. Corporate Restructuring and the Polarizing of America*. New York: Basic Books.〔田中孝顕訳 (1990)『危険な大転進：アメリカはどこへ向かうべきか?』騎虎書房〕
Harrison, B., Kelley, M.R. and Jon, G. (1996) 'Innovative firm behavior and local milieu: exploring the intersection of agglomeration, firm effects, and technological change', *Economic Geography* 72(3): 233–258.

Harrod, R.F. (1948) *Toward a Dynamic Economics: Some Recent Developments of Economic Theory and Their Applications to Policy*. London: Macmillan.
Hartshorne, R. (1939) *The Nature of Geography: A Critical Survey of Current Thought in the Light of the Past*. Philadelphia: Association of American Geographers.〔野村正七訳（1939）『地理学方法論』朝倉書店〕
Harvey, D. (1968) 'Some methodological problems in the use of the Neyman Type A and the negative binomial probability distributions for the analysis of spatial point patterns', *Transactions of the Institute of British Geographers* 44: 85–95.
Harvey, D. (1969) *Explanation in Geography*. London: Edward Arnold. pp. 113–129.〔松本正美訳（1979）『地理学基礎論』古今書院〕
Harvey, D. (1974) 'What kind of geography for what kind of public policy?', *Transactions of the Institute of British Geographers* 63: 18–24.
Harvey, D. (1982) *The Limits to Capital*. Oxford: Basil Blackwell.〔松石勝彦ほか訳（1989-1990）『空間編成の経済理論：資本の限界（上・下）』大明堂〕
Harvey, D. (1989a) *The Condition of Postmodernity: An Enquiry into the Origins of Cultural Change*. Oxford: Basil Blackwell.〔吉原直樹監訳（1999）『ポストモダニティの条件』青木書店〕
Harvey, D. (1989b) *The Urban Experience*. Baltimore, MD: Johns Hopkins University Press.
Harvey, D. (2001) *Spaces of Capital: Towards a Critical Geography*. New York: Routledge.
Harvey, D. (2005) *A Brief History of Neoliberalism*. New York: Oxford University Press.
Harvey, D. (2006) *Spaces of Global Capitalism: Towards a Theory of Uneven Geographical Development*. London: Verso. "Published as *Spaces of neo-liberalization* by Franz Steiner Verlag in 2005."〔本橋哲也訳（2007）『ネオリベラリズムとは何か』青土社〕
Hassink, R. (2007) 'The strength of weak lock-ins: the renewal of the Westmünsterland textile industry', *Environment and Planning A* 39: 1147–1165.
Haughwout, A.F. (1999) 'State infrastructure and the geography of employment', *Growth and Change* 30(4): 549–566.
Hayter, R., Barnes, T.J. and Bradshaw, M.J. (2003) 'Relocating resource peripheries to the core of economic geography's theorizing: Rationale and agenda', *Area* 35(1): 15–23.
Held, D. and McGrew, A. (2007) *Globalization/Anti-Globalization: Beyond the Great Divide, 2nd edn*. Cambridge: Polity Press.
Henderson, J., Dicken, P., Hess, M., Coe, N.M. and Yeung, H.W. (2002) 'Global production networks and the analysis of economic development', *Review of International Political Economy* 9(3): 436–464.
Henry, L., Mohan, G. and Yanacopulos, H. (2004) 'Networks as transnational agents of development', *Third World Quarterly* 25(5): 839–855.
Henry, N. and Pinch, S. (2001) 'Neo-Marshallian nodes, institutional thickness, and Britain's "Motor Sport Valley": thick or thin?', *Environment and Planning A* 33: 1169–1183.
Herod, A. (1997) 'From a geography of labor to a labor geography: labor's spatial fix and the geography of capitalism', *Antipode* 29(1): 1–31.
Herod, A. (2002) *Labour Geographies: Workers and the Landscapes of Capitalism*. New York: Guilford.
Herrigel, G. (1996) 'Crisis in German decentralized production: unexpected rigidity and the challenge of an alternative form of flexible organization in Baden Wurttemberg', *European Urban and Regional Studies* 3(1): 33–52.
Hervas-Oliver, J.L. and Albors-Garrigos, J. (2009) 'The role of the firm's internal and relational capabilities in clusters: when distance and embeddedness are not enough to explain innovation', *Journal of Economic Geography* 9(2): 263–283.
Hess, M. (2004) '"Spatial" relationships? Towards a reconceptualization of embeddedness', *Progress in Human Geography* 28(2): 165–186.
Hiebert, D. (1999) 'Local geographies of labor market segmentation: Montreal, Toronto, and Vancouver, 1991', *Economic Geography* 75(4): 339–369.
Hilson, G. (2008) '"Fair trade gold": antecedents, prospects and challenges', *Geoforum* 39(1): 386–400.
Hindery, D. (2004) 'Social and environmental impacts of World Bank/IMF-funded economic restructuring in Bolivia: an analysis of Enron and Shell's hydrocarbons projects', *Singapore Journal of Tropical Geography* 25(3): 281–303.
Hirschman, A.O. (1958) *The Strategy of Economic Development*. New Haven, CT: Yale University Press.〔小島 清監修, 麻田四郎訳（1961）『経済発展論』厳松堂出版〕
Hodgson, G.M. (2009) 'Agency, institutions, and Darwinism in evolutionary economic geography', *Economic Geography* 85(2):167–173.
Holland, S. (1976) *Capital Versus the Regions*. New York: St. Martin's Press.〔仁連孝昭ほか訳（1982）『現代資本主義と地域』法律文化社〕

Hollander, G. (2005) 'Securing sugar: national security discourse and the establishment of Florida's sugar-producing region', *Economic Geography* 81(4): 339–358.

Holloway, S.R. and Wheeler, J.O. (1991) 'Corporate headquarters relocation and changes in metropolitan corporate dominance, 1980–1987', *Economic Geography* 67(1): 54–74.

Holmes, J. (2004) 'Re-scaling collective bargaining: union responses to restructuring in the North American auto industry', *Geoforum* 35(1): 9–21.

Hoover, E.M. (1948) *The Location of Economic Activity*. New York: McGraw Hill.〔春日茂男・笹田友三郎訳（1970）『経済活動の立地：理論と政策』大明堂〕

Hoover, E.M. (1967) 'Some programmed models of Industry Location', *Land Economics* 43: 303–311.

Hoover, E.M. and Fisher, J. (1949) 'Research in regional economic growth', Chapter V in Universities-National Bureau Committee for Economic Research (ed.) *Problems in the Study of Economic Growth*. New York: National Bureau of Economic Research.

Hopkins, T.K. and Wallerstein, I. (1986) 'Commodity chains in the world-economy prior to 1800', *Review* 10(1): 157–170.

Hotelling, H. (1929) 'Stability in competition', *The Economic Journal* 39(153): 41–57.

Huber, J. (2000) 'Towards industrial ecology: sustainable development as a concept of ecological modernization', *Journal of Environmental Policy and Planning* 2: 269–285.

Hudson, R. (2004) 'Conceptualizing economies and their geographies: spaces, flows and circuits', *Progress in Human Geography* 28(4): 447–471.

Hudson, R. (2007) 'Regions and regional uneven development forever? Some reflective comments upon theory and practice', *Regional Studies* 41(9): 1149–1160.

Hudson, R. (2008) 'Cultural political economy meets global production networks: a productive meeting?', *Journal of Economic Geography* 8(3): 421–440.

Hughes, A. and Reimer, S. (2004) *Geographies of Commodity Chains*. London: Routledge.

Hughes, A., Buttle, M. and Wrigley, N. (2007) 'Organisational geographies of corporate responsibility: a UK–US comparison of retailers' ethical trading initiatives', *Journal of Economic Geography* 7(4): 491–513.

Hughes, A., Wrigley, N. and Buttle, M. (2008) 'Global production networks, ethical campaigning, and the embeddedness of responsible governance', *Journal of Economic Geography* 8(3): 345–367.

Humphrey, J. (2003) 'Globalization and supply chain networks: the auto industry in Brazil and India', *Global Networks* 3(2): 121–141.

Humphrey, J. and Schmitz, H. (2000) 'Governance and upgrading: linking industrial cluster and global value chain research', IDS Working Paper 120, Brighton: Institute of Development Studies at the University of Sussex.

Humphrey, J. and Schmitz, H. (2002) 'Developing country firms in the world economy: governance and upgrading in global value chains', *INEF Report Heft* 61/2002, Institut für Entwicklung und Frieden der Gerhard-Mercator-Universität Duisburg.

Hung, H.F. (2008) 'Rise of China and the global overaccumulation crisis', *Review of the International Political Economy* 15(2): 149–179.

Huntington, E. (1940) *Principles of Economic Geography*. New York: Wiley & Sons.

Hymer, S. (1976) *The International Operations of National Firms: A Study of Foreign Direct Investment*. Cambridge, MA: MIT Press.〔宮崎義一編訳（1979）『多国籍企業論』岩波書店〕

Ingram, P., Robinson, J. and Busch, M.L. (2005) 'The intergovernmental network of world trade: IGO connectedness, governance, and embeddedness', *American Journal of Sociology* 111(3): 824–858.

Isard, W. (1949) 'The general theory of location and space-economy', *The Quarterly Journal of Economics* 63(4): 476–506.

Isard, W. (1953) 'Regional commodity balances and interregional commodity flows', *The American Economic Review* 43(2): 167–180.

Isard, W. (1956) *Location and Space-Economy*. New York: Wiley.〔木内信蔵監訳（1964）『立地と空間経済：工業立地，市場地域，土地利用，貿易および都市構造に関する一般理論』朝倉書店〕

Izushi, H. (1997) 'Conflict between two industrial networks: technological adaptation and inter-firm relationships in the ceramics industry in Seto, Japan', *Regional Studies* 31(2): 117–129.

Izushi, H. and Aoyama, Y. (2006) 'Industry evolution and cross-sectoral skill transfers: a comparative analysis of the video game industry in Japan, the United States, and the United Kingdom', *Environment and Planning A* 38(10): 1843–1861.

Jack, S. and Anderson, A. (2002) 'The effects of embeddedness on the entrepreneurial process', *Journal of Small Business Venturing* 17(5): 467–488.

Jackson, P. (2002) 'Commercial cultures: transcending the cultural and the economic', *Progress in Human Geography* 26(1): 3–18.
Jackson, P. (2004) 'Local consumption cultures in a globalizing world', *Transactions of the Institute of British Geographers* 29(2): 169–178.
Jacobs, J. (1969) T*he Economy of Cities*. New York: Vintage. 〔中江利忠・加賀谷洋一訳（2011）『都市の原理（新版）』鹿島出版会〕
Jacobs, J. (1999) 'The sex segregation of occupations', in G. Powell (ed.) *Handbook of Gender and Work*. Thousand Oaks, CA: Sage. pp. 125–141.
James, A. (2007) 'Everyday effects, practices and causal mechanisms of "cultural embeddedness": learning from Utah's high tech regional economy', *Geoforum* 38(2): 393–413.
Janelle, D. (2004) 'Impact of information technologies', in S. Hanson and G. Giuliano (eds), *The Geography of Urban Transportation, 3rd edn*. New York: Guilford Press. pp.86–112.
Jessop, B. (1990a) *State Theory: Putting Capitalist States in their Place*. University Park, PA: Pennsylvania State University Press. 〔中谷義和訳（1994）『国家理論：資本主義国家を中心に』御茶の水書房〕
Jessop, B. (1990b) 'Regulation theories in retrospect and prospect', *Economy and Society* 19(2): 153–216.
Jessop, B. (1994) 'Post-Fordism and the state', in A. Amin (ed.) *Post-Fordism: A Reader*, Oxford: Blackwell. 251–279.
Jessop, B. (1999) 'Reflections on globalisation and its (il)logic(s)', in K. Olds, P. Dicken, P. F. Kelly, L. Kong and H. W.-C. Yeung (eds) *Globalisation in the Asia-Pacific: Contested Territories*. London: Routledge. 19–38.
Jessop, B. (2000) 'The crisis of the national spatio-temporal fix and the tendential ecological dominance of globalizing capitalism', *International Journal of Urban and Regional Research* 24(2): 323–360.
Jessop, B. (2001) 'Institutional re(turns) and the strategic-relational approach', *Environment and Planning A* 33: 1213–1235.
Johnson, C. (1982) *MITI and the Japanese Miracle: The Growth of Industrial Policy 1925–1975*. Palo Alto, CA: Stanford University Press.
Johnston-Anumonwo, I. (1997) 'Race, gender, and constrained work trips in Buffalo, NY, 1990', *The Professional Geographer* 49: 306–317.
Jones, A. (2005) 'Truly global corporations? Theorizing "organizational globalization" in advanced business-services', *Journal of Economic Geography* 5(2): 177–200.
Jones, A. (1998) '(Re)producing gender cultures: theorizing gender in investment banking recruitment', *Geoforum* 29(4): 451–474.
Jones, A. (2008) 'Beyond embeddedness: economic practices and the invisible dimensions of transnational business activity', *Progress in Human Geography* 32(1): 71–88.
Jones, M. (2001) 'The rise of the regional state in economic governance: "partnerships for prosperity" or new scales of state power?', *Environment and Planning A* 33(7): 1185–1211.
Jones, M. and Ward, K. (2004) 'Capitalist development and crisis theory: towards a "fourth cut"', *Antipode* 36(3): 497–511.
Jones, R.C. (1998) 'Remittances and inequality: a question of migration stage and geographic scale', *Economic Geography* 74(1): 8–25.
Kain, J. (1968) 'Housing segregation, Negro employment, and metropolitan decentralization', *Quarterly Journal of Economics* 87: 175–197.
Kalantaridis, C. and Zografia, B. (2006) 'Local embeddedness and rural entrepreneurship: case study evidence from Cumbria, England', *Environment and Planning A* 38: 1561–1579.
Keasbey, L.M. (1901a) 'The study of economic geography', *Political Science Quarterly* 16(1): 79–95.
Keasbey, L.M. (1901b) 'The principles of economic geography', *Political Science Quarterly* 16(3): 472–481.
Keeble, D. and Walker, S. (1994) 'New firms, small firms, and dead firms: spatial patterns and determinants in the UK', *Regional Studies* 28(4): 411–427.
Kellerman, A. (2002) *The Internet on Earth: A Geography of Information*. New York: Wiley.
Kelly, P.F. (1999) 'The geographies and politics of globalization', *Progress in Human Geography* 23(3): 379–400.
Kenney, M. (ed.) (2000) *Understanding Silicon Valley: The Anatomy of an Entrepreneurial Region*. Stanford, CA: Stanford Business Books. 〔加藤敏春監訳（2002）『シリコンバレーは死んだか』日本経済評論社〕
Kenney, M. and Patton, D. (2005) 'Entrepreneurial geographies: support networks in three high-technology industries', *Economic Geography* 81(2): 201–228.
Kilkenny, M., Nalbarte, L. and Besser, T. (1999) 'Reciprocated community support and small town-small business success', *Entrepreneurship and Regional Development* 11: 231–246.
Kim, S.J. (2006) 'Networks, scale, and transnational corporations: the case of the South Korean seed industry', *Economic*

Geography 82(3): 317–338.
Kindleberger, C.P. (1974) *The Formation of Financial Centres: A Study in Comparative Economic History*. Princeton, NJ: Princeton University Press.〔飛田紀男訳（1995）『金融センターの形成：比較経済史研究』巌松堂出版〕
King, R., Dalipaj, M. and Mai, N. (2006) 'Gendering migration and remittances:evidence from London and northern Albania', *Population, Space and Place* 12(6):409–434.
Kingsley, G. and Malecki, E.J. (2004) 'Networking for competitiveness', *Small Business Economics* 23(1): 71–84.
Kirzner, I.M. (1973) *Competition and Entrepreneurship*. Chicago: University of Chicago Press.〔田島義博監訳（1985）『競争と企業家精神：ベンチャーの経済理論』千倉書房〕
Klak, T. (ed.) (1998) *Globalization and Neoliberalism: The Caribbean Context*. Lanham, MD: Rowman and Littlefield.
Knorr Cetina, K. and Bruegger, U. (2002) 'Global microstructures: the virtual societies of financial markets', *American Journal of Sociology* 107(4): 905–950.
Knox, P.L. and Taylor, P.J. (eds) (1995) *World Cities in a World-system*. Cambridge: Cambridge University Press.〔藤田直晴訳編（1997）『世界都市の論理』鹿島出版会〕
Kondratieff, N. (1926) Die langen Wellen der konjunktur. *Archiv für Sozialwissenschaft* 56: 573–609.
Kondratieff, N. (1935) 'The long waves in economic life', *The Review of Economic Statistics* 17: 105–115.
Kozul-Wright, Z. and Stanbury L. (1998) 'Becoming a globally competitive player: the case of the music industry in Jamaica', *UNCTAD Discussion Papers*, No. 138.
Krippner, G.R. and Alvarez, A.S. (2007) 'Embeddedness and the intellectual projects of economic sociology', *Annual Review of Sociology* 33(1): 219–240.
Krueger, R. and Gibbs, D. (eds) (2007) *The Sustainable Development Paradox: Urban Political Economy in the United States and Europe*. New York: Guilford Press.
Krugman, P.R. (1991a) 'Increasing returns and economic geography', *Journal of Political Economy* 99(3): 483–499.
Krugman, P.R. (1991b) *Geography and Trade*. Cambridge, MA: MIT Press.〔北村行伸ほか訳（1994）『脱「国境」の経済学：産業立地と貿易の新理論』東洋経済新報社〕
Kuemmerle, W. (1999) 'Foreign direct investment in industrial research in the pharmaceutical and electronics industries-results from a survey of multinational firms', *Research Policy* 28(2–3): 179–193.
Kuhn, H.W. and Kuenne, R.E. (1962) 'An efficient algorithm for the numerical solution of the generalized Weber problem in space economics', Journal of Regional Science 4: 21–33.
Kuhn, T. (1962) *The Structure of Scientific Revolutions*. Chicago: Chicago University Press.〔中山茂訳（1971）『科学革命の構造』みすず書房〕
Kuklinski, A.R. (ed.) (1972) *Growth Poles and Growth Centres in Regional Planning*. The Hague: Mouton.
Kus, B. (2006) 'Neoliberalism, institutional change and the welfare state: the case of Britain and France', *International Journal of Comparative Sociology* 47(6): 488–525.
Kuznets, S.S. (1940) 'Schumpeter's business cycles', *American Economic Review* 30: 250–271.
Kuznets, S.S.(1955) 'Economic growth and income inequality', *American Economic Review* 65(March): 1–28.
Kuznets, S.S.(1971) *Economic Growth of Nations: Total Output and Production Structure*. Harvard, MA: Belknap.〔西川俊作・戸田 泰訳（1977）『諸国民の経済成長：総生産高および生産構造』ダイヤモンド社〕
Kwan, M.-P. (1999) 'Gender and individual access to urban opportunities: a study using space-time measures', *The Professional Geographer* 51(2): 210–227.
Kwan, M.-P. and Weber, J. (2003) 'Individual accessibility revisited: implications for geographical analysis in the twenty-first century', *Geographical Analysis* 35(4): 1–13.
Lall, S. (1994) 'The East Asian miracle: does the bell toll for industrial strategy?', *World Development* 22(4): 645–654.
Lanaspa, L.F. and Sanz, F. (2001) 'Multiple equilibria, stability, and asymmetries in Krugman's core–periphery model', *Papers in Regional Science* 80: 425–438.
Langley, P. (2006) 'The making of investor subjects in Anglo-American pensions', *Environment and Planning D: Society and Space* 24(6): 919–934.
Larner, W. (1997) 'The legacy of the social: market governance and the consumer', *Economy and Society* 26(3): 373–399.
Latour, B. (1987) *Science in Action: How to Follow Scientists and Engineers through Society*. Cambridge, MA: Harvard University Press.〔川崎 勝・高田紀代志訳（1999）『科学が作られているとき：人類学的考察』産業図書〕
Latour, B. (1991) 'Technology is society made durable', in J. Law (ed.) *A Sociology of Monsters: Essays on Power, Technology, and Domination*. London: Routledge. 103–131.
Laulajainen, R. (2003) *Financial Geography: A Banker's View*. London: Routledge.
Law, J. (1992) 'Notes on the theory of the actor network: ordering, strategy, and heterogeneity', *Systems Practice* 5(4): 379–393.
Law, J. (2008) 'Actor-network theory and material semiotics', in B.S. Turner (ed.) T*he New Blackwell Companion to*

Social Theory, 3rd edn. Oxford: Blackwell. 141–158.
Lawson, V. (2007) 'Geographies of care and responsibility', *Annals of the Association of American Geographers* 97(1): 1–11.
Lawton-Smith, H. (2003) 'Local innovation assemblages and institutional capacity in local high-tech economic development: the case of Oxfordshire', *Urban Studies* 40(7): 1353–1369.
Leamer, E.E. and Storper, M. (2001) 'The economic geography of the internet age', *Journal of International Business Studies* 32(4): 641–666.
Lee, R. (1996) 'Moral money? LETS and the social construction of local economic geographies in Southeast England', *Environment and Planning A* 28: 1377–1394.
Lee, R. (2002) ' "Nice maps, shame about the theory" ? Thinking geographically about the economic', *Progress in Human Geography* 26(3): 333–355.
Lee, R. (2006) 'The ordinary economy: tangled up in values and geography', *Transactions of the Institute of British Geographers* 31(4): 413–432.
Lee, R. and Schmidt-Marwede, U. (1993) 'Interurban competition? Financial centres and the geography of financial production', *International Journal of Urban and Regional Research* 17: 492–515.
Lee, Y.-S. (2003) 'Lean production systems, labour unions, and greenfield locations of Korean new assembly plants and their suppliers', *Economic Geography* 79(3): 321–339.
Leichenko, R. and O'Brien, K. (2008) *Environmental Change and Globalization: Double Exposure*. Oxford: Oxford University Press.
Leichenko, R.M. and Solecki, W.D. (2005) 'Exporting the American dream: the globalization of suburban consumption landscapes', *Regional Studies* 39(2): 241–253.
Leinbach, T., and Amrhein, C. (1987) 'A geography of the venture capital industry in the US', *The Professional Geographer* 39: 146–158.
Leinbach, T.R., Bowen, J.T. (2004) 'Air cargo services and the electronics industry in Southeast Asia'. *Journal of Economic Geography* 4: 299–321.
Leslie, D. (1995) 'Global scan: the globalization of advertising agencies, concepts and campaigns', *Economic Geography* 71(4): 402–426.
Leslie, D. and Rantisi, N.M. (2006) 'Governing the design sector in Montréal', Urban Affairs Review 41: 309–337.
Leslie, D. and Reimer, S. (2003) 'Fashioning Furniture: restructuring in the furniture commodity chain', Area 35(4): 427–437.
Leyshon, A. (2004) 'The limits to capital and geographies of money', *Antipode* 36(3): 461–469.
Leyshon, A. and Thrift, N. (1996) *Money/Space: Geographies of Monetary Transformation*. London: Routledge.
Lipietz, A. (1986) 'New tendencies in the international division of labour: regimes of accumulation and modes of regulation', in A.J. Scott and Storper, M. (eds) *Production, Work, Territory: The Geographical Anatomy of Industrial Capitalism*. Boston: Allen & Unwin. 16–40.
Liu, W. and Dicken, P. (2006) 'Transnational corporations and "obligated embeddedness" : Foreign direct investment in China's automobile industry', *Environment and Planning A* 38(7): 1229–1247.
Lonsdale, R.E. (1965) 'The Soviet concept of the territorial-production complex', *Slavic Review* 24(3): 466–478.
Lorenzen, M. and Andersen, K.V. (2009) 'Centrality and creativity: does Richard Florida's creative class offer new insights into urban hierarchy?', *Economic Geography* 85(4): 363–390.
Lösch, A. (1954 [1940]) The Economics of Location. An English translation of *Die räumliche Ordnung der Wirtschaft* by W.H. Woglom, New Haven, CT: Yale University Press (originally published in 1940).〔篠原泰三訳（1968）『レッシュ経済立地論』大明堂〕
Lowe, N. (2009) 'Challenging tradition: unlocking new paths to regional industrial upgrading', *Environment and Planning A* 41(1): 128–145.
Lundquist, K., Olander, L.-O. and Henning, M. (2008) 'Producer services: growth and roles in long-term economic development', *The Service Industries Journal* 28: 463–477.
Lundvall, B.-Å. (1988) 'Innovation as an interactive process: from user–producer interaction to the national system of innovation', in G. Dosi, C. Freeman, R. Nelson, G. Silverberg and L. Soete (eds) *Technical Change and Economic Theory*. London: Pinter pp. 349–369.
Lundvall, B-Å. and Johnson, B. (1994) 'The learning economy', *Industry and Innovation* 1(2): 23–42.
Machlup, F . (1962) *The Production and Distribution of Knowledge in the United States*. Princeton, NJ: Princeton University Press.〔高橋達男・木田宏監訳（1968）『知識産業』産業能率短期大学出版部〕
MacKinnon, D., Chapman, K. and Cumbers, A. (2004) 'Networking, trust and embeddedness amongst SMEs in the Aberdeen oil complex', *Entrepreneurship and Regional Development* 16(2): 87–106.

MacKinnon, D., Cumbers, A. and Chapman, K. (2002) 'Learning, innovation and regional development: a critical appraisal of recent debates', *Progress in Human Geography* 26(3): 293–311.
MacKinnon, D., Cumbers, A., Pike, A., Birch, K. and McMaster, R. (2009) 'Evolution in economic geography: institutions, political economy, and adaptation', *Economic Geography* 85(2): 129–150.
Madden, J. (1981) 'Why women work closer to home', *Urban Studies* 18: 181–194.
Makki, F. (2004) 'The empire of capital and the remaking of centre–periphery relations', *Third World Quarterly* 25(1): 149–168.
Malecki, E.J. (1985) 'Industrial location and corporate organization in high technology industries', *Economic Geography* 61(4): 345–369.
Malecki, E.J. (1994) 'Entrepreneurship in regional and local development', *International Regional Science Review* 16(1 & 2): 119–153.
Malecki, E.J. (1997a) *Technology and Economic Development: The Dynamics of Local, Regional, and National Change*. New York: John Wiley.
Malecki, E.J. (1997b) 'Entrepreneurs, networks, and economic development: a review of recent research', in J.A. Katz and R.H. Brockhaus (eds) *Advances in Entrepreneurship, Firm Emergence and Growth* (Vol. 3). Greenwich, CT: JAI Press Inc. 57–118.
Malecki, E.J. (2000) 'Soft variables in regional science', *Review of Regional Studies* 30(1): 61–69.
Malecki, E.J. and Moriset, B. (2008) *The Digital Economy. Business Organization, Production Processes and Regional Developments*. New York: Routledge.
Malecki, E.J. and Tootle, D.M. (1997) 'Networks of small manufacturers in the USA: Creating embeddedness', in M. Taylor and S. Conti (eds) *Interdependent and Uneven Development: Global–Local Perspectives*. Aldershot: Ashgate. 195–221.
Malecki, E.J. and Wei, H. (2009) 'A wired world: the evolving geography of submarine cables and the shift to Asia', *Annals of the Association of American Geographers* 99: 360–382.
Mandel, J. (2004) 'Mobility matters: women's livelihood strategies in Porto Novo, Benin', *Gender, Place, and Culture* 1(2): 257–287.
Manger, M. (2008) 'International investment agreements and services markets: Locking in market failure?', *World Development* 36(11): 2456–2469.
Marcuse, P. (2003) 'Review of The Rise of the Creative Class by Richard Florida', *Urban Land* 62: 40–1.
Markowitz, H.M. (1959) *Portfolio Selection: Efficient Diversification of Investments*. New York: John Wiley & Sons.
Markusen, A. (1996) 'Sticky places in slippery space: a typology of industrial districts', *Economic Geography* 72(3): 293–313.
Markusen, A. (1999) 'Fuzzy concepts, scanty evidence, policy distance: the case for rigor and policy relevance in critical regional studies', *Regional Studies* 33(9): 869–884.
Markusen, A. and Schrock, G. (2006) 'The artistic dividend: urban artistic specialization and economic development implications', *Urban Studies* 43(10): 1661–1686.
Markusen, A.R. (1985) *Profit Cycles, Oligopoly and Regional Development*. Cambridge, MA: MIT Press.
Markusen, A.R., Hall, P., Campbell, S. and Deitrick, S. (1991) *The Rise of the Gunbelt: The Military Remapping of Industrial America*. New York: Oxford University Press.
Marsden, T. and Wrigley, N. (1995) 'Regulation, retailing, consumption', *Environment and Planning A* 27(12): 1899–1912.
Marsden, T. and Wrigley, N. (1996) 'Retailing, the food system and the regulatory state', in N. Wrigley and M.S. Lowe (eds) *Retailing, Consumption and Capital*. Harlow, Essex: Longman. 33–47.
Marshall, A. (1920 [1890]) *Principles of Economics*. London: Macmillan (originally published in 1890). 〔永沢越郎訳 (1985)『経済学原理：序説（第1〜4分冊）』岩波ブックセンター信山社〕
Marshall, J.N., Damesick, P., Wood, P. (1987) 'Understanding the location and role of producer services in the United Kingdom', *Environment and Planning A* 19(5): 575–595.
Marston, S.A., Jones III, J.P. and Woodward, K. (2005) 'Human geography without scale', *Transactions of the Institute of British Geographers* 30(4): 416–432.
Martin, R. (2001) 'Geography and public policy: the case of the missing agenda', *Progress in Human Geography* 25(2): 189–210.
Martin, R. (2010) 'Rethinking regional path-dependence: beyond lock-in to evolution', *Economic Geography* 86(1): 1–27.
Martin, R. and Sunley, P. (2001) 'Rethinking the "economic" in economic geography: broadening our vision or losing our focus?', *Antipode* 33(2): 148–161.

Martin, R. and Sunley, P. (2003) 'Deconstructing clusters: chaotic concept or policy panacea?', *Journal of Economic Geography* 3(1): 5–35.
Martin, R. and Sunley, P. (2006) 'Path dependence and regional economic evolution', *Journal of Economic Geography* 6(4): 395–437.
Marx, K. (1867) *Das Capital: Kritik der politischen Oekonomie. Buch I: Der Produktionsprocess des Kapitals*. Hamburg: Verlag von Otto Meissner.
Marx, K. (1894) *Das Kapital: Kritik der politischen Oekonomie. Buch III: Der Gesamtprocess der Kapitalistischen Lrodvktion*. Hamburg: Verlag von Otto Meissner.
Marx, K. (1967) *Capital. Volumes I–III*, New York: International Publishers.〔資本論翻訳委員会訳（1982-1989）『資本論（全13冊）』新日本出版社〕
Maskell, P. (1999) 'The firm in economic geography', *Economic Geography* 77(4): 329–344.
Maskell, P. and Malmberg, A. (1999) 'Localized learning and industrial competitiveness', *Cambridge Journal of Economics* 23: 167–185.
Maskell, P. and Malmberg, A. (2001) 'The competitiveness of firms and regions: "ubiquitification" and the importance of localized learning', *European Urban and Regional Studies* 6(1): 9–25.
Massey, D. (1979) 'In what sense a regional problem?', *Regional Studies* 13(2): 233–243.
Massey, D. (1984) *Spatial Divisions of Labour: Social Structures and the Geography of Production*. New York: Methuen.〔富樫幸一・松橋公治監訳『空間的分業：イギリス社会のリストラクチャリング』古今書院〕
Mattingly, O.J. (2001) 'The home and the world domestic service and international networks of caring labor', *Annals of the Association of American Geographers* 91(2): 370–386.
Maxey, L. (2006) 'Can we sustain sustainable agriculture? Learning from smallscale producer-suppliers in Canada and the UK', *Geographical Journal* 172(3): 230–244.
McCarthy, L. (2002) 'The brownfield dual land-use policy challenge: reducing barriers to private redevelopment while connecting reuse to broader community goals', *Land Use Policy* 19(4): 287–296.
McDowell, L. (1991) 'Life without father and Ford ', *Transactions, Institute of British Geographers* 16: 400–419.
McDowell, L. (1993) 'Space, place, and gender relations: part 2. identity, difference, feminist geometries and geographies', *Progress in Human Geography* 17(3): 305–318.
McDowell, L. (1997) *Capital Culture: Gender at Work in the City*. Oxford: Blackwell.
McDowell, L. (1999) *Gender, Identity, and Place: Understanding Feminist Geographies*. Cambridge: Polity Press.
McDowell, L. (2005) 'Men and the boys: bankers, burger makers, and barmen', in B. van Hoven and K. Horschelmann (eds) *Spaces of Masculinities*. New York: Routledge.
McDowell, L. and Court, G. (1994) 'Missing subjects: gender, power and sexuality in merchant banking', *Economic Geography* 70: 229–251.
McGregor, A. (2004) 'Sustainable development and "warm fuzzy feelings" : discourse and nature within Australian environmental imaginaries', *Geoforum* 35(5): 593–606.
McLafferty, S. and Preston, V. (1991) 'Gender, race, and commuting among service sector workers', *The Professional Geographer* 43: 1–14.
McLaughlin, A. (2008) 'Japanese housewife online traders', Japan Inc. Magazine 75, 15 January. Accessed on 2 December 2008 at: http://www.japaninc.com/mgz_janfeb_2008_housewife-online-trading.
McManus, P. and Gibbs, D. (2008) 'Industrial ecosystems? The use of tropes in the literature of industrial ecology and eco-industrial parks', *Progress in Human Geography* 32(4): 525–540.
McMichael, P. (1991) 'Slavery in capitalism: the rise and demise of the U.S. antebellum cotton culture', *Theory and Society* 20(3): 321–349.
McQuaid, R.W. (2002) 'Entrepreneurship and ICT Industries: Support from regional and local policies', *Regional Studies* 36: 909–919.
Meier, V. (1999) 'Cut-flower production in Colombia – a major development success story for women?', *Environment and Planning A* 31(2): 273–289.
Miles, I. (2000) 'Services innovation: Coming of age in the knowledge-based economy', *International Journal of Innovation Management* 4: 371–389.
Mitchell, D. (1995) 'There's no such thing as culture', *Transactions of the Institute of British Geographers* 20: 102–116.
Mitchell, K. (1995) 'Flexible circulation in the Pacific Rim: capitalisms in cultural context', *Economic Geography* 71(4): 364–382.
Mohan, G. and Zack-Williams, A.B. (2002) 'Globalisation from below: conceptualising the role of the African Diasporas in Africa's development', *Review of African Political Economy* 29(92): 211–236.
Mokhtarian, P. (2003) 'Telecommunications and travel: the case for complementarity', *Journal of Industrial Ecology* 6:

43–57.
Mokhtarian, P. and Meenakshisundaram. (1999) 'Beyond tele-substitution: disaggregate longitudinal structural equation modeling of communication impacts', *Transportation Research C* 7(1): 33–52.
Molotch, H. (2002) 'Place in product', *International Journal of Urban and Regional Research* 26(4): 665–688.
Monk, A. (2008) 'The knot of contracts: the corporate geography of legacy costs', *Economic Geography* 84(2): 211–235.
Morgan, K. (1997) 'The learning region: institutions, innovation and regional renewal', *Regional Studies* 31: 491–503.
Morgan, K. (2005) 'The exaggerated death of geography: learning, proximity and territorial innovation systems', *Journal of Economic Geography* 4(1): 3–21.
Morris, M. and Dunne, N. (2004) 'Driving environmental certification: its impact on the furniture and timber products value chain in South Africa', *Geoforum* 35(2): 251–266.
Mullings, B. (2004) 'Globalization and the territiorialization of the new Caribbean service economy', *Journal of Economic Geography* 4: 275–298.
Munir, K.A. (2002) 'Being different: how normative and cognitive aspects of institutional environments influence technology transfer', *Human Relations* 55(12): 1403–1428.
Murdoch, J. (1995) 'Actor-networks and the evolution of economic forms: combining description and explanation in theories of regulation, flexible specialization, and networks', *Environment and Planning A* 27(5): 731–757.
Murdoch, J. (1998) 'The spaces of actor-network theory', *Geoforum* 29(4): 357–374.
Murphy, J.T. (2002) 'Networks, trust, and innovation in Tanzania's manufacturing sector', *World Development* 30(4): 591–619.
Murphy, J.T. (2006a) 'The socio-spatial dynamics of creativity and production in Tanzanian industry: urban furniture manufacturers in a liberalizing economy', *Environment and Planning A* 38(10): 1863–1882.
Murphy, J.T. (2006b) 'Building trust in economic space', *Progress in Human Geography* 30(4): 427–450.
Myrdal, G. (1957) *Economic Theory and Under-developed Regions*. London: Gerald Duckworth.〔小原敬士訳（1959）『経済理論と低開発地域』東洋経済新報社〕
Nagar, R. (2000) 'Mujhe jawab do! (Answer me!): women's grass-roots activism and social spaces in Chitrakoot (India)', *Gender, Place, and Culture* 7(4): 341–362.
Nagar, R., Lawson, V., McDowell, L. and Hanson, S. (2002) 'Locating globalization: feminist (re) readings of the subjects and spaces of globalization', *Economic Geography* 78(3): 257–284.
Nakano-Glenn, E. (1985) 'Racial ethnic women's labour: the intersection of race, gender, and class oppression', *Review of Radical Political Economy* 17: 86–106.
Neilson, J. (2008) 'Global private regulation and value-chain restructuring in Indonesian smallholder coffee systems', *World Development* 36(9): 1607–1622.
Nelson, K. (1986) 'Labor demand, labor supply and the suburbanization of low-wage office work', in A.J. Scott and M. Storper (eds) *Production, Work and Territory*. Boston: Allen & Unwin, 149–171.
Nelson, J. (1993) 'The study of choice or the study of provisioning? Gender and the definition of economies', in M. Ferber and J. Nelson (eds) *Beyond Economic Man: Feminist Theory and Economics*. Chicago: University of Chicago Press.
Nelson, R.R. and Winter, S.G. (1974) 'Neoclassical vs. evolutionary theories of economic growth: Critique and prospectus', *The Economic Journal* 84(336): 886–905.
Nelson, R.R. and Winter, S.G. (1982) *An Evolutionary Theory of Economic Change*. Cambridge, MA: Belknap Press of Harvard University Press.〔後藤 晃・角南 篤・田中辰雄訳（2007）『経済変動の進化理論』慶應義塾大学出版会〕
Neumayer, E. and Perkins, R. (2005) 'Uneven geographies of organizational practice: explaining the cross-national transfer and diffusion of ISO 9000', *Economic Geography* 81(3): 237–259.
Nijkamp, P. (2003) 'Entrepreneurship in a modern network economy', *Regional Studies* 37(4): 395–405.
North, D.C. (1955) 'Location theory and regional economic growth', *The Journal of Political Economy* 63(3): 243–258.
North, D.C. (1956) 'A Reply', *The Journal of Political Economy* 64(2): 165–168.
North, D.C. (1990) *Institutions, Institutional Change and Economic Performance*. Cambridge: Cambridge University Press.〔竹下公視訳（1994）『制度・制度変化・経済成果』晃洋書房〕
O'Brien, K. and Leichenko, R. (2006) 'Climate change, equity and human security', *Erde* 137(3): 165–179.
O'Brien, R. (1992) *Global Financial Integration: The End of Geography*. London: Pinter.
O'Neill, P. (1997) 'Bringing the qualitative state into economic geography', in R. Lee and J. Wills (eds) *Geographies of Economies*. London: Arnold, pp.290–301.
O'Neill, P.M. and Gibson-Graham, J.K. (1999) 'Enterprise discourse and executive talk: stories that destabilize the company', *Transactions, Institute of British Geographers* 24: 11–22.

Ohlin, B. (1933) *Interregional and International Trade*. Cambridge, MA: Harvard University Press.〔木村保重訳（1970）『貿易理論：域際および国際貿易』ダイヤモンド社〕
Oinas, P. (1999) 'Voices and silences: the problem of access to embeddedness', *Geoforum* 30(4): 351–361.
Okada, A. (2004) 'Skills development and inter-firm learning linkages under globalization: lessons from the Indian automobile industry', *World Development* 32(7): 1265–1288.
Ouma, S. (2010) 'Global standards, local realities: private agri-food governance and the restructuring of the Kenyan horticulture industry', *Economic Geography* 86(2): 197–222.
Pacione, M. (2007) 'Sustainable urban development in the UK: rhetoric or reality?', *Geography* 92(3): 248–265.
Pain, K. (2008) 'Examining "core–periphery" relationships in a global city-region: the case of London and South East England', *Regional Studies* 42(8): 1161–1172.
Pallares-Barbera, M., Tulla, A. and Vera, A. (2004) 'Spatial loyalty and territorial embeddedness in the multi-sector clustering of the Bergued, a region in Catalonia (Spain)', *Geoforum* 35: 635–649.
Pandit, K. (1990a) 'Service labour allocation during development: longitudinal perspectives on cross-sectional patterns', *Annals of Regional Science* 24(1): 29–41.
Pandit, K. (1990b) 'Tertiary sector hypertrophy during development: an examination of regional variation', *Environment and Planning A* 22(10): 1389–1405.
Parks, V. (2004a) 'Access to work: the effects of spatial and social accessibility on unemployment for native-born black and immigrant women in Los Angeles', *Economic Geography* 80(2): 141–172.
Parks, V. (2004b) 'The gendered connection between ethnic residential and labourmarket segregation in Los Angeles', *Urban Geography* 25(7): 589–630.
Parsons, T. and Smelser, N. (1956) *Economy and Society: A Study in the Integration of Economic and Social Theory*. Glencoe, IL: The Free Press.〔富永健一訳（1958-1959）『経済と社会：経済学理論と社会学理論の統合についての研究（1・2）』岩波書店〕
Pavlovskaya, M. (2004) 'Other transitions: multiple economies of Moscow households in the 1990s', *Annals of the Association of American Geographers* 94(2): 329–351.
Peck, J. (1996) *Work-Place: The Social Regulation of Labour Markets*. NewYork: Guilford Press.
Peck, J. (2001) *Workfare States*. New York: Guilford Press.
Peck, J. (2005a) 'Economic sociologies in space', *Economic Geography* 81(2): 129–175.
Peck, J. (2005b) 'Struggling with the creative class', *International Journal of Urban and Regional Research* 29(4): 740–770.
Peck, J. and Theodore, N. (1998) 'The business of contingent work: growth and restructuring in Chicago's temporary employment industry', *Work, Employment and Society* 12(4): 655–674.
Peck, J. and Theodore, N. (2001) 'Contingent Chicago: restructuring the spaces of temporary labour', *International Journal of Urban and Regional Research* 25(3): 471–496.
Peck, J. and Theodore, N. (2007) 'Variegated capitalism', *Progress in Human Geography* 31(6): 731–772.
Peet, J.R. (1975) 'Inequality and poverty: a Marxist-geographic theory', *Annals of the Association of American Geographers* 65(4): 564–571.
Peet, J.R. (2007) *Geography of Power: The Making of Global Economic Policy*. London: Zed Press.
Pellow, D.N. (2007) *Resisting Global Toxics: Transnational Movements for Environmental Justice*. Boston: MIT Press.
Penrose, E.T. (1959) *The Theory of the Growth of the Firm*. Oxford: Oxford University Press.〔末松玄六訳（1980）『会社成長の理論（第2版）』ダイヤモンド社〕
Perroux, F. (1950) 'Economic space, theory and applications', *Quarterly Journal of Economics* 64(1): 89–104.
Peterson, V.S. (2003) *A Critical Rewriting of Global Political Economy: Integrating Reproductive, Productive, and Virtual Economies*. London: Routledge.
Phelps, N.A. (2000) 'The locally embedded multinational and institutional capture', *Area* 32(2): 169–178.
Pike, A., Birch, K., Cumbers, A., MacKinnon, D. and McMaster, R. (2009) 'A geographical political economy of evolution in economic geography'. *Economic Geography* 85(2): 175–182.
Pike, A., Rodríguez-Pose, A. and Tomaney, J. (2006) *Local and Regional Development*. London: Routledge.
Pine, B. and Gilmore, J. (1999) *The Experience Economy: Work is Theatre and Every Business a Stage*. Boston, MA: Harvard Business School Press.
Piore, M.J. and Sabel, C.F. (1984) *The Second Industrial Divide: Possibilities for Prosperity*. New York: Basic Books.〔山之内 靖・永易浩一・石田あつみ訳（1993）『第二の産業分水嶺』筑摩書房〕
Polanyi, K. (1944) *The Great Transformation*. Boston: Beacon Press.〔野口建彦・栖原 学訳（2009）『「新訳」大転換：市場社会の形成と崩壊』東洋経済新報社〕
Polanyi, M. (1967) *The Tacit Dimension*. New York: Anchor Books.〔高橋勇夫訳（2003）『暗黙知の次元』ちくま学

芸文庫〕
Pollard, J. (2004) 'From industrial district to "urban village"? Manufacturing, money and consumption in Birmingham's jewellery quarter', *Urban Studies* 41(1): 173–194.
Pollard, J. and Samers, M. (2007) 'Islamic banking and finance: postcolonial political economy and the decentring of economic geography', *Transactions of the Institute of British Geographers* 32(3): 313–330.
Ponte, S. (2008) 'Greener than thou: the political economy of fish ecolabeling and Its local manifestations in South Africa', *World Development* 36(1): 159–175.
Porter, M.E. (1990) *The Competitive Advantage of Nations*. New York: Free Press. 〔土岐 坤・中辻萬治・小野寺武夫 訳（1985）『競争優位の戦略：いかに高業績を持続させるか』ダイヤモンド社〕
Porter, M.E. (2000) 'Location, competition, and economic development: local clusters in a global economy', *Economic Development Quarterly* 14(1): 15–34.
Portes, A. and Sensenbrenner, J. (1993) 'Embeddedness and immigration: notes on the social determinants of economic action', *American Journal of Sociology* 98(6): 1320–1350.
Powell, W.W. (1990) 'Neither market or hierarchy: network forms of organization', *Research in Organizational Behavior* 12: 295–336.
Powell, W.W. and Dimaggio, P.J. (eds) (1991) *The New Institutionalism in Organizational Analysis*. Chicago: University of Chicago Press.
Powell, W.W. and Smith-Doerr, L. (1994) 'Networks and economic life', in N.J. Smelser and R. Swedberg (eds) *The Handbook of Economic Sociology*, 1st edn. Princeton, NJ: Princeton University Press. 368–402.
Powell, W.W. and Smith-Doerr, L. (2005) 'Networks and economic life', in N.J. Smelser and R. Swedberg (eds) *The Handbook of Economic Sociology*, 2nd edn. Princeton, NJ: Princeton University Press. (1st edn, 1994.) 379–402.
Power, D. (2002) '"Cultural industries" in Sweden: an assessment of their place in the Swedish economy', *Economic Geography* 78(2): 103–127.
Power, D. and Hauge, A. (2008) 'No man's brand: brands, institutions, and fashion', *Growth and Change* 39(1): 123–143.
Prahalad, C.K. (1993) 'The role of core competencies in the corporation', *Research Technology Management* 36(6) : 40–47.
Pratt, A. (1997) 'The cultural industries production system: a case study of employment change in Britain 1984–91', *Environment and Planning A* 29: 1953–1974.
Pratt, G. (1999) 'From registered nurse to registered nanny: discursive geographies of Filipina domestic workers in Vancouver, B.C.', *Economic Geography* 75(3): 215–236.
Pratt, G. (2004) *Working Feminism*. Edinburgh: Edinburgh University Press.
Pred, A. (1967) 'Behavior and location: foundations for a geographic and dynamic location theory, Part 1', *Lund Studies in Geography, Series B*, 27.
Pryke, M. (1991) 'An international city going "global": spatial change in the City of London', *Environment and Planning D: Society and Space* 9: 197–222.
Pryke, M. (1994) 'Looking back on the space of a boom: redeveloping spatial matrices in the City of London', *Environment and Planning A* 26: 235–264.
Putnam, R.D. (1993) *Making Democracy Work: Civic Traditions in Modern Italy*. Princeton, NJ: Princeton University Press. 〔河田潤一訳（2001）『哲学する民主主義：伝統と改革の市民的構造』NTT出版〕
Raikes, P., Jensen, M.F. and Ponte, S. (2000) 'Global commodity chain analysis and the French filiére approach: comparison and critique', *Economy and Society* 29(3): 390–417.
Rantisi, N.M. (2004) 'The ascendance of New York fashion', *International Journal of Urban and Regional Research* 28(1): 86–106.
Ratti, R. (1992) 'Eléments de théorie économique des effets frontiers et de politique de développment regional Exemplification d'aprés le cas des agglomérations de frontiére Suisses', *Revue Suisse d'Economie Politique et de Statistique* 128(3): 325–338.
Ray, L. and Sayer, A. (1999) *Culture and Economy After the Cultural Turn*. London: Sage Publications.
Redclift, M. (1993) 'Sustainable development: needs, values, rights', *Environmental Values* 2: 3–20.
Redclift, M. (2005) 'Sustainable development (1987–2005): an oxymoron comes of age', *Sustainable Development* 13: 212–217.
Reich, R.B. (1990) 'Who Is Us?', *Harvard Business Review* (January–February): 53–64.
Reinert, K.A. (2007) 'Ethiopia in the world economy: trade, private capital flows, and migration', *Africa Today* 53(3): 65–89.
Reynolds, P. (1991) 'Sociology and entrepreneurship: concepts and contributions', *Entrepreneurship Theory and Practice* 15: 47–70.

Reynolds, P. and White, S.B. (1997) *The Entrepreneurial Process*. New London, CT: Quorum Books.
Ricardo, D. (1817) *Principles of Political Economy and Taxation*. London: John Murray.〔竹内謙二訳（1981）『経済学及び課税の原理』千倉書房〕
Richardson, H.W. and Richardson, M. (1975) 'The relevance of growth center strategies to Latin America', *Economic Geography* 51(2): 163–178.
Rigg, J., Bebbington, A., Gough, K.V., Bryceson, D.F., Agergaard, J., Fold, N. and Tacoli, C. (2009) 'The World Development Report 2009 "reshapes economic geography": geographical reflections', *Transactions of the Institute of British Geographers* 34(2): 128–136.
Riisgaard, L. (2009) 'Global value chains, labour organization and private social standards: lessons from East African cut flower industries', *World Development* 37(2): 326–340.
Rimmer, P.J. (1986) 'Japan's world cities: Tokyo, Osaka, Nagoya or Tokaido megalopolis', *Development and Change* 17: 121–157.
Riordan, M.H. and Williamson, O.E. (1985) 'Asset specificity and economic organization', *International Journal of Industrial Organization* 3: 365–378.
Robbins, P. (2004) Political Ecology: *A Critical Introduction*. Malden, MA: Wiley-Blackwell.
Roberts, S.M. (1995) 'Small place, big money: the Cayman Islands and the international financial system', *Economic Geography* 71(3): 237–256.
Rock, M.T. and Angel, D.P. (2006) *Industrial Transformation in the Developing World*. Oxford: Oxford University Press.
Rodríguez-Pose, A. and Storper, M. (2006) 'Better rules or stronger communities: on the social foundations of institutional change and its economic effects', *Economic Geography* 82(1): 1–25.
Rogers, E.M. (1962) *Diffusion of Innovations*. New York: The Free Press.〔青池愼一・宇野善康監訳（1990）『イノベーション普及学』産能大学出版部（原著第3版(1983)の翻訳)〕
Romer, P.M. (1986) 'Increasing returns and long-run growth', *Journal of Political Economy* 94(5): 1002–1037.
Rosen, E.I. (2002) *Making Sweatshops: The Globalization of the U.S. Apparel Industry*. Berkeley, CA: University of California Press.
Rosenberg, N. (1982) *Inside the Black Box: Technology and Economics*. Cambridge: Cambridge University Press.
Rosser, A. (2007) 'Escaping the resource curse: The case of Indonesia', *Journal of Contemporary Asia* 37(1): 38–58.
Rossi, E.C. and Taylor, P.J. (2006) '"Gateway cities" in economic globalisation: how banks are using Brazilian cities', *Tijdschrift voor Economische en Sociale Geografie* 97(5): 515–534.
Rostow, W.W. (1953) *The Process of Economic Growth*. Oxford: Oxford University Press.〔酒井正三郎・北川一雄訳（1965）『経済成長の過程（増補版）』東洋経済新報社〕
Rostow, W.W. (1960) *The Stages of Economic Growth: A Non-Communist Manifesto*. Cambridge: Cambridge University Press.〔木村健康ほか訳（1974）『経済成長の諸段階：一つの非共産主義宣言（増補版）』ダイヤモンド社〕
Russo, M. (1985) 'Technical change and the industrial district: the role of interfirm relations in the growth and transformation of ceramic tile production in Italy', *Research Policy* 14(6): 329–343.
Rutherford, T. and Gertler, M. (2002) 'Labour in lean times: geography, scale and the national trajectories of workplace change', *Transactions of the Institute of British Geographers* 27: 195–212.
Rutherford, T.D. (2004) 'Convergence, the institutional turn and workplace regimes: the case of lean production', *Progress in Human Geography* 28(4): 425–466.
Rutherford, T.D. and Gertler, M.S. (2002) 'Labour in "lean" times: geography, scale and the national trajectories of workplace change', *Transactions of the Institute of British Geographers* 27(2): 195–212.
Sabel, C., Herrigel, G., Deeg, R. and Kazis, R. (1989) 'Regional prosperities compared: Baden-Württemberg and Massachusetts in the 1980s', *Economy and Society* 18 (4): 374–404.
Sabel, CF (1993) 'Studied trust: building new forms of cooperation in a volatile economy', *Human Relations* 46(9): 1133–1170.
Sako, M. (1992) *Prices, Quality and Trust: Inter-firm Relations in Britain and Japan*. Cambridge: Cambridge University Press.
Sarasvathy, S., Dew, N., Ramakrishna, S. and Venkataraman, S. (2003) 'Three views of entrepreneurial opportunity', in Z. Acs and D. Audretsch (eds) *Handbook of Entrepreneurship Research: An Interdisciplinary Survey and Introduction*. Boston: Kluwer Academic Publishers. 141–160.
Sassen, S. (1991) *The Global City: New York, London, Tokyo*. Princeton, NJ: Princeton University Press.〔伊豫谷登士翁監訳（2008）『グローバル・シティ：ニューヨーク・ロンドン・東京から世界を読む』筑摩書房（原著第2版の翻訳)〕
Savage, L. (2006) 'Justice for janitors: scales of organizing and representing workers', *Antipode* 38(3): 648–667.
Savage, L. and Wills, J. (2004) 'New geographies of trade unionism', *Geoforum* 35(1): 5–7.

Saxenian, A. (1985) 'Silicon Valley and Route 128: regional prototypes or historic exceptions?', in M. Castells (ed.) *High Technology, Space and Society*. Beverly Hills, CA: Sage Publications.
Saxenian, A. (1994) *Regional Advantage: Culture and Competition in Silicon Valley and Route 128*. Cambridge, MA: Harvard University Press.〔山形浩生・柏木亮二訳（2009）『現代の二都物語：なぜシリコンバレーは復活し、ボストン・ルート128は沈んだか』日経BP社〕
Saxenian, A. (2006) *The New Argonauts: Regional Advantage in a Global Economy*. Cambridge, MA: Harvard University Press.〔酒井泰介訳（2008）『最新・経済地理学：グローバル経済と地域の優位性』日経BP社〕
Saxenian, A. (2007) 'Brain circulation and regional innovation: Silicon Valley–Hsinchu–Shanghai Triangle', in K. Polenski (ed.) *The Economic Geography of Innovation*. Cambridge: Cambridge University Press. 196–212.
Saxenian, A.L. and Hsu, J.-Y. (2001) 'The Silicon Valley–Hsinchu connection: technical communities and industrial upgrading', *Industrial and Corporate Change* 10(4): 893–920.
Sayer, A. (2003) '(De)commodification, consumer culture, and moral economy', *Environment and Planning D: Society and Space* 21(3): 341–357.
Sayer, A. and Walker, R.A. (1993) *The New Social Economy: Reworking the Division of Labor*. Blackwell: Princeton University Press.
Schafer, A. and Victor, D. (2000) 'The future of mobility of the world population', *Transportation Research A* 34(3): 171–205.
Schmitz, H. (1999) 'Global competition and local cooperation: success and failure in the Sinos Valley, Brazil', *World Development* 27(9): 1627–1650.
Schoenberger, E. (1985) 'Foreign manufacturing investment in the United States: Competitive strategies and international location', *Economic Geography* 61(3): 241–259.
Schoenberger, E. (1988) 'From Fordism to flexible accumulation: technology, competitive strategies, and international location', *Environment and Planning D* 6(3): 245–262.
Schoenberger, E. (1989) 'Thinking about flexibility: a response to Gertler', *Transactions of the Institute of British Geographers* 14(1): 98–108.
Schoenberger, E. (1997) *The Cultural Crisis of the Firm*. Cambridge, MA: Blackwell Publishers.
Schoenberger, E. (2004) 'The spatial fix revisited', *Antipode* 36(3): 427–433.
Schoonhoven, C.B. and Romanelli, E., eds. (2001) *The Entrepreneurship Dynamic: Origins of Entrepreneurship and the Evolution of Industries*. Stanford, CA: Stanford Business Books.
Schroeder, R.A. (1999) *Shady Practices: Agroforestry and Gender Politics in The Gambia*. Berkeley, CA: University of California Press.
Schumpeter, J. (1928) 'The instability of capitalism', *The Economic Journal* 38(151): 361–386.
Schumpeter, J. (1939) *Business Cycles: A Theoretical, Historical and Statistical Analysis of the Capitalist Process*, 2 vols. New York: McGraw-Hill.〔金融経済研究所訳（1958-1964）『景気循環論：資本主義過程の理論的・歴史的・統計的分析』有斐閣〕
Schumpeter, J.A. (1942) *Capitalism, Socialism and Democracy*. New York: Harper.〔中山伊知郎・東畑精一訳（1962）『資本主義・社会主義・民主主義（改訂版）（上・中・下）』東洋経済新報社〕
Schumpeter, J.P. (1936) *The Theory of Economic Development: An Inquiry into Profits, Capital, Credit, Interest, and the Business Cycle*. Trans. from the German by R. Opie. Cambridge, MA: Harvard University Press.〔塩野谷祐ほか訳（1980）『経済発展の理論：企業者利潤・資本・信用・利子および景気の回転に関する一研究』岩波書店〕
Schutjens, V. and Stam, E. (2003) 'The evolution and nature of young firm networks: a longitudinal perspective', *Small Business Economics* 21: 115–134.
Schwanen, T. and Kwan, M.-P. (2008) 'The internet, mobile phone, and space-time constraints', *Geoforum* 39: 1362–1377.
Scott, A. J. (1969) 'A model of spatial decision-making and locational equilibrium', *Transactions of the Institute of British Geographers* 47: 99–110.
Scott, A. J. (1988) *New Industrial Spaces: Flexible Production Organization and Regional Development in North America and Western Europe*. London: Pion.
Scott, A. J. (1997) 'The cultural economy of cities', *International Journal of Urban and Regional Research* 21(2) : 323–339.
Scott, A. J. (2005) *On Hollywood: The Place, the Industry*. Princeton, NJ: Princeton University Press.
Scott, A. J. (2006) 'The changing global geography of low-technology, labour-intensive industry: clothing, footwear, and furniture', *World Development* 34(9): 1517–1536.
Scott, A. J. and M. Storper (eds) (1986) *Production, Work, Territory: The Geographical Anatomy of Industrial Capitalism*. Boston: Allen & Unwin.

Scott, J. (1986) 'Gender: a useful category of historical analysis', *American Historical Review* 91: 1053–1075.
Scott, W.R. (1995) *Institutions and Organizations*. Thousand Oaks, CA: Sage Publications.〔河野昭三・板橋慶明訳（1986）『制度と組織』税務経理協会〕
Seppala, P. (1998) *Diversification and Accumulation in Rural Tanzania: Anthropological Perspectives on Village Economics*. Uppsala, Sweden: Nordiska Afrikainstitutet.
Shane, S. and Eckhardt, J. (2003) 'The individual–opportunity nexus', in Z.J. Acs and D.B. Audretsch (eds) *Handbook of Entrepreneurship Research*. Norwell, MA: Kluwer Academic Publishers. 161–191.
Shaw, E. (1997) 'The "real" networks of small firms', In D. Deakns, P. Jennings and C. Mason (eds), *Small Firms: Entrepreneurship in the Nineties*. London: Paul Chapman Publishing Ltd. 7-17.
Sheppard, E. (2002) 'The spaces and times of globalization: place, scale, networks, and positionality', *Economic Geography* 78(3): 307–330.
Sheppard, E. (2006) 'The economic geography project', in S. Bagchi-Sen and H. Lawton Smith (eds) *Economic Geography: Past, Present, and Future*. New York: Routledge. 11–23.
Silvey, R. and Elmhirst, R. (2003) 'Engendering social capital: women workers and rural-urban networks in Indonesia's crisis', *World Development* 31: 865–879.
Simmel, G. (1950) *The Sociology of Georg Simmel*. Compiled and translated by Kurt Wolff. Glencoe, IL: The Free Press.
Simon, H.A. (1947) *Administrative Behaviour*. New York: Macmillan.
Singelmann, J. (1977) *The Transformation of Industry: From Agriculture to Service Employment*. Beverly Hills, CA: Sage.
Sklar, L. (2002) *Globalization Capitalism and its Alternatives*. Oxford: Oxford University Press.
Smith, A. (1776) *An Inquiry into the Nature and Causes of the Wealth of Nations*. London: W. Strahan and T. Cadell.〔山岡洋一訳（2007）『国富論：国の豊かさの本質と原因についての研究（上・下）』日本経済新聞出版社（第6版の翻訳）〕
Smith, A. (2003) 'Power relations, industrial clusters, and regional transformations: pan-European integration and outward processing in the Slovak clothing industry', *Economic Geography* 79(1): 17–40.
Smith, D.M. (1981) *Industrial Location: An Economic Geographical Analysis*, 2nd edn. New York: John Wiley & Sons.〔西岡久雄・山口守人・黒田彰三訳（1982-84）『工業立地論：理論と応用（上・下）』大明堂〕
Smith, J.R. (1907) 'Economic geography and its relation to economic theory and higher education', *Bulletin of the American Geographical Society* 39(8): 472–481.
Smith, J.R. (1913) *Industrial and Commercial Geography*. Henry Holt & Company: New York.
Smith, N. (1990) *Uneven Development: Nature, Capital and the Production of Space*. Oxford: Basil Blackwell.
Smith, N. (2002) 'New globalism, new urbanism: gentrification as global urban strategy', *Antipode* 34(3): 427–450.
Sneddon, C., Howarth, R.B. and Norgaard, R.B. (2006) 'Sustainable development in a post-Brundtland world', *Ecological Economics* 57(2): 253–268.
Soja, E. (1989) *Postmodern Geographies: The Reassertion of Space in Critical Social Theory*. London: Verso.〔加藤政洋ほか訳（2003）『ポストモダン地理学：批判的社会理論における空間の位相』青土社〕
Solow, R. (1957) 'Technical change and the aggregate production function', *Review of Economics and Statistics* 39: 312–320.
Song Lee, B. and McDonald, J. (2003) 'Determinants of commuting time and distance for Seoul residents: the impact of family status on the commuting of women', *Urban Studies* 40: 1283–1302.
Sorenson, O. and Baum, J. (2003) 'Editors' introduction: geography and strategy – the strategic management of space and place', *Advances in Strategic Management* 20: 1–19.
Soyez, D. and Schulz, C. (2008) 'Facets of an emerging Environmental Economic Geography (EEG)', *Geoforum* 39(1): 17–19.
Staber, U. (2001) 'The structure of networks in industrial districts', *International Journal of Urban and Regional Research* 25(3): 537–552.
Stam, E. (2007) 'Why butterflies don't leave: locational behavior of entrepreneurial firms', *Economic Geography* 83(1): 27–50.
Stanback, T.M. (1980) *Understanding the Service Economy*. Baltimore, MD: Johns Hopkins University Press.
Stanback, T.M., Bearse, P.J., Noyelle, T. and Karasek, R.A. (1981) *Services: The New Economy*. Totowa, NJ: Allanheld, Osmun.
Stevenson, H. (1999) 'A perspective on entrepreneurship', in W.A. Sahlman, H.H. Stevenson, and M.J. Roberts (eds) *The Entrepreneurial Venture*. Boston, MA: Harvard Business School Press.
Stiglitz, J. (2002) *Globalization and Its Discontents*. New York: W.W. Norton.〔鈴木主税訳（2002）『世界を不幸にしたグローバリズムの正体』徳間書店〕

Storper, M. (1992) 'The limits to globalization: technology districts and international trade', *Economic Geography* 68(1): 60–93.
Storper, M. (1995) 'The resurgence of regional economics, ten years later: the region as a nexus of untraded interdependencies', *European Urban and Regional Studies* 2(3): 191–221.
Storper, M. (1997) T*he Regional World: Territorial Development in a Global Economy*. New York: Guilford Press.
Storper, M. (2000) 'Conventions and institutions: rethinking problems of state reform, governance and policy', in L. Burlamaqui, A.C. Castro and H.-J. Chang (eds) *Institutions and the Role of the State*. Cheltenham: Edward Elgar. pp. 73–102.
Storper, M. (2009) 'Roepke lecture in economic geography – regional context and global trade', *Economic Geography* 85(1): 1–22.
Storper, M. and Christopherson, S. (1987) 'Flexible specialization and regional industrial agglomerations – the case of the United-States motion-picture industry', *Annals of the Association of American Geographers* 77(1): 104–117.
Storper, M. and Scott, A.J. (2009) 'Rethinking human capital, creativity and urban growth', *Journal of Economic Geography* 9(2): 147–167.
Storper, M. and Venables, A.J. (2004) 'Buzz: face-to-face contact and the urban economy', *Journal of Economic Geography* 4(4): 351–370.
Storper, M. and Walker, R.A. (1983) 'The theory of labour and the theory of location', *International Journal of Urban and Regional Research* 7: 1–43.
Storper, M. and Walker, R.A. (1989) *The Capitalist Imperative: Territory, Technology, and Industrial Growth*. Oxford: Basil Blackwell.
Strange, S. (1986) *Casino Capitalism*. Oxford: Basil Blackwell.〔小林襄治訳（1988）『カジノ資本主義：国際金融恐慌の政治経済学』岩波書店〕
Straussfogel, D. (1997) 'World-systems theory: toward a heuristic and pedagogic conceptual tool', *Economic Geography* 73(1): 118–130.
Sturgeon, T., Van Biesebroeck, J. and Gereffi, G. (2008) 'Value chains, networks and clusters: reframing the global automotive industry', *Journal of Economic Geography* 8(3): 297–321.
Sunley, P. (2008) 'Relational economic geography: a partial understanding or a new paradigm?', *Economic Geography* 84(1): 1–26.
Swyngedouw, E.A. (1992) 'Territorial organization and the space/technology nexus', *Transactions of the Institute of British Geographers* 17(4): 417–433.
Swyngedouw, E.A. (1997) 'Excluding the other: the production of scale and scaled politics', in R. Lee and J. Wills (eds) *Geographies of Economies*. London: Arnold. 167–176.
Taylor, F.W. (1911) *Principles of Scientific Management*. New York and London: Harper & Brothers.〔有賀裕子訳（2009）『新訳科学的管理法：マネジメントの原点』ダイヤモンド社〕
Taylor, M.J. and Thrift, N.J. (1982) 'Models of corporate development and the multinational corporation', in M.J. Taylor and N.J. Thrift (eds) *The Geography of Multinationals: Studies in the Spatial Development and Economic Consequences of Multinational Corporations*. New York: St. Martin's Press. 14–32.
Taylor, M.J. and Thrift, N.J. (eds) (1982) *The Geography of Multinationals: Studies in the Spatial Development and Economic Consequences of Multinational Corporations*. London: Croom Helm.
Taylor, P.J. and Aranya, R. (2008) 'A global "urban roller coaster"? Connectivity changes in the world city network 2000–2004', *Regional Studies* 42(1): 1–16.
Taylor, P.J. and Flint, C. (2000) *Political Geography: World-system, Nation-State and Locality*. London: Longman.
Taylor, P.J., Derudder, B., Garcia, C.G. and Witlox, F. (2009) 'From North–South to "Global" South? An investigation of a changing "South" using airline flows between cities, 1970–2005', *Geography Compass* 3(2): 836–855.
Terlouw, K. (2009) 'Transnational regional development in the Netherlands and Northwest Germany, 1500–2000', *Journal of Historical Geography* 35(1): 26–43.
Terry, W.C. (2009) 'Working on the water: on legal space and seafarer protection in the cruise industry', *Economic Geography* 85(4): 463–482.
Thornton, P. H. (1999) 'The sociology of entrepreneurship', *Annual Review of Sociology* 25: 19–46.
Thornton, P. H. and Flynn, K. (2003) 'Entrepreneurship, networks, and geographies', in Z. Acs and D. Audretsch (eds) *Handbook of Entrepreneurship Research: An Interdisciplinary Survey and Introduction*. Boston: Kluwer Academic Publishers. 401–433.
Thrift, N. (1994) 'On the social and cultural determinants of international financial centres: the case of the City of London', in S. Corbridge, R. Martin and N. Thrift (eds) *Money, Power and Space*. Oxford and Cambridge, MA: Basil Blackwell. 327–355.

Thrift, N. (1997) 'The rise of soft capitalism', *Cultural Values* 1(1): 29–57.
Thrift, N. (1998) 'Virtual capitalism: the globalization of reflexive business knowledge', in J.G. Carrier and D. Miller (eds) *Virtualism: A New Political Economy*. Oxford, New York: Berg. 161–186.
Thrift, N. (2000a) 'Pandora's box? Cultural geographies of economies', in G. Clark, M. Feldman and M. Gertler (eds) *The Oxford Handbook of Economic Geography*. Oxford: Oxford University Press. 689–704.
Thrift, N. (2000b) 'Performing cultures in the new economy', *Annals of the Association of American Geographers* 90(4): 674–692.
Thrift, N. (2000c) 'Less mystery, more imagination: the future of the City of London', *Environment and Planning A* 32: 381–384.
Thrift, N. and Olds, K. (1996) 'Reconfiguring the economic in economic geography', *Progress in Human Geography* 20: 311–337.
Thünen, J.H.von (1966[1826]) *The Isolated State*. Oxford: Pergamon Press (originally published in 1826).〔近藤康男・能代幸雄訳（1989）『孤立国（近代経済学古典選集1）』日本経済評論社〕
Tickell, A. (2000) 'Finance and localities', in G.L. Clark, M.P. Feldman and M.S. Gertler (eds) *The Oxford Handbook of Economic Geography*. Oxford: Oxford University Press: 230–247.
Tiebout, C.M. (1956a) 'Exports and regional economic growth', *The Journal of Political Economy* 64(2): 160–164.
Tiebout, C.M. (1956b) 'Exports and regional economic growth: rejoinder', *The Journal of Political Economy* 64(2): 169.
Tietenberg, T. (2006) *Environmental and Natural Resource Economics*, 5th edn. Reading, MA: Addison Wesley.
Tivers, J. (1985) *Women Attached: The Daily Lives of Women with Young Children*. London: Croom Helm.
Tokatli, N. (2008) 'Global sourcing: Insights from the global clothing industry – the case of Zara, a fast fashion retailer', *Journal of Economic Geography* 8(1): 21–38.
Törnqvist, G. (1968) Flows of Information and the Location of Economic Activities. *Geografiska Annaler. Series B, Human Geography* 50(1): 99–107.
Touraine, A. (1969) *La Société Post-industrielle*. Paris: Denoël.〔寿里 茂・西川 潤訳（1970）『脱工業化の社会』河出書房新社〕
Transportation Research Board (2009) *Effects of Land Development Patterns on Motorized Travel, Energy, and CO_2 Emissions*. Washington, DC: Transportation Research Board.
Truffer, B. (2008) 'Society, technology, and region: contributions from the social study of technology to economic geography', *Environment and Planning A* 40(4): 966–985.
Turner, S. (2007) 'Small-scale enterprise livelihoods and social capital in Eastern Indonesia: ethnic embeddedness and exclusion', *The Professional Geographer* 59(4): 407–420.
Tyson, L.D. (1991) 'They are not us: why American ownership still matters', *American Prospect* 4(Winter): 37–49.
UNCTAD (United Nations Conference on Trade and Development) (2005) *World Investment Report 2005: Transnational Corporations and the Internationalization of R&D*. Geneva: UNCTAD.
United States Census Bureau (2009) 'Statistics about business size (including Small Business) from the U.S. Census Bureau': http://www.census.gov/epcd/www/smallbus. html (accessed on 17 September 2009).
Urry, J. (1995) *Consuming Places*. London: Routledge.
Utterback, J. and Abernathy, W. (1975) 'A dynamic model of process and product innovation', *Omega* 3(6): 639–656.
Uzzi, B. (1996) 'The sources and consequences of embeddedness for the economic performance of organizations: the network effect', *American Sociological Review* 61(4): 674–698.
Van Oort, F. (2002) 'Innovation and agglomeration economies in the Netherlands', *Tijdschrift voor economische en sociale geografie* 93(3): 344–360.
Veblen, T. (1899) *The Theory of the Leisure Class: An Economic Study of Institutions*. New York: The Modern Library.〔高哲男訳（1998）『有閑階級の理論』筑摩書房〕
Veblen, T. (1915) 'The opportunity of Japan', *Journal of Race Development* 6(July): 23–38.
Veblen, T. (1925) 'Economic theory in the calculable future', *American Economic Review* 15(1S): 48–55.
Vernon, R. (1966) 'International investment and international trade in the product cycle', *The Quarterly Journal of Economics* 80(2): 190–207.
Vind, I. (2008) 'Transnational companies as a source of skill upgrading: the electronics industry in Ho Chi Minh City', *Geoforum* 39(3): 1480–1493.
Vinodrai, T. (2006) 'Reproducing Toronto's design ecology: career paths, intermediaries, and local labor markets', *Economic Geography* 82(3): 237–263.
von Hippel, E. (1976) 'The dominant role of users in the scientific instrument innovation process', *Research Policy* 5(3): 212–239.
von Hippel, E. (2001) 'Innovation by user communities: learning from open-sources software', *MIT Sloan Management*

Review 42(4): 82–86.
von Hippel, E. (2005) *Democratizing Innovation*. Cambridge, MA: MIT Press.
Wackernagel, M. and Rees, W. (1996) *Our Ecological Footprint: Reducing Human Impact on the Earth*. Gabriola Island, BC: New Society Publishers.
Wade, R.H. (2004) 'Is globalization reducing poverty and inequality?', *World Development* 32(4): 567–589.
Waldinger, R., Aldrich, H. and Ward, R. (1990) *Ethnic Entrepreneurs: Immigrant Businesses in Industrial Societies*. Newbury Park, CA: Sage Publications.
Walker, R. and Storper, M. (1981) 'Capital and industrial location', *Progress in Human Geography* 7(1): 1–41.
Wallerstein, I. (1974) *The Modern World-System: Capitalist Agriculture and the Origins of the European World-Economy in the Sixteenth Century*. New York: Academic Press.〔川北 稔訳（1981）『近代世界システム：農業資本主義と「ヨーロッパ世界経済」の成立（1・2）』岩波書店〕
Wallerstein, I. (1979) *The Capitalist World-Economy*. Cambridge: Cambridge University Press.〔藤瀬浩司・麻沼賢彦・金井雄一訳（1987）『資本主義世界経済（1）中核と周辺の不平等』名古屋大学出版会、日南田靜眞監訳（1987）『資本主義世界経済（2）階級・エスニシティの不平等、国際政治』名古屋大学出版会〕
Walsh, J. (2000) 'Organizing the scale of labour regulation in the United States: service sector activism in the city', *Environment and Planning A* 32(9): 1593–1610.
Wang, L. and Lo, L. (2007) 'Immigrant grocery shopping behaviour: ethnic identity versus accessibility', *Environment and Planning A* 39(3): 684–699.
Wang, Q. (2009) 'Gender, ethnicity, and self-employment: a multilevel analysis across US metropolitan areas', *Environment and Planning A* 41: 1979–1996.
Wang, Q. and Li, W. (2007) 'Entrepreneurship, ethnicity and local contexts: Hispanic entrepreneurs in three US southern metro areas', *GeoJournal* 68: 167–182.
Warf, B. (1989) 'Telecommunications and the globalization of financial services', *Professional Geographer* 31: 257–271.
Warf, B. (2001) 'Segueways into cyberspace: multiple geographies of the digital divide', *Environment and Planning B: Planning and Design* 28: 3–19.
Warf, B. (2002) 'Tailored for Panama: offshore banking at the crossroads of the Americas', *Geografiska Annaler Series B: Human Geography* 84(1): 33–47.
Warf, B. and Cox, J.C. (1995) 'U.S. Bank Failures and Regional Economic Structure', *The Professional Geographer* 47(1): 3–16.
Watts, H. (1980) *The Large Industrial Enterprise*. London: Croom Helm.
Weber, A. (1929[1909]) *Theory of the Location of Industries*. An English translation of *Über den Standort der Industrien* by C.J. Friedrich. Chicago: University of Chicago Press (originally published in 1909).〔篠原泰三訳（1986）『工業立地論』大明堂〕
Weber, M. (1998[1905]) *The Protestant Ethic and the Spirit of Capitalism*. An English translation of *Protestantische Ethik und der Geist des Kapitalismus* by T. Parsons, Los Angeles: Roxbury (originally published in 1905).〔中山元訳（2010）『プロテスタンティズムの倫理と資本主義の精神』日経 BP 社〕
Weber, M. (2003 [1923]) *General Economic History*. An English translation of *Wirtschaftsgeschichte* by F. H. Knight. Mineola, N.Y. : Dover Publications (originally published in 1923).
Wenger, E. (1998) *Communities of Practice: Learning, Meaning and Identity*. Cambridge: Cambridge University Press.
Williams, C.C. (2002) 'Social exclusion in a consumer society: a study of five rural communities', *Social Policy and Society* 1(3): 203–211.
Williamson, J. (2004) 'The Washington Consensus as policy prescription for development', World Bank Practitioners of Development lecture given on 13 January 2004. Transcript accessed from the Institute for International Economics webpage on 8 June 2009: http://www.iie.com/publications/papers/williamson0204.pdf.
Williamson, O.E. (1981) 'The modern corporation: Origins, evolution, attributes', *Journal of Economic Literature* 19 (December): 1537–1568.
Williamson, O.E. (1985) *The Economic Institutions of Capitalism: Firms, Markets, Relational Contracting*. New York: Free Press.〔井上 薫・中田善啓監訳（1989）『エコノミック・オーガニゼーション：取引コストパラダイムの展開』晃洋書房〕
Williamson, O.E. (1993) 'Calculativeness, trust, and economic organization', *Journal of Law and Economics* 36(1): 453–486.
Wills, J. (1998) 'Taking on the CosmoCorps? Experiments in transnational labour organization', *Economic Geography* 74(2) (April): 111–130.
Wilson, B.M. (2005) 'Race in commodity exchange and consumption: separate but equal', *Annals of the Association of American Geographers* 95(3): 587–606.

Womack, J.P., Jones, D.T. and Roos, D. (1990) *The Machine that Changed the World: The Story of Lean Production*. New York: HarperPerennial.
Women and Geography Study Group (1984) *Geography and Gender*. London: Heinemann.
Wong, M. (2006) 'The gendered politics of remittances in Ghanaian transnational families', *Economic Geography* 82(4): 355–382.
Wood, P. (2005) 'A service-informed approach to regional innovation – or adaptation?', *The Service Industries Journal* 25(4): 429–445.
Woolcock, M. (1998) 'Social capital and economic development: toward a theoretical synthesis and policy framework', *Theory and Society* 27(2): 151–208.
World Bank (1993) *The East Asian Miracle: Economic Growth and Public Policy*. New York: Oxford University Press.〔白鳥正喜監訳（1994）『東アジアの奇跡：経済成長と政府の役割』東洋経済新報社〕
World Bank (2001) *World Bank Development Report 2002: Building Institutions for Markets*. New York: Oxford University Press. 〔西川 潤・藪中久美訳（2003）『世界開発報告〈2002〉市場制度の構築』シュプリンガーフェアラーク東京〕
World Bank (2003) *World Development Report 2003: Sustainable Development in a Dynamic World*. Washington, D.C.: World Bank.〔田村勝省訳（2003）『世界開発報告〈2003〉ダイナミックな世界における持続的開発―制度・成長および生活の質を転換する』シュプリンガーフェアラーク東京〕
World Bank (2009) *World Development Report 2009: Reshaping Economic Geography*. Washington, D. C.: World Bank.〔田村勝省訳（2008）『世界開発報告〈2009〉変わりつつある世界経済地理』一灯舎〕
World Commission on Environment and Development (WCED) (1987) *Our Common Future*. Oxford: Oxford University Press.〔環境庁国際環境問題研究会訳（1987）『地球の未来を守るために』福武書店〕
Wright, M. (1997) 'Crossing the factory frontier: gender, place, and power in the Mexican maquiladora', *Antipode* 29(3): 278–302.
Wright, R. and Ellis, M. (2000) 'The ethnic and gender division of labour compared among immigrants to Los Angeles', *International Journal of Urban and Regional Research* 24: 583–600.
Wrigley, N., Lowe, M. and Currah, A. (2002) 'Retailing and e-tailing', *Urban Geography* 23(2): 180–197.
Wyly, E.K., Atia, M. and Hammel, D.J. (2004) 'Has mortgage capital found an innercity spatial fix?', *Housing Policy Debate* 15(3): 623–685.
Yapa, L. (1998) 'The poverty discourse and the poor in Sri Lanka', *Transactions, the Institute of British Geographers* 23: 95–115.
Yeung, H.W.-c. (1997) 'Business networks and transnational corporations: a study of Hong Kong firms in the ASEAN region', *Economic Geography* 73(1): 1–25.
Yeung, H.W.-c. (1998) 'Capital, state and space: contesting the borderless world', *Transactions of the Institute of British Geographers* 23: 291–309.
Yeung, H.W.-c. (1999) 'The internationalization of ethnic Chinese business firms from Southeast Asia: strategies, processes and competitive advantage', *International Journal of Urban and Regional Research* 23(1): 103–127.
Yeung, H.W.-c. (2000) 'Organising "the firm" in industrial geography I: networks, institutions and regional development', *Progress in Human Geography* 24(2): 301–315.
Yeung, H.W.-c. (2005a) 'Rethinking relational economic geography', *Transactions of the Institute of British Geographers* 30(1): 37–51.
Yeung, H.W.-c. (2005b) 'The firm as social networks: an organisational perspective', *Growth and Change* 36(3): 307–328.
Yeung, H.-c. (2009) 'Transnationalizing entrepreneurship: a critical agenda for economic geography', *Progress in Human Geography* 33: 1–26.
Yohe, G. and Schlesinger, M. (2002) 'The economic geography of the impacts of climate change', *Journal of Economic Geography* 2(3): 311–341.
Young, A. (1928) 'Increasing returns and economic progress', *The Economic Journal* 38: 527–542.
Zhou, Y. (1998) 'Beyond ethnic enclaves: location strategies of Chinese producer service firms in Los Angeles', *Economic Geography* 74(3): 228–251.
Zook, M.A. (2001) 'Old hierarchis or new networks of centrality? The global geography of the internet content market', *American Behavioral Scientist* 44(10): 1679–1696.
Zook, M.A. (2004) 'The knowledge brokers: venture capitalists, tacit knowledge and regional development', *International Journal of Urban and Regional Research* 28: 621–641.
Zook, M.A. and Graham, M. (2007) 'The creative reconstruction of the internet: Google and the privatization of cyberspace and DigiPlace', *Geoforum* 38: 1322–1343.
Zukin, S. (1995) *The Cultures of Cities*. Oxford: Blackwell.

索引

〔人名索引〕

Garrison, William　ウィリアム・ギャリソン　4, 53, 66
Gramsci, Antonio　アントニオ・グラムシ　17
Haggett, Peter　ピーター・ハゲット　66
Harvey, David　デヴィッド・ハーヴェイ　4, 13, 91, 105, 107, 108, 109, 111, 122, 123
Isard, Walter　ウォルター・アイザード　4, 65, 66
Krugman, Paul　ポール・クルーグマン　6, 66, 80
Kuznets, Simon　サイモン・クズネッツ　36, 157, 179
Malthus, Thomas　トマス・マルサス　179
Marx, Karl　カール・マルクス　5, 8, 12, 13, 77, 91, 105-108, 122, 165
Myrdal, Gunnar　グンナー・ミュルダール　77, 79, 80
Ricardo, David　デヴィッド・リカード　5, 12, 13, 99
Rostow, Walter　ウォルター・ロストウ　93, 94, 173
Smith, Adam　アダム・スミス　12, 13
Veblen, Thorstein　ソースティン・ヴェブレン　137, 138, 172
Von Thüen, Heinrich　ハインリヒ・フォン・チューネン　2, 61, 62, 64, 65
Weber, Alfred　アルフレート・ヴェーバー　2, 3, 14, 62, 63, 64, 65,
Weber, Max　マックス・ヴェーバー　137, 172

〔あ 行〕

アーバンスプロール　174
相手先ブランド名生産（OEM）　100, 101
アウトソーシング　11, 25, 100, 101, 104, 150
アクセシビリティ　1-2, 4, 9, 33, 49-58, 62

仮想的――　56-58
――と交通　76
――と測定　51-53
――とネットワーク　53, 90
――とモビリティ　50-51
アクターネットワーク理論　122, 152-3
アジア経済危機　167, 169
アップグレード　92
　技術の――　100
　技能の――　15
　産業の――　116-7
アンチスケール　☞スケール
暗黙知　☞知識
移出基盤理論　81
イノベーティブミリュー　72, 161
イノベーション　34-40, 70, 75, 138, 156
　国家的――システム　38
　サービス・――　34
　漸進的――　34
　地域――システム　73
　プロセス・――　12, 34, 84
　プロダクト・――　34
　ユーザー主導型の――　39, 175
衣服産業　9, 71, 88, 175
移民　48, 55, 102-103, 135, 145
インターネット　33, 39, 51, 53, 56, 57, 74, 75, 128, 159, 162, 167, 175, 176
インフォーマル経済　12, 95
埋め込まれた自立性　28
埋め込み　48, 71, 102, 120, 143-148
エコロジー的近代化　181
エコロジカル・フットプリント　182
エスニシティ　47, 48, 54, 130, 140, 149, 151
遠隔通信　51, 53, 57
欧州連合（EU）　30, 76, 86
汚染者負担の原則　179

216　索　引

オフショアリング　☞生産移管

〔カ　行〕

開発国家　28, 29
外部性　27, 148
　　マーシャル・アロー・ローマ（MAR）——　72
　　金銭的——　80
　　ジェイコブス流の——　72
　　負の——　69, 179
　　マーシャル型——　70-72
学習　23, 35, 120, 127, 141, 149
　　実行による——　35, 74
　　相互作用による——　35
　　——地域　139, 161
　　製品ベースの技術——（PBTL）　101
寡占　20, 22, 44, 89
仮想空間　33, 161, 162　☞サイバースペース
家内制工業　77, 85
ガバナンス　22, 24, 113, 155
環境経済学　179
環境経済地理学　181, 183
関係性資産　139
関係的近接性　57, 153, 154
慣習　35, 74, 101, 118, 119, 126, 128, 134
企　業（enterprises）　19, 23, 43, 47, 48, 90, 138, 140, 151
　　国有——　19
　　多国籍——（MNEs）　67, 76, 85　☞多国籍企業（MNCs）
　　中小——（SMEs）　20, 43, 71
企業（firms）
　　——行動理論　21, 36
　　主導的——　113, 115, 127
　　資源ベースの——理論　23
企業城下町（company towns）　19, 71
企業の社会的責任（CSR）　18, 25, 176
企業文化　23, 124, 159
起業家精神　1, 12, 33, 41-48, 72, 73, 138, 154, 159, 166

移民の——　47-48
技術・経済パラダイム　38
技術のアップグレード　☞アップグレード
技術のスピルオーバー　70
規制　16, 18, 23, 30, 38, 44, 63, 65, 113, 137, 142, 156, 164, 168, 169, 174
　　環境——　31, 102, 116
規制緩和　164-166, 172
規模の経済　21, 69, 82
　　規模の外部経済　21, 69, 82
　　規模の内部経済　20, 82
供給押し出し型（生産モデル）　71, 89
競争　11, 19, 32, 36, 71, 73, 81, 86, 88, 100, 145, 165, 170
　　協同的——　71, 145
　　国際——　70, 73, 75, 87
　　政治——　76
　　不完全——　21
　　——法　174
競争優位（性）　23, 32, 73, 96, 110, 119, 139, 146, 158
共通市場　30
局地化の経済　69, 70, 146
距離
　　——の死滅　53, 58
　　——の摩擦　50, 51, 56
金銭的外部性　☞外部性
近代化　28, 93, 94, 137, 172, 180
金融危機　155, 165, 167, 168
金融サービス　78, 124, 163, 183, 193, 198
金融センター　168, 169
　　オフショア——　168
勤労福祉プログラム　29
空間経済　61, 65
空間的回避　105, 109, 111
空間的なミスマッチ　54
空間的分業　☞分業
組立ライン　14, 84, 85, 89
クラスター　29, 92　☞産業クラスター，産業

集積
　　環境産業—— 181
クリエイティブ・クラス　16, 160
グローカル化　103
グローバル化　5, 6, 7, 18, 38, 75, 83, 91, 97, 99-104, 109, 120, 128, 129, 134, 138, 140, 158, 161, 172, 173, 175, 181, 183
　　——と文化　124-125, 157
　　——の限界　101, 103
　　新自由主義的——　27, 96
グローバル価値連鎖（GVC）　8, 9, 112-118, 141, 142, 154
グローバルサウス（南側世界）　115, 154, 182
グローバルシティ　1, 161, 168
グローバル商品連鎖（GCC）　6, 87, 92, 112-118, 154, 181
グローバル生産ネットワーク　117, 118
グローバルパイプライン　74-75
経済人　21, 66, 129
経済セクター理論　81
経済地代　☞立地地代
経済の金融化　10, 155, 163-169
計量革命　4, 65, 66
ケイレツ（系列）　20, 33, 129
経路依存　37, 38
ケインズ主義的な福祉国家　☞国家
研究開発（R&D）　24, 34, 36, 39, 64, 100, 101
言説　131, 136
建造環境　108, 182
限定合理性　21, 37
交換価値　☞商品
工業化（産業化）　1, 19, 24, 65, 77, 178
　　輸出指向——　29
　　輸入代替——　29, 167
公共財　26, 28, 31, 69, 85, 108
構造調整プログラム　29
行動地理学　4, 8, 11, 129
小売業立地　170-171
互換性部品　84-85

国際通貨基金（IMF）　29, 167
国家　11, 16, 26-32, 82-83, 95, 101-103
　　開発——　27-29
　　共産主義——　28-29
　　ケインズ主義的福祉——　4, 27-29
　　資本主義——　26-27
　　社会主義——　27, 29
　　新自由主義——　27, 29, 108
コールセンター　56-161
コングロマリット　20
コンドラチェフ波動　96, 112

〔サ　行〕

サービス
　　——・イノベーション　☞イノベーション
　　事業所——　44, 47, 81
　　知識集約型——　157-158
サイエンスシティ　72, 83
サイバースペース　161
債務・債権　108, 163, 165, 167
搾取　13, 107, 145
サプライチェーン　☞商品連鎖
差別
　　ジェンダー——　28, 57, 101, 140, 152, 154
　　人種——　16, 54-55, 140, 152, 154
産業エコロジー　182
産業革命　85, 159*
産業クラスター　1, 10, 59, 69-75, 144, 149
　　☞産業地域
産業地域　69-72, 74, 88, 144-145, 148, 150, 152
　　イタリア型——　71, 72, 88, 124
　　マーシャル型の——　70-71
産業予備軍　13, 77
産業立地論　62-65
ジェイコブス型外部性　☞外部性
ジェンダー　1, 14, 16-18, 55, 104, 119, 123, 129-136, 141, 146
ジェントリフィケーション　109, 173
時間-空間の収束　53

218　索　引

自給自足経済　28, 81
事業所サービス　☞サービス
資源　179
　　再生可能——　179
　　再生不能——　179
資源の呪い　97
市場の失敗　27, 32, 69
持続可能な発展　1, 10, 117, 155, 178-183
下請け　89, 100-101
実践コミュニティ（COP）　35, 74, 146
ジニ係数　78
資本
　　擬制——　108, 165
　　固定——　36, 107, 108, 113
　　人的——　12, 23, 96
　　——生産性　12-13
　　——蓄積　24, 87, 106, 150
　　——の循環　91, 105-111, 160, 165
　　———の流動　29, 91, 97, 104, 105, 109, 111, 134, 150, 151
　　——の移動性　107, 164
資本主義　13, 19, 32, 36, 41-42, 77, 86, 95, 105, 107, 109, 135, 159, 163, 169, 180
　　カジノ——　165
　　グローバル——　99, 119, 155
　　情報——（information driven capitalism）　91, 97, 150
　　新自由主義的——　91, 103
　　——と労働　12-13, 18
　　——における国家　26-27
　　年金基金——　166
　　——の危機　67, 109
　　——の史的発展　137-138
　　———の多様性　26-29, 32, 96-97, 120, 126, 143
社会関係資本　120, 140, 151-152
社会的アイデンティティ　47
社会的必要労働時間　13
社会保障　28, 87

ジャストインタイム生産　17, 89, 139
収穫逓増　67
集積　59, 67, 69-70, 73-74
　　産業——　2, 59, 69-70, 72, 75　☞産業クラスター
　　——の外部性　6, 69
　　——の経済　63, 65, 69, 71, 120
　　——の不経済　63, 69
　　工業以外の——　88
　　マーシャル流の——　70-72
従属理論　4, 93, 94
柔軟な専門化　5, 21, 70, 87-90, 124
周辺資源地域（resource peripheries）　96, 97
シュンペーター派経済学　5, 33, 35-36, 79-80
需要牽引型モデル　39, 70, 89
需要牽引型の生産　☞生産
需要弾力性　170
循環的・累積的因果関係　79-80
使用価値　106, 110
小規模貸付　166
乗数効果　79, 82
消費　10, 18, 49, 107-108, 110, 15, 127-128, 159, 161, 166, 170-177, 189
　　オルタナティブな——空間　175
　　大量——　95, 173*
消費者運動　18, 170, 172, 175, 176
商品
　　——の交換価値　12
　　——の使用価値　12
商品連鎖　9, 24, 112-113, 127
　　買い手牽引型の——　113-114, 171-172
　　生産者牽引型の——　113-115
情報格差（デジタルディバイド）　33, 57, 97
情報技術（IT）　16, 45, 56, 97, 100, 101, 150, 161, 168
剰余価値　13, 91, 93, 94, 105-108
進化経済学　36-38
新経済地理学　☞地理経済学
新興経済群（新興国）　6, 29, 78, 96, 98, 101,

索引　219

117, 125
新興工業経済群（NIEs）　9, 11, 86
新国際分業（NIDL）　24, 91, 99, 112, 150
新古典派経済学　3, 5, 20, 21, 22, 33, 35, 67, 70, 83, 86, 179, 180
人種　1, 4, 17, 57, 130
新自由主義
　　——的国家　☞国家
　　——的資本主義　☞資本主義
　　——的なグローバル化　☞グローバル化
　　——的な政策　29, 97-98, 140
　　——への批判　97
信頼　22, 35, 46, 47, 57, 58, 71, 74, 88, 114, 115, 124, 126, 139, 140, 144, 145, 148,154
推進力産業　82
垂直的統合　20, 24
垂直的分割　20, 71, 75
水平的統合　20, 24
水平的分割　24
スケール　103-104
スタグフレーション　85
スピンオフ　43
生活賃金　13, 176
生産
　　小ロット——　70, 88-89
　　大量——　20, 80, 84-85, 110
　　フォード的——様式　84-86, 89
　　——要素　6, 12, 30
　　リーン——　89-90
生産移管（オフショアリング）　11, 24, 71, 100, 109, 150
成長の極　82
制度的厚み　139
制度の経済学　67, 71, 144
世界銀行　140, 179
世界システム論　4, 93-96, 112
世代間の公平性　179
世帯再生産　12
全要素生産性　13

創造性（クリエイティビティ）　127, 156, 160, 175
創造的破壊　36, 41, 72

〔タ　行〕

対外直接投資（FDI）　☞投資
大衆消費社会　170, 172, 173
対面接触　57, 74, 75, 114, 168
大量消費　☞消費
多国籍企業（MNCs）　6, 9, 15, 18, 23, 24, 101, 104, 109, 118, 150, 151, 153　☞企業
　　——の折衷理論　24
多国籍小売業　172
脱工業化　4, 71, 85, 156
多能工　89
男性性（masculinity）　136
団体交渉　16, 18
地域イノベーションシステム　☞イノベーション
地域科学　2, 4, 65-66, 68
地域間格差　9, 14, 59, 76-83
地域文化　44, 45, 68, 72, 121, 122, 124, 126, 127, 156
チームワーク　89
チェーボル（韓国の財閥）　20
蓄積体制　71, 87
知識
　　——労働者　16, 156, 157, 161, 162
　　暗黙知　35, 39, 74, 126, 145-146
　　——経済　1, 10, 155-162
　　形式知　35, 75
　　コード化されない知　84, 127
　　——集約型　57
　　——集約型サービス　☞サービス
　　——創造　132, 149
　　——のスピルオーバー　70, 72, 80, 141, 145, 148
中心経済（中心国）　91, 94-98, 156
中心・周辺　8, 9, 11, 91, 93-98

中心地理論　170-171
調整様式　87
地理経済学　2, 6, 7, 66*, 80, 81
地理情報システム（GIS）　53*
通勤移動　54-56
ツーリズム　125, 173
付け値地代曲線　61-62
テイラー主義　9, 60, 84
デジタルエコノミー　☞ニューエコノミー
電子廃棄物（e-ウェイスト）　182
投資
　　グリーンフィールド（低開発地域）への
　　　　——　24
　　対外直接——（FDI）　11, 15, 24, 146
投入産出分析　65
独占　19, 22, 36, 69, 170
都市化の経済　69, 70
ドットコムブーム　159, 168
トヨタ自動車　24, 89, 100, 124
トリクルダウン（滴下）理論　78, 80
取引外の相互依存性　74, 139
取引費用　21, 22, 71, 145

〔ナ　行〕

二重被曝　183
ニューエコノミー　158-159, 161-162
ネット上での活動　176
ネットワークの接続性　54
年金基金　166
場所のマーケティング　125

〔ハ　行〕

バズ　149
　　ローカル——　74
バックオフィス　56, 133, 161, 169
　　国際的——　161
範囲の経済　21, 100
　　範囲の内部経済　21
半周辺経済（国）　95-96

ピアツーピア交流　39, 161
ビジネス・エンジェル　166
ピンクカラー・ゲットー　161
フェアトレード運動　117, 176
フェミニズム　121-123
フォーディズム　8, 60, 84-90
部門間補完性　157
ブラウンフィールド（工場跡の遊休地）　182
ブランディング　158
ブルーカラー雇用　16, 157
ブルジョワジー　13, 93, 95
ブレトンウッズ協定　86, 163
フローの空間　150, 160
プロダクトサイクル論　67, 100
プロレタリアート　12-13, 95
文化産業　127-128
文化論的転回　6, 121-124
分業　11, 81, 84, 157, 174
　　空間的——　14, 133
　　国際——　67　☞新国際分業（NIDL）
ベンチャーキャピタル　44, 159, 166
貿易　11, 13, 24, 53, 65, 76, 146, 163
　　管理——　24
　　自由——　24, 29-30
　　——障壁　30, 57, 140
　　多国間——　30, 103
　　特恵的——　30-31
　　二国間——　30, 103
北米自由貿易協定（NAFTA）　17, 30, 77
ポスト構造主義　6, 10, 119, 121, 122, 123, 128, 152
ポストフォーディズム　8, 9, 60, 84-90
ポストモダニズム　5, 119, 121-123, 128
ホワイトカラー雇用　16
本源的蓄積　13

〔マ・ヤ・ラ・ワ行〕

マーシャル型外部性　☞外部性
マキラドーラ　15, 131, 134

満足化原理 21, 66
輸送
　　——ネットワーク 53
　　——費 14, 80
幼稚産業 29
ライフサイクル（産業・製品の） 38-39 ☞
　　プロダクトサイクル論
利潤率低下 13
リスク 36, 39, 41, 43-46
　　——キャピタル 125, 166
　　金融—— 165
　　——の文化 45
立地地代 61-62
領域生産コンプレックス 29
レギュラシオン学派 5, 16, 84, 86-90, 110, 124

レギュラシオン様式 ☞調整様式
レッセフェール 29, 143
連関
　　後方—— 28, 79, 82
　　前方—— 28, 79, 82
労働 12-18
　　——価値説 12, 13
　　——組合 12, 15, 17, 88, 117, 175
　　——市場の分断 55, 132
　　——とグローバル化 14-18
　　——の柔軟化 16, 89
　　——力 13, 26, 31, 107-108
ロックイン 37, 38, 145
ワーキング・プア 13

訳者あとがき

　本書は，セージ出版より 2011 年に刊行された *Key Concepts in Economic Geography* の全訳である。Key Concepts の名称を冠するテキストは同社より多数刊行されているが，本書は，SAGE key concepts シリーズからいわば「のれん分け」された Key Concepts in Human Geography シリーズのなかの 1 冊である。

　同シリーズにあって，本書は，人文地理学の中核をなす一分科としての経済地理学の内容を象徴的に指し示す 23 のキーコンセプトについて，経済地理学研究の世界的拠点であるクラーク大学地理学教室の教授陣が書き下ろしたものである。日本の経済地理学と同様，英語圏の経済地理学は 80 年超の歴史を有しているが，本書は，多種多様に進化し，とりわけこの四半世紀に急速に新たな装いをみせてきた斯学の理論的・概念的研究のほぼ全体像を非常にコンパクトな形でまとめあげている。コンパクトであるとはいえ，原著のカバーにアラン・スコット氏が寄せているように，「現代的議論の非常に読み応えのある総合」でありつつ，「斯学の歴史に非常にセンシティブ」な姿勢を保っており，読者は，経済地理学的「知」の系譜をたどることができよう。

　本書の日本語を出版するねらいの一つは，社会科学的な刺激が不足がちな地理学を専攻する多くの学生・院生に本書にふれて欲しいということである。しかし，そればかりではなく，現代の地域づくり，また，グローバル化の急進した現代世界の姿に興味をもつ，社会科学系の学部・学科で学ぶ学生の皆さん，そして，一般読者の皆様方にも，是非，手にとって頂きたいと願っている。我々が暮らし働く地域の在り方は，グローバルな経済のなかで，時には輝き，時には翻弄されている。地域を考える学問分野は他にもあるが，ローカルなものとグローバルなものとを同時的にとらえ，もしくは，ある場所での事象と他の場所での事象とを結び付けて総合化していく営みは，経済地理学の名の下でしか実現できないものである。経済地理学が現代を生きる人々にとって不可欠な一般教養であり，それが，現代の文化や人々の暮らしを考える上で非常に重要な領域に踏み込んでいるということをご理解頂けるかと思う。

　最後に，日本語での出版を御快諾下さった青山裕子先生，編集の労をお取りくださった古今書院編集部の長田信男氏に心より御礼申し上げたい。

2013 年 10 月 1 日　訳者を代表して

小　田　宏　信

〔著者紹介〕

青山裕子　Yuko Aoyama

クラーク大学地理学教室教授

国際基督教大学教養学部卒業．カリフォルニア大学ロサンゼルス校にて修士号，同バークレー校にて博士号取得．ジョージア大学専任講師，クラーク大学准教授等を経て2011年より現職．専門領域は，グローバル化論，イノベーション論，文化・創造産業論など．

ジェームズ　T．マーフィー　James T. Murphy

クラーク大学地理学教室准教授

フロリダ大学にて博士号取得．セーラム州立大学専任講師，リッチモンド大学専任講師等を経て2011年より現職．専門領域は，経済開発論，環境政策論，アフリカ研究など．

スーザン・ハンソン　Susan Hanson

クラーク大学名誉教授

ノースウェスタン大学にて博士号取得．ニューヨーク州立大学バッファロー校准教授，クラーク大学地理学教室教授等を経て2007年より現職．専門領域は，都市交通地理学，ジェンダー研究など．

〔訳者紹介〕

小田宏信（おだ　ひろのぶ）

成蹊大学経済学部教授

立命館大学文学部卒業，筑波大学大学院博士課程単位取得退学．博士（理学）．豊田短期大学専任講師，筑波大学専任講師等を経て，2006年より現職．著書に『現代日本の機械工業集積』『変動するフィリピン（共著）』『空間の経済地理（分担執筆）』など．訳出分担：序章，4章（3～4節），および全体監訳．

加藤秋人（かとう　あきと）

成蹊大学経済学部経済経営学科卒業，東京大学大学院総合文化研究科修士課程在学中．訳出分担：1章（序文，1節），2章，3章，4章（序文，1～2節）．

遠藤貴美子（えんどう　きみこ）

成蹊大学経済学部経済経営学科卒業，筑波大学大学院生命環境科学研究科博士後期課程在学中．日本学術振興会特別研究員．公表論文に「東京城東地域におけるカバン・ハンドバック産業集積の存立基盤」など．訳出分担：1章（2節），5章．

小室　譲（こむろ　じょう）

成蹊大学経済学部経済経営学科卒業，筑波大学大学院生命環境科学研究科博士前期課程在学中．訳出分担：1章（3節），6章．

書　名	**経済地理学 キーコンセプト**
コード	ISBN978-4-7722-3157-2　C3025
発行日	2014年2月1日　初版第1刷発行
訳　者	小田宏信・加藤秋人・遠藤貴美子・小室　譲 ©2014　Hironobu Oda, Akito Kato, Kimiko Endo and Jo Komuro
発行者	株式会社古今書院　橋本寿資
印刷者	太平印刷社
発行所	古今書院 〒101-0062　東京都千代田区神田駿河台2-10
電　話	03-3291-2757
ＦＡＸ	03-3233-0303
ＵＲＬ	http://www.kokon.co.jp/
	検印省略・Printed in Japan

いろんな本をご覧ください
古今書院のホームページ

http://www.kokon.co.jp/

★ 700点以上の**新刊・既刊書**の内容・目次を写真入りでくわしく紹介
★ 環境や都市, GIS, 教育など**ジャンル別**のおすすめ本をラインナップ
★ 月刊『地理』最新号・バックナンバーの目次&ページ見本を掲載
★ 書名・著者・目次・内容紹介などあらゆる語句に対応した**検索機能**
★ いろんな分野の関連学会・団体のページへ**リンク**しています

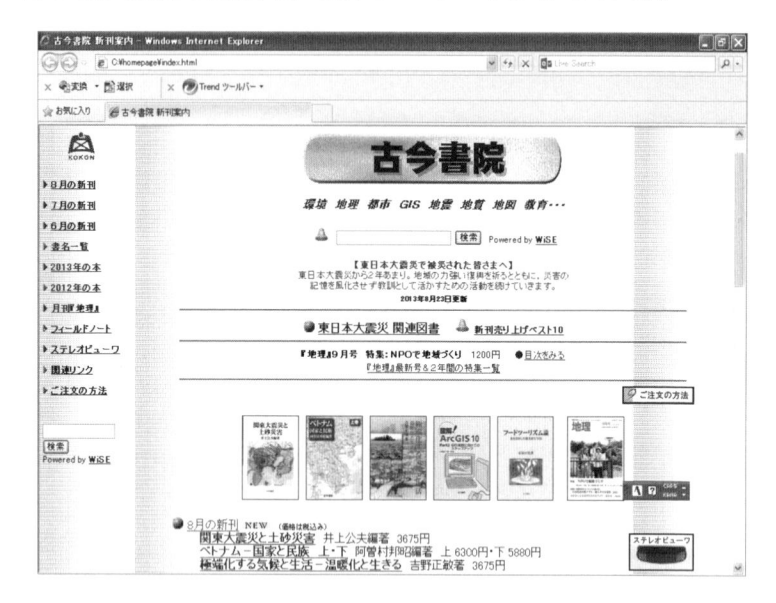

古 今 書 院
〒101-0062　東京都千代田区神田駿河台 2-10

TEL 03-3291-2757　　FAX 03-3233-0303

☆メールでのご注文は order@kokon.co.jp へ